기독교문서선교회(Christian Literature Center: 약칭 CLC)는 1941년 영국 콜체스터에서 켄 아담스에 의해 시작되었으며 국제 본부는 미국 필라델피아에 있습니다.
국제 CLC는 59개 나라에서 180개의 본부를 두고, 약 650여 명의 선교사들이 이동 도서차량 40대를 이용하여 문서 보급에 힘쓰고 있으며 이메일 주문을 통해 130여 국으로 책을 공급하고 있습니다. 한국 CLC는 청교도적 복음주의 신학과 신앙 서적을 출판하는 문서선교기관으로서, 한 영혼이라도 구원되길 소망하면서 주님이 오시는 그날까지 최선을 다할 것입니다.

추천사

김 선 일 박사
웨스트민스터대학원대학교 실천신학 교수

　시대와 환경에 따라 전도의 방식이 달라질 수 있다. 참신하고 신선한 다양한 전도의 방법론도 선을 보인다. 그러나 그 어떤 시대에도 불변하는 전도의 법칙은 개인 전도다.
　미디어 전도, 공동체 전도, 문화 전도 등의 새로운 시도들이 아무리 풍성해도 개인과 개인의 만남에서 복음을 나누는 삶으로 이어지지 않으면 구름 위에 머무는 셈이다. 결국은 그리스도인 개인의 삶에서 얼마나 전도가 습관화되고 실천되느냐가 핵심이며, 교회는 바로 개인 전도를 위한 지원하는 공동체가 되어야 한다.
　이 책은 개인 전도를 위해 필요한 모든 것을 담은 백서다. 현재 전도의 문제점부터 앞으로 전도적 과제, 커뮤니케이션의 원리, 인간에 관한 이해, 반대 질문 대응법, 사람의 유형에 따른 전도적 관심사 등 실제 전도에 수반되는 사항들을 담아내고 있다. 이것이 이 책을 읽어야 할 이유다.

손 석 태 박사
개신대학원대학교 명예총장

교회의 쇠퇴의 이면에는 개인 전도의 약화가 자리 잡고 있다. 맥레이니는 북미교회의 상황에서 전도의 약화 이유를 전도의 질적 미흡함과 문화의 변화에 초점을 맞춘다. 『개인 전도의 기술』(The Art of Personal Evangelism)은 성경으로 돌아가 바른 신학에서 논의를 시작하지만 포스트모더니즘으로의 변화 속에서 어떻게 복음을 소통할지 의사소통 이론과 구체적 전도 방법까지 제시한다.

포스트모던 시대의 전도는 관계를 맺고 신뢰를 얻는 과정이 중요하다는 통찰은 전도의 열매에 조급한 한국교회에 시원한 소낙비 같다. 평소 실천신학의 중요성을 강조해 온 신학자로서 신학과 실천이 균형 잡힌 이 책이 모든 목회자와 신학생, 성도에게 큰 유익을 가져올 것을 확신하며 이 책을 추천한다.

황 병 준 박사
한국실천신학회 회장

『개인 전도의 기술』(The Art of Personal Evangelism)은 포스트코로나 시대, 복음을 전하기 위한 사명으로 새로운 문화와 소통하고 변화하기를 기대하는 목회자들의 필독서이다. 전도의 본질적인 부분을 현시대 문화의 접촉점에서 찾아 섬세하게 다룬 복음의 서적이다.

찰스 안(Charles Arn) 박사
교회성장(주) 대표, 웨슬리신학교 기독교사역과 교수

수년간 혹독한 비판을 받은 후에, 복음 전도는 윌 맥레이니의 탁월한 신간 『개인 전도의 기술』(The Art of Personal Evangelism) 덕분에 새로운 삶을 얻게 된다. 이 신간은 개개의 그리스도인들이 그들의 믿음을 더 잘 나누도록 도울 뿐만 아니라, 교회 지도자들이 그들의 교회를 더 잘 성장시키도록 도울 것이다. 시대를 초월한 메시지를 그 시대에 맞게 전하는 데 관심이 있는 사람이라면 누구든지 이 책을 꼭 읽기를 권한다

알빈 리드(Alvin Reid) 박사
사우스이스턴침례신학교 전도학 교수

나는 10년 넘게 복음 전도 과목을 가르쳐 왔다. 이 기간에 느꼈던 한 가지 눈에 띄는 필요는 개인 전도에 대한 포괄적이고 실용적인 교과서였다. 윌 맥레이니 박사는 학계와 교회 모두에게 필수적인 도구를 제공해 왔다. 전도에 있어서, 개인 전도는 다른 모든 접근법의 기초가 되는데, 이 책은 그 개인 전도에 대한 핵심적인 자료를 제공한다.

게리 맥킨토시(Gary McIntosh) 박사
바이올라대학교의 탈봇신학교 목회와 리더십 교수

　복음 전도! 어떤 사람들은 그것을 좋아하는 반면, 다른 사람들은 싫어한다. 여전히 다른 이들은 전도가 우리 생각의 후미진 공간에서 먼지를 뒤집어쓰고 방치되는 것을 감수해야 하는 구식 개념이라고 생각한다. 『개인 전도의 기술』(The Art of Personal Evangelism)은 문자 그대로 이러한 무비판적 사고에서 먼지를 털어내고, 우리가 살고 있는 다원주의 시대의 렌즈를 통해 복음 전도를 보도록 도전한다.
　맥레이니는 우리가 목회하는 포스트모던 환경에서 사람들에게 그리스도를 전하는 실제적인 방법들을 제공하는 동시에, 조심스럽게 전도의 성경적 기초를 재구성한다. 『개인 전도의 기술』은 변화무쌍한 문화 속에서 어떻게 예수를 전할 것인가에 대한 고전적인 자료가 될 것임에 틀림없다.

밥 레코드(Bob Reccord) 박사
남침례교 북미선교부 대표

　기독교 지도자들은 개인 전도에 관해 "그냥 하세요"(Just Do It)라고 말하는데, 그것은 윌 맥레이니가 하는 말의 일부이기도 하다. 그러나 맥레이니는 우리가 무엇을 해야 하는지를 넘어서 우리가 어떻게 해야 하는지를 말한다. 맥레이니는 우리에게 복음 전도에 대한 성경적 토대를 다지게 한 후, 그것을 우리의 포스트모던 문화에 맞게 번역해 실제적으로 복음을 나누는 체계적인 방법을 알려 준다. 이 책은 복음 전도 자료에 있어서 당신의 핵심 목록에 자리할 것이다.
　"당장 책을 읽고, 그대로 실천해 보라!"

변화하는 문화 속에서 예수 전하기 ———
개인 전도의 기술

Art of Personal Evangelism: Sharing Jesus in a Changing Culture
Written by Will McRaney Jr.
Translated by ByoungOk Koo

Copyright ⓒ Copyright © 2003 by Will McRaney Jr.
Originally published in English under the title
Art of Personal Evangelism: Sharing Jesus in a Changing Culture
by B&H Publishing Group,
27Ninth Avenue North, Nashville, TN 37234-0188 U.S.A.
All rights reserved.

This Korean edition published by arrangement with B&H Publishing Group through Riggins Rights Management.
Korean Edition Copyright © 2020 by Christian Literature Center, Seoul, Korea.

개인 전도의 기술: 변화하는 문화 속에서 예수 전하기

2020년 11월 10일 초판 발행

지 은 이 | 윌 맥레이니 주니어
옮 긴 이 | 구병옥

편 집 | 고윤석, 구부회
디 자 인 | 김현진
펴 낸 곳 | (사)기독교문서선교회
등 록 | 제16-25호(1980.1.18.)
주 소 | 서울특별시 서초구 방배로 68
전 화 | 02-586-8761~3(본사) 031-942-8761(영업부)
팩 스 | 02-523-0131(본사) 031-942-8763(영업부)
이 메 일 | clckor@gmail.com
홈페이지 | www.clcbook.com
송금계좌 | 기업은행 073-000308-04-020 (사)기독교문서선교회

ISBN 978-89-341-2190-9(93230)

이 도서의 국립중앙도서관 출판예정도서목록(CIP)은 서지정보유통지원시스템 홈페이지(http://seoji.nl.go.kr)와 국가자료공동목록시스템(http://www.nl.go.kr/kolisnet)에서 이용하실 수 있습니다. (CIP제어번호: CIP2020033538)

이 한국어판 저작권은 Riggins Rights Management를 통해 B&H Publishing Group과 독점 계약한 (사)기독교문서선교회가 소유합니다. 신저작권법에 의하여 한국 내에서 보호를 받는 저작물이므로 무단 전재와 무단 복제를 금합니다.

CLC 전도 시리즈 17

변화하는 문화 속에서 예수 전하기

개인 전도의 기술

윌 맥레이니 주니어 지음 | 구병옥 옮김

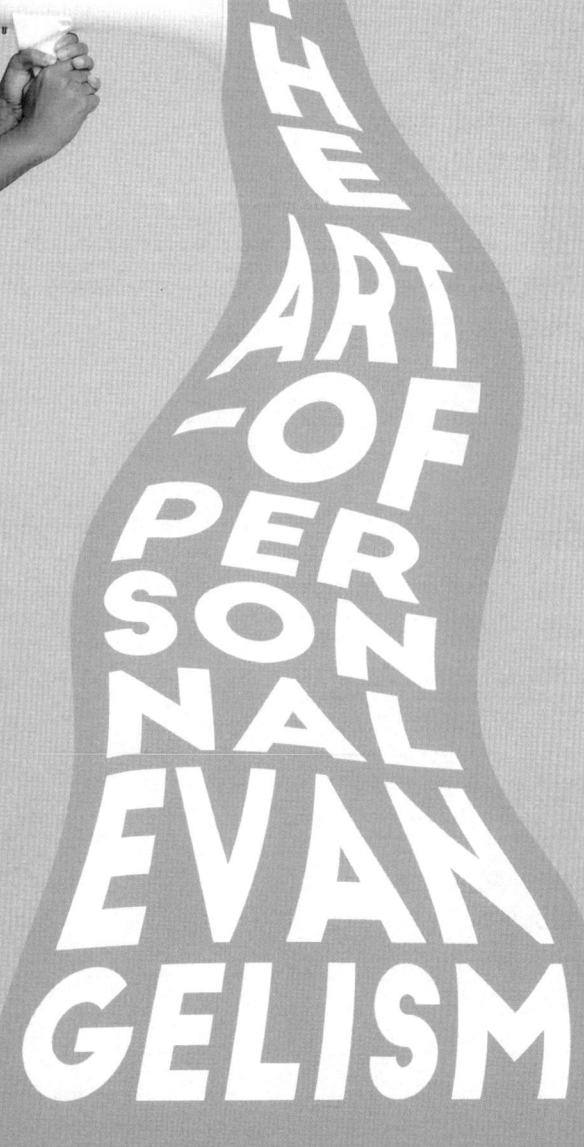

THE ART OF PERSONNAL EVANGELISM

CLC

목차

추천사   1
    김 선 일 박사 | 웨스트민스터대학원대학교 전도학 교수
    손 석 태 박사 | 개신대학원대학교 명예총장
    황 병 준 박사 | 한국실천신학회 회장
    찰스 안 박사 | 교회성장(주) 대표, 웨슬리신학교 기독교사역과 교수
    알빈 리드 박사 | 사우스이스턴침례신학교 전도학 교수
    게리 맥킨토시 박사 | 바이올라대학교의 탈봇신학교 목회와리더십 교수
    밥 레코드 박사 | 남침례교 북미선교부 대표

표 목록   12
그림 목록   13

감사의 글   14

저자 서문   16
역자 서문   19

서론   22
    1. 우리가 처한 상황   27
    2. 목표   30
    3. 사고의 도발자   35
    4. 책 개관   37

제1부 전도의 기본 요소   39

제1장 하나님의 참여 이해   40
  1. 하나님의 갈망   41
  2. 하나님의 주도권   49
  3. 하나님의 도구들: 자연, 환경, 사람, 시간   68
  4. 요약   77

제2장 전도자의 역할 이해   78
  1. 역학의 다양한 측면   78
  2. 두 종류의 전도 만남   88
  3. 다양한 스타일의 성경적 예   92
  4. 방법들   95
  5. 전도자의 역할이 아닌 것   97
  6. 전도자의 역할에 포함되는 것   103
  7. 우리의 역할 요약   117

제3장 핵심 내용 이해: 복음 메시지 명확히 하기   119
  1. 메시지를 명확히 하는 것의 한계   120
  2. 메시지 명확화와 소통에 있어서의 도전   122
  3. 우리의 메시지가 아닌 것   124
  4. 다원주의 상황에서 신에 대한 이해: 어느 신인가?   127
  5. 구원   128
  6. 구원의 필수 요소   130
  7. 인간의 문제와 필요   132
  8. 십자가 위의 그리스도의 역할과 빈 무덤   137
  9. 그리스도를 영접하는 것의 이해(요 20:20-21; 요 3:15)   141
  10. 그리스도를 따르는 것의 다면적인 최종 목표들   150
  11. 메시지로 발전   151
  12. 요약   152

제2부 커뮤니케이션 이론　　　　　　　　　　　154

제4장 전도의 커뮤니케이션: 복음을 이해 가도록 만들기　155
　1. 의사소통　　　　　　　　　　　　　　　　　155
　2. 하나님의 방식으로 소통하기　　　　　　　　159
　3. 전도에 있어서의 의사소통　　　　　　　　　160
　4. 인간 행동과 납득시키기　　　　　　　　　　162
　5. 필터　　　　　　　　　　　　　　　　　　　166
　6. 문화 속에서 의사소통하기　　　　　　　　　170
　7. 두 성경적 예　　　　　　　　　　　　　　　174

제5장 당신이 처한 상황에서 소통하기　　　　　176
　1. 오늘날의 문화와 상황　　　　　　　　　　　176
　2. 가정들: 출발선 이동　　　　　　　　　　　　185
　3. 우리의 두 문화에서 복음 전도 비교　　　　　191
　4. 우리의 상황에서 선택 전략　　　　　　　　　198
　5. 친구, 친척, 동료, 이방인들을 얻기　　　　　199
　6. 결론　　　　　　　　　　　　　　　　　　　204

제6장 상황을 초월해 그리스도를 전하기　　　　207
　1. 나이 차이를 뛰어넘는 소통　　　　　　　　　208
　2. 타문화 간 소통하기　　　　　　　　　　　　227
　3. 요약　　　　　　　　　　　　　　　　　　　238

제3부 전도의 방법　　　　　　　　　　　　　239

제7장 대화를 위한 팁: 개인 전도에 있어서 대화의 보조 도구　240
　1. 전도에 대한 모던 대 포스트모던의 의미　　　240
　2. 일반적인 팁　　　　　　　　　　　　　　　252
　3. 상식의 원리: 실제적인 포스트모던 강조점　　253

4. 전도 상황을 평가하라 257
  5. 영적인 대화로 전환하기 258
  6. 반대 의견 다루기 261
  7. 준비 상태 평가하기 263
  8. 구원 초청 269

제8장 장벽 제거하기 **271**
  1. 전도에 있어 내적인 장애물 파악하기 271
  2. 전도에 있어서 내부 장벽 줄이기 282
  3. 내부적 장애물들의 요약 289
  4. 그리스도를 따르는데 있어서 외부적인 장애물 290
  5. 불신자들이 가진 질문들 300
  6. 수용성을 높이기 위한 실제적인 팁 304
  7. 요약 307

제9장 그 다음은? 남은 최선의 방법 **308**
  1. 성별에 따른 핵심 사항 308
  2. 거절 후에 어떻게 기다릴 것인가 312
  3. 후속 돌봄(follow-up) 314
  4. 포스트모던 상황에서의 전도 훈련 319
  5. 결론 329

부록 1 간증 구성하기 **331**
부록 2 유용한 복음 제시 방법들 **334**
부록 3 일반적인 반대들 **338**
부록 4 다음 단계의 성장 과제 **340**

참고 문헌 **344**

표 목록

표 1. 의사 결정 모델 87
표 2. 집—어떻게 집에 돌아갈까 이해하기—그리스도 영접하기 165
표 3. 문화적 차이에 의한 진리/현실 결정 170
표 4. 모더니즘에서 포스트모더니즘으로의 변화 182
표 5. 영적 대화의 주제 192
표 6. 영적 대화의 출발점 193
표 7. 불신자에 대한 탐색 질문 194
표 8. 진리를 분별하는 방법 196
표 9. 전도에 유용한 핵심 구절들 197
표 10. 문화 간 의사소통의 차원들 231
표 11. 포스트모던 상황에서의 대화의 특징 241
표 12. 영적 수준별 특성과 전도 전술 264
표 13. 그리스도 영접의 장애물 301
표 14. 사회적 통념과 원리 315
표 15. 전도 훈련 방법 327
표 16. 효과적인 전도 방법 328

그림 목록

그림 1. 선교적 의사소통의 세 가지 문화 모델　　235
그림 2. 야구 홈 베이스　　334
그림 3. 다리　　336

감사의 글

월 맥레이니 주니어 박사
뉴올리언스침례교신학교 전도학 교수

나는 내가 사역하는 동안 나를 격려해 준, 특히 이 엄청난 과업을 마치도록 도움을 준 모두에게 특별히 감사드린다. 나의 아내 샌디는 친구이자 지난 18년간 나의 동역자이다. 우리는 각자 독특한 개성으로 우리의 삶에 많은 기쁨과 활력을 가져다 준 세 딸 블레이크니, 해들리, 메이시의 사랑을 함께 나눴다.

또한, 나는 뉴올리언스침례신학교의 총장 척 켈리(Chuck Kelley) 박사와 동료들의 격려와 도움 그리고 내가 그처럼 뛰어난 교육 환경에서 꿈을 추구할 수 있도록 허락해 준 것에 대해 감사한다. 또한, 나는 나와 함께 배움의 길을 걸어온 학생들에게 감사하며, 내가 그리스도가 없는 불신자들에게 복음을 전달하는 데 있어서 학생들의 열정과 기술을 발전시키는 데 기여했다고 믿는다.

여러 학생이 이 책을 저술하는 데 있어서 여러 모양으로 나를 도왔는데, 특히 마일스 브라운을 들 수 있다. 브로드만 & 홀만출판사의 전문 편집자 레오나르드 고스와 나의 조력자 캐롤 브라이드, 그 외에도 많은 동료와 친구가 도움을 줬다.

『개인 전도의 기술』(The Art of Personal Evangelism)의 출판이 가능하도록 만들어 준 다른 두 명의 사람이 있다. 한 사람은 개인적으로 내가 날마다 예수와 동행하도록 가르쳐 줬고, 내가 편히 여기는 영역은 물론 그렇지 않은 영역에 있어서도 나의 믿음을 나눔으로 내 삶을 다른 사람들에게 투자하도록 도전한 사람이다. 그는 바로 미시시피주의 체육인과 액션(Athletes and Action)의 스텝 중 하나인 릭 스타크(Rick Stark)다. 그는 지난 수년간 나의 영적 성장 과정에 함께해 줬다.

릭, 당신 삶의 일부를 나에게 투자해 주셔서 감사합니다!

마지막으로 언급할 사람은 목회에 있어서 나의 멘토인 텍사스 포스워트에 있는 소망공동체교회의 해럴드 불락(Harold Bullock) 목사님이다. 나는 해럴드 목사님을 통해 사업하듯이 목회하지 않도록 도전 받았다. 그는 단지 그의 말이나 교회를 통해 뿐만 아니라 개인적으로 모범을 보여 줬다.

해럴드 목사님, 나는 헤아릴 수 없이 많은 것을 목사님에게 배웠습니다. 이 책을 저술하며, 나는 종종 개인적으로 제가 읽은 것과 목사님이 제게 가르쳐 주신 것들을 구분하기 어려웠습니다. 목사님의 흔적을 이 책 여러 곳에서 찾을 수 있을 것입니다. 해럴드 목사님, 다시 한번 목사님의 지혜와 목회적 통찰을 저에게 나눠 주셔서 감사합니다.

나의 한 가지 기도는 지난 세월동안 많은 사람이 내 삶에 베푼 것들이 헛되지 않도록 신실한 사람으로 발견되는 것이다. 독자인 당신을 위한 나의 기도는 당신이 이 책을 읽어 감에 따라 하나님이 주신 당신의 독특한 전도의 열정과 성향에 대한 탐구와 적용이 증가하는 것이다.

저자 서문

윌 맥레이니 주니어 박사
뉴올리언스침례교신학교 전도학 교수

개인 전도 교과서를 쓰는 것은 매우 도전적인 작업이다. 나는 이 작업을 하면서 자신에 대해 더 많이 알 수 있었다. 나는 내가 저자와 학자로서 많은 한계가 있다는 사실을 깨달았다. 여러분에게 가장 도움이 되는 것들을 글로 담아내는 도전을 하면서 나는 더욱 겸손해졌다.

이 책에 언급된 이슈 중 몇 가지는 매우 심도 깊은 조사와 생각을 요구했다. 나는 내가 미처 탐구하지 못한 중요한 영역이 있다는 사실을 발견했다. 그러나 나의 이러한 한계에도 불구하고 하나님의 은혜로 이 고귀한 임무를 마무리할 수 있었다.

책들을 비평하는 것보다 책을 한 권 쓰는 것이 훨씬 쉽다. 나는 종종 학생들이 어떤 책의 강점과 약점이 아닌 한계를 토론하는 것을 본다. 그러나 나는 이 책이 약점을 가지고 있음을 인식하고 있으며 그것은 전적으로 내 책임이다.

또한, 나는 이 작업을 먼저 했던 여러 저자들로부터 많은 것을 발견했다. 내가 말하려는 것의 많은 부분이 전에 이미 어떤 다른 형태로 기술됐다. 실로 나는 개인 전도에 관해 저술한 재능 있고 위대한 믿음의 사람들이 쌓아 놓은 토대 위에 올라서려고 시도하고 있는 셈이다. 어느 책도 개인 전도를 둘러싼 모든 이슈를 다룰 수는 없다. 나는 한계가 있으며, 그에 비해 주제는 너무 광범위하다. 나는 감히 전도의 어떤 구체적인 실천이나 성경적 기초에 관한 심층적인 책을 저술하려고 시도하는 것은 아니지만, 다른 사람들이 그러한 일을 해 놓은 것에 감사한다. 또한, 나는 모든 신학적인 질문을 던지거나 답하려고 시도하는 것도 아니다. 그러나 내가 기뻐하는 것은 신학적인 영역에 있어서 다른 사람들이 해 놓은 광범위한 연구와 중요한 공헌들을 통해 내가 이 책을 저술하는 데 도움을 얻었다는 사실이다.

내 노력의 결과물인 이 책을 검토하면서, 나는 포함될만 하지만 포함되지 않은 요소들을 발견했다. 저자로서 다른 영역들은 강조하면서 어떤 것은 언급하지 못한 채로 놔두는 것은 어려운 일이다. 나의 소망은 당신이 이 책이 가진 모든 한계에도 불구하고, 격려와 힘 그리고 실제적인 도움을 발견할 수 있기를 기대한다.

이 책은 서양의 많은 지역에서 20세기 후반 교회의 쇠퇴를 반전시키기 위해 개인 전도를 둘러싼 근본적이고 실용적인 주요 문제들을 다룬다. 개인 전도 방법에 대해 저술하는 데 있어서 한 가지 위험은 근본적인 원리들을 무시하는 것이다. 바라기는 이 책이 실용적이면서도 한편으론 당신에게 개인 전도가 온전히 정립되도록 접근과 전략의 토대를 제공하는 것이다. 효과적인 개인 전도 없이는 교회가 미국 대다수 교단의 쇠퇴를 되돌릴 수 없다.

나는 우리가 가진 풍성한 메시지를 전달하는 데 있어서 필요한 원리와 실제적 팁들을 제공하고, 한편으론 모든 전도가 가져야 할 토대와 이론들을 진지하게 다루는 균형 잡힌 책이 되도록 노력했다. 의도적으로 나는 내가 하는 이 작업을 우리가 살고 있는 다원주의 상황, 특히 포스트모더니즘의 렌즈를 통해 보려고 노력했다. 이것은 전도의 접근에 있어서 굉장한 충격을 가져올 것이지만, 성경에 뿌리를 둔 근본적인 원리들에는 영향을 미치지 않을 것이다.

많은 좋은 책이 근대성(modernity)의 렌즈로 개인 전도를 다룬다. 근대성으로부터 발생하는 대부분의 전도에 관한 질문은 어떤 형태로든 확인되고 답변됐다. 또한, 나는 내 책이 당신에게 근본적인 이슈들을 다루는데 도움을 줄 것이며, 당신의 영적인 순례에 있어서도 어떤 도움을 주리라고 믿는다. 만약 당신이 주로 근대성이 두드러진 문화에서 일하고 있다면, 당신은 복음 전도 특히 개인 전도에 관한 도움을 얻기에 유익한 추가적인 책들을 발견할 것이다.

　나는 그동안 나에게 도움을 준 많은 자료를 다룰 것이다. 그러나 만약 당신이 그 주제에 대한 개요를 찾고 있다면, 나는 당신이 내 친구 앨빈 리드(Alvin Reid) 박사의 『복음 전도 개론』(Introduction to Evangelism)을 읽을 것을 권장한다. 나는 그와 다른 사람들이 잘 다룬 주제들을 모방하지는 않을 것이다.

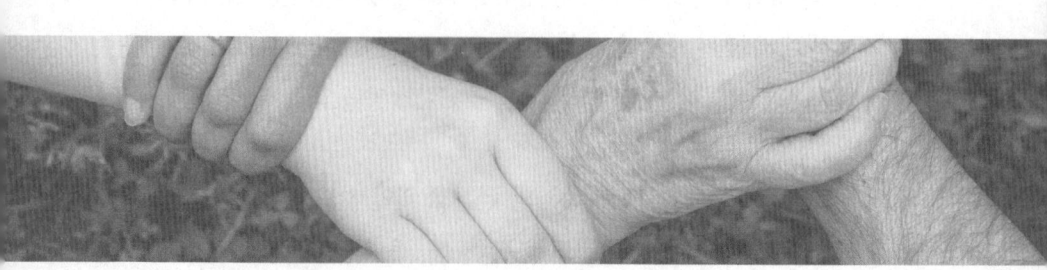

역자 서문

구 병 옥 박사
개신대학원대학교 전도학 교수

개인 전도는 그리스도인들에게 있어 시금석과 같다. 그리스도인이라면 전도에 관심을 갖는 것은 자연스러운 일이지만, 이 관심이 모두 결실과 기쁨으로 연결되는 것은 아니다. 어떤 이들에게는 복음을 전하는 것이 더없는 기쁨이지만, 다른 그리스도인들에게는 전도가 오히려 부담이다.

이러한 부담은 신앙 생활의 연륜, 성경의 이해 정도, 직분의 차이에도 별로 영향을 받지 않는다. 아니 오히려 신앙 생활을 오래하고 직분이 높을수록 더 전도를 부담으로 여길 수 있다. 이런 상황을 감안할 때, 맥레이니의 저서 『개인 전도의 기술』은 사막의 오아시스처럼 개인 전도에 관심을 가진 많은 그리스도인의 갈증을 해결해 준다.

사실 당장 전도를 잘해서 결실을 보기 원하는 이들에겐 책 제목의 "기술"이란 표현이 관심을 사로잡겠지만, 원제목 *The Art of Personal Evangelism*이 보여 주듯, 이 책은 개인 전도의 실제적인 면을 체계적으로 다루면서도 방법론에만 머무르지 않는다.

이 책은 전도의 토대가 되는 전도신학의 중요성과 핵심 내용을 다루는 것을 시작으로 메시지 전달을 위해 전도자가 알아야 할 커뮤니케이션 이론을 접목하는 세심함도 잊지 않는다.

이 책을 읽는 독자들은 페이지가 넘어갈수록 자신들이 알고 있는 전도에 대한 파편적인 지식들이 전체적 구조와 연관성 속에서 자리를 잡고, 사이사이에 구멍 난 부분들이 적합한 신학과 이론으로 메꾸어지며 전체를 볼 수 있는 안목을 갖게 될 것임에 틀림없다.

구체적으로 서론에서는 우리가 처한 위기 상황을 전도의 관점에서 진단하고, **제1부에서는** 전도에 있어서 하나님의 역할, 전도자의 역할, 전도 메시지의 핵심이 되는 구원의 본질에 관한 복음주의 신학의 요약을 제공한다. 개인 전도에 있어서 하나님의 주도권을 이해하고 인정하는 것은 무엇보다 중요하다. 많은 그리스도인이 전도에 있어서 성령의 능력과 하나님의 주도권을 말하면서도 전도의 결실 앞에서 죄책감을 느끼기 때문이다.

맥레이니가 말하는 전도의 "농업적 이해"는 이런 면에서 더욱 중요성을 갖는다. 전도자로서 그리스도인들은 충성되게 씨를 뿌려야 하지만 하나님께서 결실하게 하신다는 사실을 인정해야 한다. 그럼에도 불구하고 전도자의 역할에 대한 바른 이해와 그 중요성은 전혀 줄어들지 않는다.

맥레이니는 전도에 있어서 하나님의 주도권과 역할의 중요성을 지적하면서도, 개인 전도의 성공을 결실이 아닌 성령의 능력으로 '갈수록 준비되는' 것이라고 강조한다. 이러한 맥락에서 전도신학, 전도를 위한 커뮤니케이션 이론 그리고 실제적 전도 방법과 같은 지식의 습득과 훈련의 중요성이 대두된다.

제2부에서는 맥레이니는 우리의 문화를 진단하고 포스트모던적 맥락 안에서 복음을 효과적으로 제시하는 커뮤니케이션 이론을 다룬다. 미국 문화는 최근 모더니즘에서 포스트모더니즘으로 극적인 변화를 경험했다. 이러한 문화적 변화는 전도에 있어서 의사소통 기법의 변화를 필요로 한다.

이점은 한국도 마찬가지다. 그동안 많은 전도 관련 서적이 포스트모더니즘으로의 변화를 지적하고 적절한 전도이론을 제공하려는 시도를 계속해왔다. 하지만 본서만큼 모더니티와 포스트모더니티의 특징과 차이를 분명하게 보여주고, 이러한 변화에 필요한 차별화된 전도 전략을 간결하면서도 효과적으로 제시하는 저서는 만나기 힘들었다. 포스트모던적 맥락에서 전도자가 주지해야 할 사실은 전도자가 증인의 삶을 살아가면서 자신을 통해 복음의 진리를 경험할 수 있도록 불신자들과 의도적인 관계를 형성해야 하고, 전도대상자의 나이, 사회적 지위 및 세계관을 토대로 맥락을 이해하려고 노력해야 한다는 점이다.

제3부에서는 불신자들과 대화하기 위한 팁과 기술들을 제공한다. 맥레이니는 복음 전도를 위한 만남에서 발생할 수 있는 다양한 반대와 대처하는 방법을 요약하고, 효과적인 증언(전도)에 대한 내적, 외적 장벽을 제거하는 방법을 상세히 설명한다.

마지막 장에서 맥레이니는 남녀가 정보를 처리하고 결정을 내리는 다양한 방법을 제공함으로써 성별에 따른 차별화된 접근이 필요함을 상기시킨다. 맥레이니가 강조하는 복음 전도자의 역할이 불신자의 회심으로 끝나지 않으며, 회심한 새신자가 증인이 되는 제자로까지 자라도록 해야 한다는 점이다.

저자는 부록을 통해 포스트모더니즘 시대에 효과적인 간증을 어떻게 구성하는지, 또 복음 메시지를 어떻게 설명할지, 일반적인 반대들은 어떤 것들이 있는지 등 개인 전도에 관한 자료들을 제공하는 친절도 잊지 않는다.

독자들은 이 책을 통해 개인 전도의 전반을 이해하고 변화된 문화적 상황에서 적절한 전도 방법에 대한 지식과 유익한 팁들을 갖게 되는 유익을 누릴 것이다. 문화적으로 포스트모더니즘이 주류를 이루면서 획일화된 전도 메시지나 기계적인 방법론이 아니라 전도자의 삶이 메시지가 되어야 한다는 사실은 우리 그리스도인들을 거룩한 도전으로 초대한다.

이 책으로 인해 여러분의 전도에 대한 이해와 실천 모두에서 괄목할만한 진보가 있을 것이라 생각하며, 전도에 대한 부담이 신령한 기쁨으로 변화되는 은혜가 가득하길 기도한다.

2020. 8. 26.
미아동 연구실에서

서론

콜로라도주 리틀턴에 사는 장로교인 이웃은 그것을 농담조로 "E 단어"라고 말했는데 왜냐하면, 그 단어를 사람들이 다양하게 이해하기 때문이다. 어떤 사람들은 그 단어를 들을 때 인상을 찡그린다. 그것이 바로 "**전도**"라는 단어다.

전도라는 단어는 감정적으로 중립적인 단어가 아니다. 마치 유치원생이 있는 가정의 분위기처럼, 거기에는 항상 전도를 둘러싼 고조된 감정이 존재한다. 전도라는 주제에 대한 반응은 용기, 열정, 기대감보다는 오히려 두려움, 죄책감, 절망, 불확실성인 경우가 많다. 우리가 전도라는 단어에 편안함을 느끼든 아니면 그것을 묘사하기 위해 다른 단어를 사용하든, 교회는 지금까지도 그래 왔고 앞으로도 영원히 오직 예수 안에서만 발견되는 소망을 개인적으로 소통하고 알리는 것에 사명을 가지고 있다는 것은 부인할 수 없는 사실이다. 전도를 부정적인 시각으로 바라볼 필요는 없다.

전도라는 단어는 그리스어 "좋은"과 "소식"이라는 단어의 합성어로 만들어졌다. 그러므로 전도는 좋은 소식을 전달하는 것을 의미한다. 켄트 헌터(Kent Hunter)는 전도를 다음과 같이 설명한다.

> 그리스도인들이 복음을 전할 때, 어떻게 예수 그리스도께서 자신들의 삶을 변화시키셨는지를 말한다. 그들의 변화된 삶은 그들이 다른 사람들과 복음을 나누고자 하는 열망을 준다. 그러나 복음은 그들 자신에 관한 것이 아니다. 그

것은 그들을 변화시킨 주님에 대한 것이다.¹

어떤 현명한 사람이 넘치는 지혜와 열정을 가지고 교회가 귀담아 들어야 할 것이 무엇인지에 대해 한 마디로 다음과 같이 말했다.

불신자들과 [믿음을] 나누는 것을 충분히 가치 있는 일이라고 여기지 않는 종교는 내부로부터 붕괴될 운명에 처해 있다.

이 진술이 어떤 위대한 그리스도인이 말한 것일까?
전도자가 말했을까?
아마 빌리 그래함(Billy Graham)이 말했을까?
이것은 그리스도인들에게 대한 경고였을까?
아니다!
이 문장은 유대인 요세프 아브라모위쯔(Yosef Abramowitz)가 "남침례교를 상대로 싸우라"(Taking on the Southern Baptist)라는 소논문을 통해 동족 유대인들에게 경고한 말이다. 실제로 남침례교는 총회에서 한 해를 유대인들을 전도하는 데 헌신하기로 결의한 적이 있었다.
아브라모위쯔는 다음과 같이 말했다.

만일 유대인들이 다른 사람들을 개종시키는 사역이 축소되면, 그것은 유대교가 다른 사람들에게 전파할 가치가 없다는 신호를 보내는 것과 같다.²

개인 전도가 미흡한 것은 복음주의 그리스도인들이 기독교는 다른 사람들에게 전파할 가치가 없다는 신호를 무의식 중에 보내는 것이 아닐까?

---

1 Kent R Hunter, *Foundations for Church Growth: Biblical Basics for the Local Church* (Corunna, Ind.: Church Growth Center, 1994), 100.
2 Yosef Abramowitz, "Taking on the Southern Baptists," in *Moment,* December 1999, 34–35.

미국 전역에 사는 사람들은 삶의 의미와 목적을 찾고 있다.

이런 상황에서 우리는 그리스도인들은 그 답을 발견하지 못했다고 잘못된 신호를 주는 위험에 빠져 있는 것은 아닐까?

우리는 우리의 삶에서 예수 그리스도로 인해 중요한 변화를 경험하지 못했기 때문에 다른 사람과 그리스도를 나눌 가치가 없다는 신호를 보내는 위험에 처해 있다. 2001년 9.11 사태의 비극과 중동에서 큰 혼란이 일어났을 때, 만일 어떻게 하나님이 사람들을 구원하시기 위해 역사 가운데 예수 그리스도를 통해 일하셨는지에 대해 우리가 침묵한다면 우리가 보내게 될 신호에 대해 생각했어야 한다. 당시에 희생된 테러리스트들은 악과 영원한 해악을 끼치는 원인을 위해 죽었다.

어떻게 우리가 우리 자신을 그리스도를 따른다고 하면서 영원히 생명을 주는 일을 위해 동일한 열정과 희생을 가지고 살지 않을 수 있겠는가?

어떤 책도 하나님의 사람들이 가지고 있는 침묵의 문제를 해결할 수 없다. 그러나 이 같은 책 한 권이 독자들에게 어떻게 그리스도의 사랑을 보다 효과적으로 전할 것인지를 아는데 도움을 줄 수 있을 것이다.

이 책의 목적은 성경의 핵심을 가리는 먼지를 없애고 과거로부터 현재의 포스트모던 문화를 관통하는 하나님이 모든 것 되신다는 시대를 초월한 메시지에 여러분이 연결되도록 돕는 것이다. 길거리의 사람들에게 소외 당하는 지역교회가 처한 문화는 일부는 교회에 대해 적대적이고 다른 이들은 무관심하다. 이 책은 감흥을 일으키는 것보다는 가르침을 주는 쪽에 더 초점을 맞추고 있다. 비록 전도가 지적인 설득이라기보다는 주로 열정적인 순종의 행위라는 것을 알지만 말이다.

개인 전도의 기초를 다시 살펴보는 여러 가지 이유들이 있다. 개인 전도는 모든 교회 성장 방법의 토대가 된다. 개인 전도가 없이는 교회도 없고 목사도 없고 예배도 없다. 모든 것이 개인 전도와 함께 시작한다. 관심 있는 그리스도인들이 삶을 변화시키는 예수 그리스도에 관한 메시지를 전하기까지 교회는 아무 일도 일어나지 않는다.

왜 개인 전도에 관한 다른 책은 없을까?

미국인들은 영적인 것들을 찾지만, 교회는 종종 자신들이 전도하려고 하는 사람들과의 접촉점을 찾지 못한다. 조지 바나(George Barna)의 조사에 따르면 48%의 미국인들이 삶의 의미와 목적을 찾고 있다.³ 그러나 2001년 미국인 종교 정체성 조사에 의하면 2천 9백 4십만 명의 미국인들이 종교가 없다고 말했는데, 이는 1990년에 비해서 두 배가 넘는 수다.⁴

미국인 33%는 자신들이 "영적이지만 종교적이지는 않다"라고 자신들을 묘사한다. 릭 리처드슨(Rick Richardson)은 복음을 전하는데 있어서 효과적이지 못한 많은 관점을 간결하게 언급했다.

> 불행하게도 복음을 전하는 우리의 대부분의 접근 방법들은 여전히 근대의 과학적이고 분석적이며 개인적인 사고방식을 표적으로 삼는다. 우리는 어떤 면에서 효과적이지 않다. 왜냐하면, 우리는 지나간 사고방식과 나이에 우리의 커뮤니케이션의 다리를 건설하고 있거나, 적어도 급진적으로 변화하고 있기 때문이다. … 만약 우리의 복음 선포와 복음 설명이 다음 세대의 마음과 생각에 영향을 끼치고 연관성을 유지하려면, 우리는 새로운 사고방식을 이해하고 다룰 필요가 있다. 새롭게 떠오르고 있는 사고방식은 '포스트모던'(postmodern)으로 분류됐다.⁵

과거의 전도 방법을 비판하려는 것이 내 의도가 아니다. 많은 방법이 당시 주어진 상황에서 효과적이었다. 우리는 과거의 접근 방법들에 머물러 있다. 나는 개인 전도를 먼저 배웠고, 여전히 4영리로 돌아가는 날 발견한다. 과거의 작가들은 우리에게 유대-기독교 문화에서 자란 사람들에게 어떻게 다가갈 수 있는지에 대한 통찰력을 줬다.

---

3 *On Mission,* March–April 2001, 11.
4 Cathy Lynn Grossman, *USA Today,* "Charting the Unchurched in America," http://www.usatoday.com/life/2002/2002-03-07-no-religion. htm, 7 March 2002.
5 Rick Richardson, *Evangelism Outside the Box* (Downers Grove, Ill.: IVP 2000), 42–43.

그렇지만 정황이 많이 변했고 앞으로도 계속 변할 것이다. 난 복음 전도에 대한 우리의 접근 방법이 우리 아버지들의 복음 전도 접근 방법과 같을 수 없다고 주장할 것이다. 우리의 접근 방법을 점검하는 이유는 많지만, 다음과 같이 요약할 수 있다.

① 우리는 우리의 사명에 있어서 실패하고 있다.
② 우리는 극단적으로 다른 문화(모더니즘 대 포스트모더니즘)에 살고 있다.
③ 사람들은 더이상 일상적인 대화를 나누지 않는다.
④ 사람들은 지금 진리를 다른 방식으로 이해하고 받아들인다.
⑤ 사람들은 더이상 다른 사람들이 판단한대로 절대적 진리를 믿지 않는다.
⑥ 불신자들은 과거보다 더 교회에 대해 부정적이다.
⑦ 불신자들은 과거에 비해서 하나님에 대한 바른 이해에서 멀리 떨어졌다.
⑧ 우리는 그리스도인 문화가 아닌 후-그리스도인(post-Christian) 문화와 전-그리스도인(pre-Christian) 문화에 살고 있다(홈그라운드의 이점이 없다).
⑨ 그리스도인들은 정체성 문제와 이미지 문제를 가지고 있다(기독교는 전부이면서 아무 것도 아닌 것을 의미한다).
⑩ 사람들은 자신들을 영적이라고 여기기 때문에 교회가 필요 없다고 생각한다.
⑪ 많은 잃어버린 영혼의 삶에서 교회는 인식된 가치가 거의 없거나 전혀 없다.
⑫ 사람들의 삶에 대한 접근 방식은 변했지만 우리의 방법은 변하지 않았다.
⑬ 보수적인 기독교의 전도의 대부분은 한 번의 만남과 암기한 복음 제시에 기반을 두고 있으며, 이는 매우 동질적인 문화에서만 효과적이다.[6]

우리는 변화된 세상에 신선하고 성경적인 접근 방법으로 대응해야 한다. 나는 복음 전도의 어느 한 가지 방법이 유일한 복음 전도 방법이라고 제안하고 싶지 않다. 나는 주로 20세기 중반에 만들어진 방법들이 오늘날

---

6 Will McRaney's presentation "This Cannot Be Your Father's Evangelism and Why" at National Conference for Church Leadership, Ridgecrest, North Carolina, June 2001.

40세 이하의 사람들을 복음화하는 데 전략적으로 아무런 의미가 없다고 말하고 싶지 않다. 하지만 우리는 근본적으로 다른 세상에 살고 있다. 프란시스 쉐퍼(Francis Schaeffer)는 "그러면 우리는 어떻게 살아야 하는가?"라는 질문을 던졌다. 이 세대에 대한 질문은 우리가 어떻게 살 것인가 뿐만 아니라 포스트모던 문화에서 어떻게 전도할 것인가이다.

1. 우리가 처한 상황

미국의 교회는 예수 그리스도와 개인적인 관계를 가지고 있지 않은 사람들에게 영향을 미치는 데 실패하고 있다. 실제로 몇 세대에 걸쳐 우리는 교회의 청소년들을 고등학교 졸업과 동시에 교회에 남도록 하는데 큰 어려움을 겪어 왔고, 만약 알고 있는 게 사실이라면, 우리는 교인 명단에 있는 장년 성도들을 유지하는 데도 어려움을 겪고 있다. 어찌된 일인지 그 위대한 메시지와 하나님이 주신 선호하는 생활 방식은 소통되지 않고, 교회 바깥의 사람들과는 상관없이 교회 안에 있는 사람들에게만 매력적인 방식으로 살아 내고 있다.

나는 경종을 울리는 사람이 되고 싶지는 않다. 하나님이 여전히 그의 보좌에 계시고, 그는 승리하실 것이다. 반면, 미국의 오래된 선교적이지 않은 교회가 큰 어려움에 처해 있다.

빌 이섬(Bill Easum)에 따르면 미국교회의 60%가 평균 연령이 60세 이상이다.[7] 이것은 교회의 미래에 좋은 징조가 아니다. 누군가 경종을 울리고 온 천하에 알려야 한다.

타이타닉처럼 우리의 배는 밑바닥에 큰 구멍이 나서 배가 침몰할 엄청난 양의 물이 들어오고 있는 중이다. 수면 위에 많은 것이 있어서 겉으로

---

[7] 빌 이섬(Bill Easum)이 2000년 7월 9-11일 캘리포니아 주 파사데나에서 열린 미국교회 성장학회 정기 모임에서 발표 후 개인적 대화에서 언급한 내용임.

보기에는 모든 것이 괜찮은 것처럼 보일 수 있지만, 많은 미국교회가 가라앉고 있다. 우리가 당장 주의를 기울이지 않으면, 너무 늦기 전에 그런 위험조차 알아차리지 못할 것이다.

우리는 세대 간의 영원한 운명이 걸려 있는 실제 영적 전쟁인 전투 중에 있다. 내가 두려워하는 것은 많은 점에서 우리가 평화로운 시대에 있는 것처럼 행동하고 있다는 것이다. 다른 전선에서 우리는 잘못된 적과 싸우고 있다. 가장 끔찍한 생각과 현실, 즉 하나님과의 영원한 분리로부터 사람들을 구할 수 있는 유일한 메시지로 지옥의 문을 습격하는 것이 도전이다.

몇몇 전문가는 95-97%의 미국 그리스도인들이 다른 사람들과 그들의 믿음을 나누지 않는다고 말한다. 이런 비극이 계속된다면, "그 세대의 사람도 다 그 조상들에게로 돌아갔고 그 후에 일어난 다른 세대는 여호와를 알지 못하며 여호와께서 이스라엘을 위하여 행하신 일도 알지 못하였더라"(삿 2:10)라는 사사기의 말씀이 그들에게 계속될 것이다.

일류 신학교의 한 영성신학 교수는 신학교 석사 과정 1학년 학생들의 영성 발달에 대한 시험을 통해 얻은 결과를 종합한다. 신입생들은 하나님과의 수직적 관계 그리고 다른 사람들과의 수평적 관계와 사역을 몇 가지 측면에서 평가한다. 지속적으로 발견되는 것은 신입생들이 개인 전도 영역에 있어서 발전과 경험을 측정해 보면 그들 영성에서 가장 낮은 영역으로 나타난다는 것이다.

내가 개인 전도 과목을 가르치면서 발견한 사실은 신학생들이 개인 전도에 경험이 없다고 지속적으로 보고하고 있다는 점이다. 기초적인 복음 전도 과목을 수강하는 신학생들 중 자신이 경험이 있다고 평가하는 학생들은 거의 없고, 개인 전도 영역에 있어서 다른 사람들을 훈련해 준비시킨 경우는 이보다 훨씬 드물다.

이것은 낙담스러운 사실이다. 박사 과정 학생이자 지역교회 목사였던 제이크 루드코프스키(Jake Roudkovski)는 학부 복음 전도 과목을 강의하던 중 한 학생이 "나는 5년 동안 사역하면서 단 한 사람도 그리스도께 인도하지 못했습니다"라고 말하는 것을 들었다.

내 개인 전도 과목들에 관해 불편할 정도로 정직한 언급이 없는 것은 아니다. 하나님 나라의 확장과 영광을 위해 다른 사람들이 자신들의 역할을 발견하도록 이끄는 것은 별로 지루하거나 틀에 박힌 일이 아니다.

'섬김 복음 전도'(servant evangelism)의 강점과 이런 접근이 전도 초보자에게 어떤 도움이 될지를 토론하던 중 한 신학생이 손을 들어 "전도를 하려고 신학교에 온 것이 아닌 학생들도 있는데요"라고 말했다.

복음 전도와 모든 형태의 기독교 사역 간의 핵심적 연관성을 파악하지 못하고도 신학생이 될 수 있다. 하지만 믿음을 다른 사람들과 나누는 것에 관한 우리 학생들의 태도, 가치관, 행동에 영향을 미치는 것이 이 과목의 목표다. 이것은 교실과 현장 경험 이 두 가지를 통해 이뤄진다.

만약 신학생들 사이에 상당한 필요성이 있다면, 그 필요성은 분명히 회중들에게도 존재한다. 우리 대부분은 믿음을 나누는 데 있어서 힘겹게 씨름해 왔다. 오늘날 기독교 교회에서 가장 필요한 것은 증인된 전도자들과 또한 복음을 듣는 사람들이 합당하다고 여길 수 있는 방법으로 믿음을 나누도록 사람들을 효과적이고 의도적으로 준비시키는 것일지도 모른다.

세례는 결코 우리가 사람들이 믿음을 얼마나 잘 나누도록 준비시키는지와 실제로 그들이 얼마나 믿음을 잘 나누는지에 대한 전체 이야기를 하지 않는다. 하지만 세례는 우리가 확인할 수 있는 어떤 척도를 보여 준다. 남부침례교도들은 전도에 적극적이라고 알려져 있다. 2000년에는 남침례교회 4만 3천여 곳 가운데 거의 1만 개 교회가 단 한 건의 세례도 보고하지 않았다.

일부 교회가 연례 보고서를 단지 완성하지 못했다는 사실을 인식하고 복음 전도팀을 책임지고 있는 남침례교 북미선교회의 존 야브로 부회장은 남침례교회들 중 6,700개 교회가 한 사람에게도 세례를 베풀지 않았다고 지적했다.

어려움은 남침례교단에만 국한된 것이 아니다. 많은 사람은 미국의 교회 중 85%가 정체하거나 쇠퇴하고 있다고 추정한다. 교단마다 이러한 추세를 뒤집기 위해 고군분투하고 있다. 이러한 경향은 개인 전도 없이는 되돌릴 수 없다. 결국 신자들은 자신의 삶과 그리스도의 메시지를 잃어버린 불신자들에게 전해야 한다.

빌리 그래함은 이러한 일이 집단 복음 전도에서는 있을 수 없다고까지 말한 것으로 보고되고 있다. 그는 사람들이 대규모 집회(crusade)에서 그리스도를 영접하기 위해서는 그리스도인들이 먼저 관계를 맺는 일에 투자해야 하고 누군가를 그 대규모 집회에 초대해야 한다고 지적했다.

우리는 사람들이 더이상 그들의 조부모나 부모들이 그랬던 것처럼 그들의 깊은 영적 질문과 필요에 대한 해답을 얻기 위해 제도적인 교회를 찾지 않는 포스트모던 상황에 살고 있다. 따라서 전도의 주요한 세 가지 범주인 매력, 투영, 미디어 중에서 투영 전략이 점점 더 많은 역할을 해야 할 것이다.[8] 예수님이 제자들에게 의지하셨듯이, 교회는 교회 담장 밖에서 그 메시지를 전달하기 위해 성도들에게 점점 더 의존하게 될 것이다.

그렇다면 우리의 향해 나아갈 정확한 목표는 무엇일까?

우리의 노력이 명확한 목표를 향하기 위해 이 목표를 검토할 것이다.

2. 목표

우리의 목표는 단순히 정보를 다운로드하거나 잃어버린 자들에게 전파하는 것 이상의 것이다. 그리고 우리의 목표는 단지 사람들이 사실에 대한 지적인 동의만으로 믿음을 고백하도록 하는 것 이상의 것이다. 결정을 내리는 것만으로는 충분하지 않다. 우리는 궁극적으로 제자들을 양육하기 원한다.

'관계의 원'(Concentric Circles of Concerns)에 있어서 오스카 톰슨(Oscar

---

8 해롤드 블록(Harold Bullock)은 저자에게 이 세 가지 범주를 소개했다. **매력**, 사람들을 이벤트에 참여 시키는 것, **투영**, 일꾼을 보내는 것, **미디어**, 라디오, TV, 인터넷 등.

Thompson)은 제자들의 몇 가지 주요 특징에 주목했다.

그는 우리에게 다음과 같이 상기시켰다.

① 제자는 스승과 사적인 관계를 가진다.
② 제자는 스승의 총체적 권위 아래에 있다.
③ 제자는 스승의 성품을 소유하고 드러낸다.
④ 제자는 스승을 위해 고난을 겪을 준비가 돼 있어야 한다.[9]

현대 교회 성장 운동의 아버지인 도널드 맥가브란은 세계의 모든 부족이 회중이 되도록 한다는 개인 전도의 관점에서 교회 성장을 규정했다. 그리고 이 목표를 염두에 두고, 예수님이 우리에게 부여한 목표를 반영하기 위해 복음 전도에 대한 우리의 접근 방식을 바꿀 필요가 있다.

개인 전도에 대한 우리의 많은 접근 방식과 훈련은 **효율적**이지만 **효과적**이지는 못했다. 나는 1세기의 예수님이 12명의 사람을 통해 그의 메시지를 세상에 전하려는 계획을 시간 관리 컨설턴트에게 이야기하는 것을 들을 수 있다. 인간의 보편적인 기준으로 볼 때 예수님이 살았던 방법은 효율적으로 보이지 않는다. 그러나 역사는 그의 접근 방법이 효과적이라는 것을 증명한다.

효율이 효과의 적이 될 필요는 없지만, 사람들이 하나님을 기쁘시게 하고 영광을 돌리는 방식을 다루는데 효과적인 것은 거의 없다. 그리스도에 대한 이야기를 듣는 것에 있어서 사람들은 우편물을 배달 받는 방식 이상의 대우를 받을 자격이 있고 복잡하다. 하나님에게 있어 그들은 큰 가치를 지니고 있기 때문에 우리는 그들을 존중해야 한다. 주어진 문화에 따라 사람들을 존중하는 것이 다르겠지만, 그것은 우리가 그리스도를 전하는 방식과 다른 사람들이 이 일을 하도록 동기를 부여하고 훈련시키는 방법에

---

9   W. Oscar Thompson Jr., *Concentric Circles of Concern* (Nashville: Broadman, 1981), 157.

영향을 미칠 것이다.

중생은 한순간에 일어나는데, 종종 신자들에게 알려진 순간이다. 다른 그리스도인들에게 그것은 특정한 순간에 대한 특별한 지식이 없는 그들의 삶에서 발생하는 확실한 사건이다. 그러나 복음 전도는 어떤 면에서 하나의 과정이다. 예외는 있지만, 일반적으로 하나님에 대한 지식과 성령에 대한 수용성 측면에서 하나님으로부터 멀리 떨어져 있는 사람일수록 복음 전도 과정이 더 길어지는 것은 사실이다.

개인 전도에서 우리의 점증적 목표는 복음 전도와 회심 과정의 다양한 측면에서 차이가 있을 것이다.[10] 그러나, 우리는 사람들이 그리스도의 친밀한 추종자가 되도록 돕기 위해 가능한 최고의 시스템, 환경, 접근 방법, 의사소통 도구 및 훈련을 제공하는 전반적인 목표를 가지고 있다. 우리는 더 많은 제자를 만드는 것 뿐만 아니라 헌신적이고 선교적인 사람들을 제자로 삼기 위해 노력하고 있다.

대개 삶의 다양한 측면에 있어서 우리의 접근 방법과 전략은 우리의 성공에 대한 관념과 맥을 같이한다. 우리는 우리의 관점과 가치관에 근거해 성공하는 방식으로 행동한다. 그러므로 개인 전도에서도 성공을 정의하는 것은 항상 유익하다.

성공이란 무엇인가?

그 대상은 무엇인가?

우리는 사람들이 그들의 삶의 유일한 용서를 베푸시는 분이자 리더에게 나아오기를 원한다.[11] 우리는 사람들이 우주를 운영하시는 하나님의 방식과 조화를 이루며 사는 것을 추구하기 원한다. 이것은 삶에 의미와 목적을 준다.

---

[10] 회심은 중생을 향한 과정의 일부로 보거나 중생과 동의어로 사용할 수 있다. 사람들은 복음의 일부를 믿고, 중생에 의해 구원을 향해 나아가는 과정에서 회심할 수 있다. 예를 들면, 불신자는 그리스도를 즉시 영접하지 않고 그리스도의 신성을 믿게 된다. 또한, '**회심**'이라는 용어가 더 보편적으로 사용되는 것은 중생과 구원의 순간을 기술하기 위해서이다. 본문에서 다른 점은, 나는 두 가지 모두를 설명하기 위해 회심을 사용한다.

[11] 미국에서 "그리스도인"이라는 용어가 점점 줄어들면서 "용서자(forgiver)와 지도자"는 젊은 그리스도인들 사이에서 인기가 높아지고 있는 문구다.

우리는 궁극적으로 사람들이 예수와의 역동적인 관계를 통해 하나님으로부터 멀리 떨어져 있는 상태에서 하나님과 가까운 상태로 옮겨 가도록 도우려 하고 있다. 이것은 성령의 지도력 아래 다음과 같은 성경의 명령이 수반될 것이다. 우리는 예수처럼 행동하고, 예수처럼 생각하고, 예수와 같은 태도를 가지며, 예수의 재정적, 시간적 그리고 기도의 우선순위를 공유하는 사람들을 얻기 원한다.

우리는 사람들의 삶의 기술, 일하는 습관, 가족 구조, 대인 관계 그리고 삶의 다른 모든 면에 있어서 예수님의 영향이 미치길 소망한다. 우리는 사람들이 사명, 의미 및 목적에 대한 깊은 이해가 있는 기독교 세계관을 가지고 행동하길 원한다. 궁극적으로 복음 전도의 최우선의 임무는 피전도자들이 전도자로서 영향력을 갖는 것이다. 그러나 우리는 전도의 과정 중에는 중생의 전과 후 모두에 있어서 씨를 뿌리고, 물을 주며, 잡초를 제거하는 행위들이 필요하다는 것을 인정해야 한다.

개인 전도는 종종 성공을 가늠하기가 어렵다. 혹은 성공이 작거나 클 수 있다. 그것은 현재와 미래에 모두 해당되는 사실이다. 전도에 있어서 성공은 영원하기도 하고 일시적이기도 하다. 그것은 감정적이면서 물질적이다. 개인 전도의 성공은 하나님이 하는 것이기도 하면서 우리가 하는 일이기도 하다. 그것은 자연적이고 영적이다. 그것은 점진적이고 기념비적이다. 그것은 삶을 얻는 것과 삶을 포기하는 것 둘 모두와 연관이 있다.

우리 주변의 사람들과 올바른 관계를 맺으면서, 우리는 사람들이 일생 동안 우리와 더불어 예수와 동행하는 위대한 여정에 동참하도록 노력하고 있다. 우리는 사람들이 하나님에 대한 사랑의 순종으로 살기를 원하며, 따라서 우리가 어떻게 살아야 할지를 디자인하신 우주의 창조주이자 지탱하시는 분을 따르는 유익을 누리기 바란다. 우리는 사람들이 하나님의 보호와 보살핌 아래 살기를 원한다. 왜냐하면, 그것이야말로 하나님의 영광을 높이고 사람들의 유익을 확대시키기 때문이다.

우리의 목표는 그 유익들을 자루에 넣어서 남겨 두는 것이 아니다. 우리는 결신을 집계하거나 특정한 수의 사람들을 세례 주거나 심지어 사람들을 교회의 충성된 성도로 만들려는 것이 아니라, 사람들이 우리가 어떤 사람의 삶의 미래를 통제할 수 없다는 것을 아는 제자가 되도록 돕는 것이다. 우리는 사람들이 영적, 정신적, 정서적, 관계적, 육체적인 온전함에서 행동하기를 원하며, 하나님은 자신이 축복하고 원하는 것은 무엇이든지 행하신다는 것을 인식하기 원한다.

우리의 소망은 예수 그리스도 그분만으로 하나님과 세상의 모든 사람 사이에 화해를 가져 오는 것이다. 우리는 누가복음 15장의 탕자처럼 사람들이 많이 회복되기를 원한다. 우리는 사람들이 풍성한 삶(요 10:10)을 살기 원하며, 사람들이 자신들의 삶에서 점증적으로 예수님을 기쁘하게 됨에 따라 많은 열매(요 15:8)를 맺기 원한다.

우리의 목표는 사람들이 예수를 유일한 구세주로 따르는 것을 보는 것이다. 그분은 우리 앞에 다른 신을 두지 말라고 명하신다. 조지 바나의 연구에 따르면 사람들은 예수를 따르는 것이 배타적인 문제라고 보지 않는다. 관용과 다원주의의 세계에서 혼합주의가 발생하게 된다. 사람들은 영적인 여정에서 다른 것들과 함께 조금의 예수를 가지고 싶어한다. 세상의 다른 종교들과는 달리 예수님은 배타적인 충성을 요구하는 포용적인 하나님이다.

빌 하이벨스(Bill Hybels)는 『예수를 전염시키는 사람들』(Becoming a Contagious Christian)에서 우리가 결코 예수님이 자신의 생명을 내어 주지 않은 사람이 누구일까 하고 조사하지 않는다는 사실을 상기시켰다. 불신자들은 정말 하나님께 중요하다. 잃어버린 양을 찾으면 하늘이 기뻐한다. 우리의 목표는 예수님이 우리를 목자 없는 양처럼 보시고 구원하신 것처럼 우리도 다른 사람들을 그렇게 보기 시작하는 것이다. 하나님의 영광이 어둠의 장소까지 확장되는 것을 보고 싶은 소망이 우리에게 그리스도의 메시지를 전하려는 노력을 가져오기를 기대한다.

3. 사고의 도발자

고대 철학자는 검증되지 않은 삶은 살 가치가 없다고 말했다. 미래를 개선하고 적응하기 위해 과거의 일들을 반추하는 것은 현명한 일이다. 복음 전도를 둘러싼 문제들을 탐구하는 여정을 시작하면서, 이어서 소개할 지역교회 목회자가 관찰한 것과 우리가 도출할 수 있는 시사점을 고려해 보자.

> 내 모교회의 아이들은 그들의 신앙고백에 근거해 자주 세례를 받았다. 반면에 성인이 그리스도께로 나아오는 경우는 드물었다.
> 1971년, 나는 주말 복음 전도 훈련에 참여했는데, 그것은 마을 집집마다 방문해 설문 조사 방법을 활용해 그리스도를 전하는 주요한 대학 사역 방법의 적용을 검토하는 것이었다. 나는 교회로 돌아가 이미 관계 전도를 하고 있던 우리 교회에 그 계획을 실행했다. 우리는 6개월 동안 그 계획을 시험했는데, 6개월이 지나자 54명의 사람들이 가가호호 방문 전도를 통해 그리스도를 영접하는 기도를 했다. 우리는 그들의 집과 그 이웃들의 집에서 후속 양육을 했지만, 그 6개월 동안 오직 한 명만 교회에 왔다. 같은 6개월 동안 48명은 관계 전도를 통해 그리스도를 영접하는 기도를 했고, 그중 44명은 세례 교인이 됐다.
> 청소년 사역을 활성화시키는 일을 하던 교단 관계자는 통계적으로 사람들은 17세까지 구원받지 못하면 그리스도를 영접할 확률은 거의 없다고 말하면서 목회자들의 모임에서 청소년 전도의 중요성에 대해 강조했다. 나는 신약성경에 나오는 성공적인 성인 전도에 대해 생각했다. 나는 성인들의 반응이 지금처럼 드문 이유는 폐쇄적이고 믿지 않는 마음 때문인지, 아니면 부적절한 복음 전도 방법 때문인지 궁금했다.
> 우리가 전도폭발 방법을 배운 신학교 수업에서 서른 살쯤 된 한 동료가 아내와 같은 학교에서 가르치는 한 교사와의 대화를 소개했다.
> "내가 그녀에게 물었습니다.
> '오늘밤 당신이 죽어서 하나님 앞에 섰을 때 하나님께서 왜 내가 너를 내 천국

에 들여보내야 하지?'라고 물으신다면, 당신은 뭐라고 대답하시겠습니까?'
그러자 그녀는 '당신은 사람을 잘못 골랐어요. 나는 하나님을 믿지도 않고, 나는 천국이나 지옥도 믿지 않습니다.'라고 답했습니다. 이제 나는 그녀에게 뭐라고 말해야 할까요, 박사님?"

나는 1,500명이 모이는 교회의 목사와 3,000명이 모이는 교회의 목사와 함께 목회자 오찬 모임에 참석했다. 그들은 전도폭발 프로그램에서 새로운 회심자를 교회의 일원이 되도록 하는데 실패한 것에 대해 말하고 있었다.

그중 큰 교회의 목사는 "우리는 백여 명의 결신자 중 오로지 한 두 사람에게만 세례를 주고 있습니다"라고 불평했다.

"우리도 마찬가지 상황입니다"라고 다른 목사가 대답했다.

그들은 토론을 마친 후 회심한 사람들이 "통로를 내려가 세례 받도록"하기 위해서는 더욱 전도자들에게 의지해야 한다고 결론지었다.

북서부의 빌리 그래함 대규모 집회(crusade)에 대한 연구와 "나는 찾았다" (I Found It) 전도 캠프에 대한 연구는 지역교회 출석률이 크게 증가하지 않았음을 보여 줬다.

심층 복음 전도는 1960년대에 수년에 걸쳐 한 국가의 모든 교회 성도를 동원해 복음을 증거하기 위한 프로그램이었다. 시골 벽지의 가가호호 방문전도와 부흥회로부터 시작해서 그 노력이 좀 더 번화한 읍내로 옮겨갔고, 그 이후에는 지방 시청 소재지와, 마지막에는 국가의 수도로 옮겨 갔다. 10년 후, 연구 결과에 따르면 심층 복음 전도가 시행된 모든 나라에서 교회 출석은 다음 해에 감소했다.[12]

위의 정보는 아무것도 입증하지 못한다. 그러나 그것은 그동안 그리스도를 위해 미국을 복음화하려고 사용해 온 전도 방법에 대해 진지하게 평가하도록 우리를 잠시 멈추게 만든다.

---

[12] Harold Bullock, introduction section of conference notebook "How Church Works II: Evangelism and Discipleship," January 31-February 2, 2002.

4. 책 개관

어떤 책도 전도에 관한 신학, 이슈들, 질문들, 방법을 모두 다룰 수는 없다. 그러나 이 책은 개인 전도 실천가들과 학생들에게 상당히 포괄적인 개요를 제공하도록 디자인됐다.

이 책은 크게 세 부분으로 나뉘며 광범위한 부록이 첨가됐다.

제1부, 제1-3장에서는 개인 전도의 기본 요소인 하나님의 참여 이해, 자신의 역할 이해 그리고 개인 전도의 필수적인 내용 이해를 다룬다.

이것은 본질적인 내용의 요소들을 언급해 복음 메시지를 우선적으로 명확히 하는 것을 다룬다. 사람들이 매일 수천의 메시지를 쏟아 내는 세상에서 기독교 교회는 그 메시지를 이해하는 것이 중요하다. 정치적인 표현을 빌리자면, 교회는 "핵심을 찌르는" 메시지를 가지고 있어야 한다. 우리는 왜곡되고 혼란스럽고 초점 없는 메시지를 보낼 여유가 없다.

제2부, 제4-6장에서는 개인 전도의 의사소통 이론을 다룬다.

내 의도는 당신이 복음을 다른 사람들이 이해할 수 있도록 돕는 것이 가능하게 만드는 것이다. 이 섹션에는 두 가지 주요한 논의가 있다.

첫째, 당신이 처한 정황 안에서 의사소통하는 것이다.
둘째, 정황 밖에서 의사소통하는 것이다.

제3부, 제7-9장에서는 개인 전도에 있어서 실질적인 도움을 다룬다.

이 섹션은 그리스도의 사랑을 전달하고자 하는 여러분에게 실천적인 도움을 주기 위해 디자인됐다. 이것은 대화의 팁, 내부 및 외부의 장애물 언급 및 제거 그리고 개인 전도의 "남은 최선의 방법"으로 세분화된다. 이 마지막 장은 포스트모던 상황에서 성 문제, 전도의 후속 돌봄(follow-up) 및 개인 전도 훈련을 다룬다.

이 책은 개인 전도에 대한 보다 더 심층적인 검토를 위해 몇 개의 부록으로 마감한다. 이것은 복음 삽화, 간증 구성하기, 개인 성장을 위한 과제, 개인 전도 훈련 자료의 검토 및 평가 그리고 개인 전도에 대한 주석이 달린 참고 서적 목록 등을 포함하고 있다.

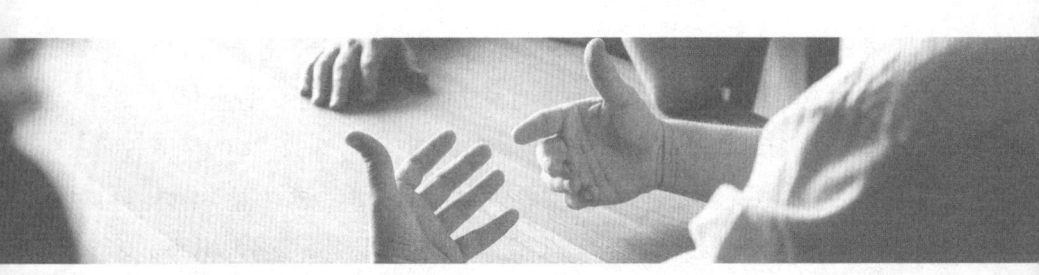

제1부
전도의 기본 요소

제1장 하나님의 참여 이해
제2장 전도자의 역할 이해
제3장 핵심 내용 이해: 복음 메세지 명확히 하기

변화하는 문화 속에서 예수 전하기
개인 전도의 기술

제1장

하나님의 참여 이해

도대체 사람들은 어떻게 그리스도를 알게 되는가?

그리스도인으로 회심하는데 있어 일부 요소는 미스터리인 반면, 회심과정의 다른 요소들은 밝혀졌다. 그리스도인들은 구원과 전도 과정에서 하나님과 인간이 수행하는 역할에 대해 다른 신념들을 가지고 있다. 사람들이 그리스도께 어떻게 반응하는가에 관해 두 가지 극단적 입장이 있다.

첫 번째 극단적인 입장은 모든 것이 하나님에 달려 있다는 것이다. 이런 관점에서 그리스도인들은 다른 사람들을 그리스도께 인도하는 역할을 거의 하지 않으며, 책임도 없다. 이 주장의 위험은 잃어버린 불신자들을 전도하는 일에 수동적이도록 만들 수 있다는 것이다.

두 번째 극단적인 입장은 회심이 전적으로 믿음을 나누고 전도하는 사람들의 계획과 방법에 달려 있다는 것이다.

여기서의 위험은 세 가지다.

첫째, 이것은 전도자에게 회심에 대한 너무 많은 부담을 전가하게 된다. 이는 극심한 공포, 자기 의심, 불안으로 이끌 수 있다.

둘째, 전도자는 자신들의 만족이나 혹은 하나님과 다른 사람들을 기쁘게 하려고 결신 고백을 얻기 위해 피전도자들을 조종하려는 유혹을 받을 수 있다. 그러나 하나님이 사람들을 창조하셨기 때문에 사람들은 하나님이 그들에게 부여하신 것 만큼 동일하게 존중받고 대우받아야 한다. 그러므로, 사람들을 조종하는 것은 하나님을 높이는 개인 전도의 규정된 한계를 벗어나는 것이다.

셋째, 이것은 즉 한계를 벗어난 방법을 사용하려는 유혹을 가리킨다. 미끼와 스위치와 같은 방법은 그리스도와 그의 교회에 대해 부정적인 생각을 갖게 하므로, 이 접근법은 금지돼야 할 것이다. 그리스도인들은 하나님이 누구신가를 드러내기 위해 자기 삶의 모든 영역에서 주의해서 행동해야 한다. 또한, 그리스도인들은 하나님의 목적과 위엄 안에서 작동하는 접근법을 사용해 모든 면에서 하나님이 영광스럽게 되길 원할 것이다(고전 10:31).

다음의 몇 장에서 우리는 사람들이 죄의 용서하시는 분이자 그들 삶의 지도자로서 그리스도를 어떻게 알고 따르는지에 대한 성경적 진리를 탐구할 것이다.

제1장에서 우리는 중생 과정에 있어서 하나님의 갈망, 하나님의 역할과 활동 그리고 하나님의 도구들을 살펴볼 것이다.
제2장에서는 전도자의 역할을 살펴볼 것이다.
제3장에서는 기독교 메시지의 본질적 요소에 대한 논의를 다룰 것이다.

1. 하나님의 갈망

삶의 많은 부분을 우리의 제한된 관점으로 바라볼 때, 하나님이 우주와 그 안에 있는 모든 것의 설계자시며, 따라서 하나님이 보시기에 합당한 방식으로 우주를 주관할 수 있는 모든 권리와 특권이 있다는 사실을 잊어버리기 쉽다. 이 사실은 우리에게 두려움이 아닌 큰 위안을 주어야 한다.

그렇다면 하나님은 그분의 소중한 창조물에 대해 무엇을 하고 계신가?

인류의 시작부터 하나님은 사람들에 대한 그의 갈망과 활동에 있어서 목적 지향적이었다. 우리를 창조한 하나님은 인간에 대한 긍정적인 갈망을 가지고 있다. 그리고 인류와는 달리, 그는 또한 그의 갈망에 따라 행동할 수 있는 무한한 능력을 가지고 있다.

1) 사람들과의 관계, 회복, 화해

식물은 살다가 죽고 더이상 존재하지 않는다. 동물들도 마찬가지라고 말할 수 있지만, 이것은 사람들에게는 해당되지 않는다. 하나님은 영원을 위해 사람들을 창조하셨다. 인간은 영원히 살기 위해 태어났다. 이것은 하나님이 자신의 백성들과 영원한 관계를 맺기를 갈망하고 있음을 보여 준다. 하나님은 식물이나 동물처럼 생명을 가진 임시적 존재로 만들 수 있었지만, 그러지 않으셨다. 우리는 하나님께 축복이 되고, 그의 은혜, 능력, 영광, 영예를 드러내는 트로피가 되도록 창조됐다.

구약성경에는 모든 사람을 축복하려는 하나님의 계획을 분명히 나타내는 구절들이 들어 있다. 물론 이것은 오해를 낳거나 잘못 적용될 수 있지만, 당신의 백성들을 축복하시려는 하나님의 갈망은 의심할 여지가 없다. 예를 들어, 하나님은 모든 사람에게 결혼, 가족, 비(rain) 그리고 다른 천연자원들의 기회를 제공해 축복하신다.

하나님의 갈망은 화해에 초점을 맞춘다.

> 그뿐 아니라 이제 우리로 화목하게 하신 우리 주 예수 그리스도로 말미암아 하나님 안에서 또한 즐거워하느니라(롬 5:11).

하나님은 행하셨고, 우리는 예수 그리스도를 통해 세상을 하나님과 화해시키기 위해 행동해야 한다.

하나님은 모든 인류와 구원의 관계를 맺기를 원하신다. 성경은 하나님의 백성을 가족, 친구, 신앙 공동체라고 말한다. 사람들은 단절된 관계의 회복과 화해를 통해 하나님의 가족의 일부가 된다.

모든 사람이 그리스도를 통해 구원을 받는 것은 아니라는 사실은 적어도 두 가지 중요한 질문을 한다.

첫째, 하나님은 허락하지 않는 것을 원하시는 변덕스러운 분인가?
그렇지 않다. 성경은 하나님이 선하신다는 것을 분명히 말하고 있다.

> 예수님께서 이르시되 네가 어찌하여 나를 선하다 일컫느냐 하나님 한 분 외에는 선한 이가 없느니라(막 10:18).

> 너희 안에서 행하시는 이는 하나님이시니 자기의 기쁘신 뜻을 위하여 너희에게 소원을 두고 행하게 하시나니(빌 2:13).

둘째, 하나님은 유한한 존재이며, 궁극적으로 그분이 말씀하시는 것을 할 수 없는가?
그렇지 않다. 성경적 설명은 하나님이 무한하다는 것을 나타낸다.[1] 사람들은 자신들의 죄와 반역 때문에 하나님과 화해하지 못한다.

바울은 이렇게 썼다.

> 그리스도의 사랑이 우리를 강권하시는도다 우리가 생각하건대 한 사람이 모든 사람을 대신하여 죽었은즉 모든 사람이 죽은 것이라, 그가 모든 사람을 대신하

1　욥 5:9; 9:10; 11:7-9; 시 145:3; 147:5을 보라. 또한, 존 핀버그(John Fineberg)의 저서 『그와 같은 분 없네』(*No One Like Him*)를 참조하라. .

여 죽으심은 살아 있는 자들로 하여금 다시는 그들 자신을 위하여 살지 않고 오직 그들을 대신하여 죽었다가 다시 살아나신 이를 위하여 살게 하려 함이라 (고후 5:14-15).

그러므로 우리가 그리스도를 대신하여 사신이 되어 하나님이 우리를 통하여 너희를 권면하시는 것 같이 그리스도를 대신하여 간청하노니 너희는 하나님과 화목하라(고후 5:20).

그리스도의 대사로서 봉사하는 것은 우리에게 화해의 사역이라는 목적을 제공한다. 하나님은 화해를 통한 영원한 관계를 원하실 뿐만 아니라 하나님 자신과 사람들과의 관계에 있어서 상호적이길 바라신다.

하나님의 회복에 대한 요구는 고립된 기독교 신앙으로 사는 것을 요구하는 것은 아니다. 하나님은 구원받은 사람들 가운데 가정과 공동체가 회복되길 원하신다. 하나님은 당신 자신을 위해 사람들이 궁극적으로 그들의 삶 가운데 하나님이 어떻게 개입하셨는지를 전도를 통해 다른 사람들과 나누도록 사람들을 창조하셨다. 하나님은 사람들과 언약을 맺으시고, 가족 관계를 발전시키기 위해 행동을 취하셨는데, 이 관계는 신약성경의 기독교 가정을 포함하는 것으로 확대된 것이다.

하나님의 우리를 위한 목적은 우리가 하나님의 가족의 일원이 되라는 초대에 응하는 것이다. 하나님은 세상의 모든 사람이 이렇게 되길 소망하신다. 사람들이 인종이나 유산에 관계없이 멸망하기를 원하지 않으시기 때문에, 하나님의 이러한 소망은 초대에 응하는 모든 사람에게 열려 있다. "예수 사랑하심"(Jesus Loves Me)이라는 노래처럼, 하나님의 관점에선 모두가 소중하다. 피셔 험프리스(Fisher Humphreys)는 다음과 같이 요약했다.

하나님의 목적은 하나님을 자신의 하나님으로 받아들이고, 삶에 하나님의 사랑을 받아들이고, 전심으로 그분을 사랑하고, 이웃을 자신과 같이 사랑으로 반

응하는 사람들의 공동체를 만드는 것이다.[2]

2) 구약성경에 나타난 하나님의 갈망

고대 히브리인들은 초대교회와 마찬가지로(요 1장) 현존하는 세계에서 하나님의 역할을 언급해야 할 필요성을 봤다(창 1장). 단순하지만 심오하게 고대 증인들은 그들의 존재를 하나님의 일하심으로 이해했다.

태초에 하나님이 창조하셨다(창 1:1).

하나님은 자신이 삼위일체로서 함께 공동체 안에서 살아가고 있었으며 그러한 공동체의 이익을 누리도록 모든 것을 창조하셨다. 따라서 하나님은 인간에게는 다소 신비하게 보이지만 공동체적 관계 속에 존재하신다. 창세기 1:26에서 하나님은 "우리의 형상을 따라 우리의 모양대로 우리가 사람을 만들고"라고 말씀하신다.

하나님은 자신의 형상을 따라 인류를 만드시기 전에 공동체의 한 형태인 삼위일체로 살고 있었다. 하나님의 존재의 본질은 공동체를 포함한다. 삼위일체는 공동체에 속해 살아야 하는 인간 가족의 선구적인 모델이었다. 구약성경에서 발견되는 이러한 기본 개념들은 구원받은 공동체의 나아갈 방향을 가리키며 하나님이 그리스도를 통해 창조하실 것이다.

창조의 행위는 신성한 공동체의 첫 표현이었다. 하나님이 에덴동산에서 창조하신 공동체는 출애굽한 그의 백성들과 언약 관계가 됐다. 하나님은 자신의 백성들을 인도하기를 원하셨고, 그들이 따르기만 한다면 그들은 그의 축복과 보호를 경험할 것이었다. 모세는 이 생각을 출애굽기 19:5-6에서 신학적 초점으로 끌어들였다.

---

[2] Fisher Humphreys, *The Nature of God* (Nashville: Broadman, 1985), 76.

세계가 다 내게 속하였나니 너희가 내 말을 잘 듣고 내 언약을 지키면 너희는 모든 민족 중에서 내 소유가 되겠고, 너희가 내게 대하여 제사장 나라가 되며 거룩한 백성이 되리라 너는 이 말을 이스라엘 자손에게 전할지니라 (출 19:5-6).

하나님은 처음에 인류를 창조하셨기 때문에 인류와 언약을 통해 영원한 관계를 유지하기 원하셨고, 인간들도 서로 좋은 관계를 갖기 바라셨다. 이 관계는 사람들에게 자유 의지의 선물과 함께 주어졌다. 그들 자신의 욕망과 사탄의 속임수 때문에, 남자와 여자는 하나님께 불순종하기로 결정했고, 따라서 한때 완벽했던 관계를 단절시켰다. 아담과 이브가 자기의 길을 가기로 한 결정은 그들과 모든 인류에게 엄청난 결과를 가져왔는데, 바로 하나님으로부터의 분리이다.

하나님과의 관계가 피조물의 악한, 자유 의지의 선택에 의해 깨졌을 때, 하나님은 그들이 그분 앞에서 당혹스러워하지 않도록 그들의 몸을 가릴 것을 제공해 그들과의 관계를 회복하고자 하는 하나님의 갈망을 표현하셨다. 이것이 바로 하나님의 첫 번째 선교 사역으로, 하나님의 창조물을 찾고, 가리고, 회복시키는 것이었다. 그러나 그것이 마지막은 아닐 것이다. 하나님의 이러한 갈망은 죄에 의해 깨진 창조물과의 올바른 관계를 회복하려는 의도적인 노력을 통해 계속 표현된다.

우리는 첫 번째 축복을 잃어버렸지만, 이사야는 하나님의 갈망 중 하나가 타락한 상태의 우리를 불쌍히 여기시고 은혜를 베푸시려는 것임을 상기시킨다.

그러나 여호와께서 기다리시나니 이는 너희에게 은혜를 베풀려 하심이요 일어나시리니 이는 너희를 긍휼히 여기려 하심이라 대저 여호와는 정의의 하나님이심이라 그를 기다리는 자마다 복이 있도다(사 30:18).

하나님은 그의 백성들에게 전령을 보내심으로 자신의 바람을 행동으로
실행하신다. 우리는 주저하는 선지자 요나를 통해 니느웨 사람들에게 은
혜와 긍휼을 베푸시려는 하나님의 갈망을 본다. 하나님은 또한 하나님의
종들이 자비를 베풀어 달라는 기꺼이 요청을 수용하신다.

아브라함은 소돔과 고모라를 파괴하려는 하나님의 계획에 대해 하나
님께 자비를 베풀어 달라고 간청했다. 하나님은 아브라함에게 몇 명의
의로운 사람들을 찾을 수 있다면 도시를 파괴하지 않겠다고 약속하셨다
(창 18-19장).

하나님의 의도적인 목적은 하나님과의 화해를 위해 제안하신 희생적 수
단에 잘 암시돼있다. 하나님은 자신의 백성들의 죄를 덮기 위해 피의 희생
제사를 사용하게 하셨다(출 12장). 하나님은 또한 공동체의 선구적인 측면
인 예배와 예식 축제를 확립하셨다. 구약성경에서 볼 수 있는 하나님의 갈
망은 신약성경에 기록된 그의 갈망과 행동을 예시한다.

3) 신약성경에 나타난 하나님의 말씀

신약성경은 사람들에게 참 생명을 가져다주시려는 하나님의 갈망을 보여
주는 내용으로 가득 차 있다. 예를 들어 예수님은 우리에게 이렇게 말한다.

> 도둑이 오는 것은 도둑질하고 죽이고 멸망시키려는 것뿐이요 내가 온 것은 양
> 으로 생명을 얻게 하고 더 풍성히 얻게 하려는 것이라 나는 선한 목자라 선한
> 목자는 양들을 위하여 목숨을 버리거니와(요 10:10-11).

예수님은 하나님의 바람과 계획에 근거해 삶의 의미와 목적, 성취를 가
져다줬다. 하나님의 의도와 계획은 세상을 비난하는 것이 아니라 세상을
구하는 것이었다. 예수님은 이렇게 말씀하셨다.

하나님이 그 아들을 세상에 보내신 것은 세상을 심판하려 하심이 아니요 그로 말미암아 세상이 구원을 받게 하려 하심이라 그를 믿는 자는 심판을 받지 아니하는 것이요 믿지 아니하는 자는 하나님의 독생자의 이름을 믿지 아니하므로 벌써 심판을 받은 것이니라 (요 3:17-18).

신약성경은 하나님의 백성들을 향한 분명한 갈망이 무엇인지 깨닫도록 우리에게 통찰력을 제공한다. 하나님의 바람은 사람들이 우주의 창조주이자 지탱하시는 분인 하나님과 구원의 관계를 맺는 것이다. 베드로로부터 우리는 하나님과 언약 관계에 들어가는 모든 사람을 구하는 것에 하나님이 단호하시다는 것을 알게 된다.

주의 약속은 어떤 이들이 더디다고 생각하는 것 같이 더딘 것이 아니라 오직 주께서는 너희를 대하여 오래 참으사 아무도 멸망하지 아니하고 다 회개하기에 이르기를 원하시느니라 (벧후 3:9).

예수님은 예루살렘 사람들이 잃어버린 바 된 것 때문에 우셨다.

가까이 오사 (예루살렘) 성을 보시고 우시며 (눅 19:41).

그의 눈물은 그를 행동하게 만들었고, 결국 십자가의 죽음이라는 가장 숭고한 희생으로 이끌었다. 예수님은 "인자가 온 것은 잃어버린 자를 찾아 구원하려 함이니라"(눅 19:10)라고 말씀하셨다. 그리고 일단 잃어버린 자들이 발견되면, 예수님은 그의 추종자들 중 일부를 노예가 아니라 "친구"라고 불렀다. 예수의 죽음과 부활은 인류에게 절망적이고 무력한 상태에서 벗어날 수 있는 길을 제공했다. 예수의 희생은 우리의 절망적인 상태에 소망을 준다. 소망은 인간의 깊은 필요다.

하나님의 갈망의 또 다른 측면은 그의 백성들에게 생명, 소망, 의미, 목적, 정의, 사랑, 친절 그리고 좋은 모든 것을 가져다주는 것이다.[3] 바울의 글에서 드러나듯이, 성령의 열매조차도 자신의 백성에 대한 하나님의 갈망을 보여 준다.

> 오직 성령의 열매는 사랑과 희락과 화평과 오래 참음과 자비와 양선과 충성과 온유와 절제니 이같은 것을 금지할 법이 없느니라(갈 5:22-23).

성경은 복음 전도가 인간의 갈망이나 계획으로 (과거에) 시작되지 않았으며 (현재도) 시작하지 않는다고 가르친다. 분명하게 구약에서 신약까지 우리는 하나님이 개별적으로 그리고 공동체적으로 그의 창조물과 친밀한 관계를 맺고 싶어 하신다는 것을 분명히 알 수 있다. 창세기부터 계시록까지 우리는 하나님이 하나님과의 관계를 위해 인간을 창조하시고 또 그분의 영광을 위해 우리를 창조하신 것을 본다(계 5:12-13).

2. 하나님의 주도권

사람들은 하나님의 마음에 있어왔고 지금도 그러하다. 그러나 하나님은 갈망을 초월해 움직이셨고, 우리를 위해 행하신다. 그는 복음 전도를 포함한 구원의 모든 측면에서 주도권을 잡으셨고 계속 주도적으로 행하신다.[4] 구약과 신약 모두 우리를 위해 행하시는 하나님의 활동을 드러낸다.

---

[3] 눅 18:7; 롬 2:4; 8:28; 9:17; 11:22; 고후 5:5; 골 1:5; 살전 5:8; 딛 3:4.
[4] 구원에 관한 논의는 1장의 뒷부분과 3장을 참조하라.

1) 구약성경

역사상 많은 철학자는 하나님이 인간과 상호 작용하는 데 필수적인 측면을 놓쳤다. 하나님이 그분의 피조물과는 구별되지만 그분은 피조물인 사람들과 멀리 있지 않다. 하나님이 모든 피조물 위에 계시는 것은 자명하다. 오직 하나님만이 무(nothing)로부터 무언가를 창조하실 수 있다. 그 외의 다른 모든 것은 이미 존재하는 무언가로부터 창조됐다. 그러나 하나님 한 분만이 무에서 모든 것을 창조할 수 있었다. 하나님은 단지 우리를 창조하신 것만이 아니라, 그의 형상대로 유사하게 창조하셨다.

우리는 우리가 하나님의 명령을 잘 따를 때가 아니더라도 하나님이 그분의 백성들에게 친밀하게 역사하심을 성경과 자연을 통해 알게 된다. 아담과 하와의 불순종 후에 우리는 불순종한 그들과 함께 걸으시는 하나님을 본다.

> 그들이 그 날 바람이 불 때 동산에 거니시는 여호와 하나님의 소리를 듣고 아담과 그의 아내가 여호와 하나님의 낯을 피하여 동산 나무 사이에 숨은지라(창 3:8).

이 시점부터 우리는 하나님이 은혜를 확장하기 시작하실 때 하나님의 백성들에게 적극적으로 개입하시는 것을 보기 시작한다. 우리는 창세기 3:21에서 하나님이 그들을 찾으셨던 것처럼 하나님께서 당신의 백성들을 위해 일하시는 것을 본다. 하나님은 당신의 임재라는 선물과 그들의 벌거벗은 몸을 가릴 것을 제공하심을 통해 아담과 하와의 수치에 대한 관심을 보여 주셨다.[5]

하나님의 구속적 특징은 가인의 잘못을 다루시는 것에서 특히 강조된다. 가인이 잘못된 종류의 희생제물을 바치는 것을 고집할 때조차도 하나님은 그를 대면하시고 그 길을 상기시키셨다.

하나님이 가인에게 보여 주신 긍휼을 보라!

---

[5] 벧전 3:18과 마 5:45을 보라.

그러나 이 긍휼은 유대인에만 국한되지 않았고, 또한 이방인들에게까지 확대됐다. 아모스 9:11-12을 인용한 사도행전 15:15-19에서 야고보는 어떻게 하나님이 처음부터 이방인들을 구원 계획에 포함시키려고 의도하셨는지 다룬다. 이 출애굽기 기사는 그러한 포괄적인 긍휼에 대해 증언하는데, 이집트에서 나온 모든 사람은 하나님의 언약 공동체의 일부가 됐다(출 19-23장).

구약성경의 두 가지 위대한 구원 이야기(이집트에서의 거주와 바벨론 포로기)는 마찬가지로 십자가에서 죄의 용서를 위해 십자가에서 피를 흘리신 그리스도의 일을 예고한다. 이집트와 바벨론에서 돌아온 것을 둘러싼 사건들은 후에 일어날 그리스도의 사역을 위한 무대 역할을 한다. 이집트의 속박과 타향살이로부터 유월절 양이 등장한다. 예수 그리스도는 궁극적인 그리고 최후의 유월절 양이었다.

반세기의 타향살이 후, 다니엘은 하나님의 구원 목적을 알아차렸다. 다니엘은 포로로 잡혀가는 벌을 통해 방탕한 이스라엘을 회복시키려는 것이 하나님의 의도였다는 것을 깨달았다(단 9:1-20). 일곱 번씩 일흔 번의 사용은 다니엘 9:24-25에서 찾아볼 수 있다. 신약성경에서 예수님은 베드로에게 용서를 위한 완전한 숫자인 일곱 번을 일흔 번까지라도 용서해야 한다고 말씀하셨다(마 18:21-22).[6]

구약성경의 여러 곳에서 우리는 세상의 모든 민족에 대한 하나님의 갈망을 본다. 그의 계획은 이스라엘 백성들과의 특별한 관계에 뿌리를 두고 있다. 요나에서 우리는 니느웨를 향한 하나님의 마음을 본다. 니느웨 사람들은 사악하게 살고 있었고, 그것은 하나님을 크게 노하시게 만들었다. 그러나 하나님은 그 도시에 대한 연민을 갖고 요나에게 사악함에 대해 설교해 니느웨 백성들에게 경고하라는 명령을 내리셨다(요 1:2; 3:2). 거대한 물고기의 뱃속에서 보낸 시간을 포함해서 곁길로 간 여정 후, 요나는 결국

---

[6] 구약성경에 관한 섹션의 몇몇 부분은 뉴올리언스침례교신학교의 구약학 교수인 아치 잉글랜드(Archie England) 박사와의 인터뷰에서 영향을 받았다.

니느웨에 가서 다가오는 멸망에 대해 설교했다. 그 결과 사람들이 회개하고 하나님을 예배했기 때문에 하나님은 불쌍히 여기시고 니느웨 사람들에게 재앙을 내리는 것을 돌이키셨다.

요나 시대에 이르기까지 하나님은 선교를 **하실** 뿐만 아니라 다른 사람들을 선교에 **보내신다**. 하나님은 우리를 선교에 보내신다. 이러한 의미에서 이사야는 미가와 함께 열방 가운데 우주적인 호소와 "수용"(acceptance)을 선언하는 것으로 이해할 수 있다(사 2:1-5, 11:10, 60:1-2 ; 미 4-5장). 아모스 9:7도 마찬가지로 열방에 대한 하나님의 섭리적 행위를 강조한다. 그는 길(Kir)에서 아람 사람을 데려왔을 뿐만 아니라, 또한 갑돌에서 블레셋 사람들을 데려왔다. 하나님의 사랑은 선택된 민족인 이스라엘에게만 국한될 수는 없었다.

태초부터 하나님은 그의 메시지를 열방 모든 민족에게 전하려는 계획을 갖고 계셨다. 그는 유대인들을 하나님의 축복의 통로가 되도록 만드셨지 단지 그들만이 축복의 수혜자가 되도록 하신 것이 아니었다. 요나는 하나님의 이러한 긍휼을 분명하게 이해하고 있었고 그 이유 때문에 애초에 하나님의 뜻을 순종하는 것을 거절했던 것이었다. 요나는 하나님이 용서할 능력을 가지신 분 이상임을 알았고 실제로 하나님은 요나가 증오하는 악한 앗수르 사람들을 기꺼이 용서하려고 하셨다.

2) 신약성경

구약성경 전반에 걸쳐 우리는 하나님이 다양한 형태와 방식으로 그의 백성과 교류하시는 것을 볼 수 있다. 그러나 사람들은 하나님을 더 잘 이해하고 그를 따르기 위해 하나님 자신이 세상에 오시기를 원했다.

하나님은 살과 피를 가진 인간의 모습으로 하늘의 왕좌를 버리고 베들레헴의 구유에 태어나셔서 당신의 백성들을 당신과 화해시키려는 간절한 바람을 궁극적으로 보여 주셨다. 하나님은 무한한 힘과 영광의 자리를 떠나 천한 지위, 적은 소유물, 만연한 오해, 지속적인 거부, 신체적 학대 속에 살고, 결국에는 십자가에서의 죽음이라는 최악의 사회적 수치를 받아들이기로 선택하셨다. 그는 세상의 죄악에 대한 영적인 짐을 그의 어깨에 지셨다.

때때로 사람들은 왜 하나님이 살과 피를 가진 인간의 모습으로 역사에 개입하기로 선택하셨는지 이해하기 어려워한다. 때로는 이야기들은 그런 당혹스러운 질문들을 가장 잘 다룬다. 크리스마스 이야기는 어떤 사람들에게는 와닿지 않는데, 그 이유는 주로 우리가 질문에 대한 완전한 답을 찾는 반면에 이 이야기는 매우 단순하기 때문이다. 냉소주의자들, 회의주의자들, 확신하지 못하는 사람들을 위해 나는 현대적인 비유 하나를 제시한다. 나는 아래 이야기의 기원을 알지 못하지만 그것은 내 마음을 감동시킬 뿐만 아니라 진실을 말한다.

> 이건 우리 중 한 명인 어느 현대인에 관한 것이다. 그는 스크루지가 아니었다. 그는 친절하고, 품위 있고, 대체로 좋은 사람이었다. 그는 가족들에게 관대하고 다른 사람들에겐 의로운 사람이었지만, 크리스마스 때 교회가 선포하는 모든 성육신 이야기를 믿지 않았다. 그는 단지 그것을 이해할 수 없었고, 너무 정직해서 이해하는 척할 수도 없었다. 그는 하나님이 한 인간의 모습으로 세상에 오시는 예수의 이야기를 받아들일 수 없었다. 그는 아내에게 말했다.
> "내가 당신을 고민하게 해서 정말 미안해요. 하지만 이번 크리스마스 이브에 당신과 함께 교회에 가지 않겠소."
> 그는 자신이 위선자처럼 느껴질 테니 차라리 집에 있는 편이 낫겠다고 말했다. 그는 집에 남았고, 가족들은 교회에 갔다. 가족이 차를 몰고 떠나자마자 눈이 내리기 시작했다. 그는 창가로 가서 눈송이가 점점 더 크고 무거워지는 것을 보고는 다시 벽난로 곁 의자로 가서 신문을 읽었다. 몇 분 후 그는 쿵 하는 소리에 깜짝 놀랐다. 그 소리는 다시 났고, 또 났다. 처음에는 누군가 거실 창문에 눈덩이를 던지고 있는 게 틀림없다고 생각했다. 그가 확인하러 현관으로 갔을 때, 그는

눈 속에 비참하게 웅크리고 있는 새 떼를 발견했다. 그 새들은 폭풍에 휩싸였고, 필사적으로 피난처를 찾다가 그의 커다란 창으로 날아들려고 했던 것이다. 그는 그 새들이 불쌍하게 여겨져, 그들을 돕고 싶었다. 그는 차마 그 불쌍한 녀석들이 거기 누워 얼어붙게 내버려둘 수 없었다.

그는 아이들이 조랑말을 키웠던 헛간을 생각했다. 그곳으로 새들을 들어가게 할 수 있다면 따뜻한 피난처가 될 것이었다. 그는 재빨리 외투와 고무덧신을 걸치고 쏟아지는 눈밭을 헤치면서 헛간으로 향했다. 그는 헛간 문을 활짝 열고 불을 켰지만 새들은 들어오지 않았다. 그는 음식이 그들을 유혹할 거라고 생각했다. 그는 황급히 집으로 돌아와 눈 위에 뿌릴 빵 부스러기를 가져왔다. 노란 불빛이 환하게 빛나는 열린 문으로 헛간으로 가는 길을 만들기 위해서였다.

하지만 놀랍게도 새들은 빵 부스러기를 무시하고 계속 눈밭에서 무기력하게 퍼덕였다. 그는 새들을 잡으려고 했다. 그는 두 팔을 흔들며 그들을 헛간으로 밀어 넣으려 했다. 하지만 그 새들은 따스하고 불이 켜진 헛간이 아닌 사방으로 흩어졌다. 그러다가 그는 그들이 자신을 두려워한다는 것을 깨달았다. '그들에게 나는 이상하고 무서운 존재구나'라고 생각했다.

'만일 내가 그 새들이 나를 믿을 수 있도록 그래서 내가 그들을 해치려는 것이 아니라 그들을 도우려 한다는 것을 그들에게 알리는 방법을 생각할 수만 있다면 얼마나 좋을까. 어떻게 하지?'

그가 어떤 행동을 취하든 그들을 겁주고 혼란스럽게 만드는 경향이 있었다. 그들은 그저 따라가지 않을 뿐이었다. 그 새들은 그를 두려워해서 그를 따르거나 떠밀리지 않을 것이었다.

그는 생각했다.

'내가 그들과 어울려서 그들의 언어를 말하고, 겁먹지 말라고 하면서, 그들에게 안전하고 따뜻한 헛간으로 가는 길을 보여 줄 수 있다면.'

'하지만 그러려면 나는 그들 중 하나가 돼야만 그들이 보고 듣고 이해할 수 있을 거야. 내가 새가 될 수만 있다면.'

그 순간 교회 종소리가 울리기 시작했다. 그 소리는 바람 소리 위로 그의 귀에 닿

> 았다. 그는 그곳에서 크리스마스의 기쁜 소식을 전하는 "참 반가운 성도여"(Adeste Fidelis)를 연주하는 종소리를 들었다. 그리고 눈 속에 무릎을 꿇었다. 마침내 그는 인류를 향한 하나님의 마음을 이해했고, 눈 속에 무릎을 꿇은 것이다. 그는 마침내 우리를 구원하기 위해 우리들 중 하나가 되신 유일하신 분을 알게 됐다.[7]

우리의 필요 때문에 하나님이 행동을 취하셨다. 예수님은 우리가 그분의 영원하고 완벽한 세계에서 그분과 함께할 수 있는 기회를 주시기 위해 육체를 입고 죄악된 세상으로 기꺼이 오셨다.

성경은 예수님이 이 땅에 있는 동안 많은 사람과 육체적, 정서적, 사회적, 영적 치유를 제공해 그들에 대한 관심을 표현하는 방식으로 교류하셨다고 말한다. 그는 희망이 없는 사람들에게 희망을 가져다줬다. 그는 처음부터 사람들을 괴롭혀온 죄를 처리할 수단을 가져왔다. 그는 세상을 마음에 품고 계신 하나님 아버지에 대한 순종으로 살았고, 죄의 대가를 치르기 위해 죄 없는 삶을 희생하셨다.

예수의 오심은 궁극적인 포용이 될 것이었다. 심지어 그의 탄생 계보조차도 세상의 모든 민족에 대한 하나님의 사랑을 보여 줬다. 예수의 족보는 유대인이 아닌 사람들을 포함하고 있는데, 모압 사람 룻과 혼혈인 보아스가 그 예이다. 처음부터 하나님은 세상의 모든 민족을 그의 마음과 그의 계획(행 15:13-15)에 두셨다.

3) 하나님의 주도권 요약

창조의 시작부터 하나님은 당신의 백성의 유익과 당신의 기쁨을 위해 인류와 관계를 맺길 소망하셨다. 하나님은 그의 백성들을 만나기 위해 성막 안에 임재하셨다. 하나님은 당신의 백성들을 만나기 위해 성전으로 임

---

[7] 알려지지 않은 자료에서 가져옴.

하셨다. 하나님은 예수 그리스도의 인격으로 인간 역사에 들어오셨고 그의 백성들을 만나셨다. 하나님은 성령의 인격 안에서 사람들의 마음속으로 들어오신다.

우리는 이제 하나님이신 성령의 전이다. 이것은 의무감에서가 아니라 그의 주도권과 기쁨 때문에 하나님의 백성과 교류하려는 하나님의 갈망을 보여 준다. 이 이야기는 하나님의 갈망으로 끝나지 않는다. 하나님은 자신의 창조물을 향해 계속 행동하고 멈추지 않으신다.

4) 십자가의 희생이 제공하는 길

십자가와 부활은 인류 역사상 과거에도 가장 중요한 사건이었고 현재도 그렇다. 예수의 희생은 우주의 창조주와의 영원한 관계로 가는 길을 제공했다. 그러나 그리스도의 사역은 십자가에서 시작되지 않았다. 그리스도의 생애 전반에 걸친 인간과의 상호 작용은 그리스도의 사랑과 긍휼을 보여 준다. 창세기부터 계시록까지 우리는 당신이 만드신 창조물과 관계를 맺기 원하시는 하나님의 갈망을 본다.

하나님은 사람들과 친밀하게 연결돼있다. 하나님은 우리를 창조하시고 우리의 육체적, 관계적 필요를 공급하셨다. 그렇지만 우리는 하나님과의 관계를 바람에 날려 버리고, 그 관계를 깨뜨렸다. 하나님은 예수 그리스도를 통해 우리에게 은혜를 베푸셨고, 세상의 죄를 위한 궁극적인 희생은 십자가에서 지불됐다.

예수님은 생명을 주러 왔다. 예수님은 우리의 죄를 대속하기 위해 십자가에서 어떤 죽음과도 비교할 수 없으며, 단번에 그러나 모든 시대를 위한 그리고 대속적인 죽음으로 인해 생명을 주실 수 있다. 우리는 그리스도의 죽음과 부활을 통해 '되찾은 바' 됐다. 그리스도께서 십자가에서 행하신 일은 모두를 위한 것이고, 그를 영접하는 모든 사람을 위한 대속이다.

십자가에 대한 그리스도의 일은 구원의 길을 제공한다. 인간이 구원받아야 할 이름이나 구원받을 수 있는 다른 이름은 없다. 하나님의 (모두에게) 열린 초대는 예수께로 나오라는 것이다. 그는 생명을 주시는 분, 삶의 목적을 주시는 분, 죄를 용서하고 부서진 영혼을 회복하실 수 있는 유일한 분, 죄를 용서하고 깨진 정신을 회복할 수 있는 유일한 분이시다.

> 성령과 신부가 말씀하시기를 오라 하시는도다 듣는 자도 오라 할 것이요 목마른 자도 올 것이요 또 원하는 자는 값없이 생명수를 받으라 하시더라 (계 22:17).

5) 구원의 세 가지 시제

구원은 종종 과거, 현재, 미래라는 세 가지 측면이나 시제로 묘사된다. 이것들은 종종 칭의(과거), 성화(현재), 영화(미래)라고 불린다. 우리는 구원받았고, 구원받고 있으며, 하나님으로부터의 영원한 분리로부터 구원받을 것이다. 세 가지 모두는 필수적이지만 독특하다.

칭의와 영화는 단회적인 사건이다. 이것은 한 생애동안 지속적인 과정 혹은 일련의 사건들을 포함하는 성화와는 다르다. 하나님은 구원의 전 과정, 회심/중생 사건 및 성화의 과정에 관여하며 앞으로 다가올 영화의 순간의 창조자가 될 것이다.

하나님은 인간의 구원을 주도하셨다. 우리는 그리스도의 삶과 사역을 통해 이것을 분명하게 볼 수 있다. 그러나 하나님이 인류의 구원에 개입하신 것은 거기서 끝나지 않았다. 성령은 죄인을 성도로 회심시키는 과정에서 역사하신다.

6) 전도에 있어서 성령

우리는 전도할 때 혼자가 아니다. 구원은 하나님의 마음속 갈망으로 시작돼 하나님이 그 갈망을 토대로 주도권을 잡고 일하신 결과다. 하나님은 구약성경에서 그의 백성을 대신해 일하셨고, 신약성경에서는 그리스도의 삶을 통해 볼 수 있으며, 그리스도가 세상을 떠나실 때 성령을 통해 일하셨다.

(1) 성령의 사람

성령은 신적이면서 인격적이시다. 성령은 완전하신 하나님이며 하나님의 일에 전적으로 관여하신다. 그는 추상적인 것이나 어떤 사물이 아니다. 우리는 성령의 인격을 언급해야만 한다.

험프리스는 "성령의 가장 근본적인 사역은 예수를 증언하는 것이다"라고 말한다.[8] 복음 전도와 관련해 성령은 전도자의 삶과 잃어버린 사람(불신자)의 삶, 중생이 일어날 때 그리고 회심 이후의 삶에서 역사하신다.

(2) 증거에 있어서의 성령[9]

① 증인보다 선행하심

우리는 복음 전도가 증인의 말로 시작되고 증인의 말로 멈춘다고 오해할 수 있다. 성령이 여러분 앞에 앞장서지 않았을 때, 여러분은 증인으로서 결코 복음을 나눌 수 없다. 이것이 당신에게 안도감을 줄 것이다. 주님께서는 듣는 사람의 마음을 여시기 때문이다.

루디아는 성령께서 자신에게로 이끄시는 여자였다.

---

[8] Fisher Humphreys, *Thinking About God*, 126.
[9] 이 섹션의 아웃라인은 다음의 자료에서 가져온 것이다. *Continued Witness Training Apprentice Manual*, Section I, 2.

두아디라 시에 있는 자색 옷감 장사로서 하나님을 섬기는 루디아라 하는 한 여자가 말을 듣고 있을 때 주께서 그 마음을 열어 바울의 말을 따르게 하신지라 그와 그 집이 다 세례를 받고 우리에게 청하여(행 16:14-15a).

② 전도자를 북돋우고 이끄신다

복음을 전하려고 노력하면서 스스로 적절한 말을 한 것에 놀라는 자신을 발견한 적이 있는가?

당신은 혼자가 아니었다. 누가복음에서 우리는 제자들에게 다음과 같이 말씀하시는 예수를 볼 수 있다.

사람이 너희를 회당이나 위정자나 권세 있는 자 앞에 끌고 가거든 어떻게 무엇으로 대답하며 무엇으로 말할까 염려하지 말라 마땅히 할 말을 성령이 곧 그 때에 너희에게 가르치시리라 하시니라(눅 12:11-12).

우리의 역할은 기꺼이 말을 하는 것이다. 장모님의 집에는 이런 인용구가 걸려 있다.

"우연이란 하나님이 기적을 행하시고 익명으로 남기로 결정한 때다."

우리는 빌립에게 너무 많은 공을 돌릴 수도 있다. 빌립은 에티오피아 내시가 그리스도에게 오는 것을 목격하는 역할을 했지만, 성령은 빌립을 내시에게로 이끄셨다(행 8:27-38). 그는 적절한 시기에 적절한 장소에 있었다.

성령께서는 전도자가 어디에 가고 무엇을 말할지 인도하실 수 있다. 우리는 성령의 말씀을 듣지 않을 선택권이 분명히 있지만, 하나님은 우리를 인도하기 원하신다.

③ 전도자에게 권한 부여

성령은 복음이 전파되는 데 있어서 전도자에게 권위와 지혜를 부여한다. 전도자가 성령의 인도를 따를 때, 전도자는 성령의 인도와 안내를 받는다. 이 성령의 인도하심은 전도자에게 확신을 준다.

성령의 지도력에 우리가 복종하면 우리는 언제든지 권위와 지혜를 가지고 이야기할 수 있다. 반면에 우리가 육신적으로 반응하고 하나님과 단절되면, 우리는 하나님으로부터만 오는 권위와 지혜가 부족할 것이다.

④ 능력

개인 전도는 영적 전쟁이며, 영적 차원에서 접근해야 한다. 증인은 성령의 능력으로 가야만 한다. 우리는 우리의 힘으로 영혼을 구원할 능력이 없다. 주님이 옳다고 생각하시는 대로 친히 움직이는 것을 제외하고는 그 힘의 일부는 설명할 수 없다.

그러나 우리는 주님이 사용하시는 깨끗한 그릇으로 우리 자신을 드릴 수 있다. 우리와 불신자 가운데 역사하시는 성령의 능력을 소멸시키지 않기 위해서는 우리가 우리 삶의 주인이신 예수님께 우리 자신을 끊임없이 복종하고, 죄를 용서받기 위해 우리의 죄를 끊임없이 고백하는 것이 중요하다.

> 오직 성령이 너희에게 임하시면 너희가 권능을 받고 예루살렘과 온 유대와 사마리아와 땅 끝까지 이르러 내 증인이 되리라 하시니라(행 1:8).

> 이는 우리 복음이 너희에게 말로만 이른 것이 아니라 또한 능력과 성령과 큰 확신으로 된 것임이라 우리가 너희 가운데서 너희를 위하여 어떤 사람이 된 것은 너희가 아는 바와 같으니라(살전 1:5).

그리스도인들은 그리스도의 명령을 따라 복음을 전할 때 능력이 있다. 예수님은 사도들에게 귀신을 몰아낼 수 있는 능력을 주셨다.

> 이에 열둘을 세우셨으니 이는 자기와 함께 있게 하시고 또 보내사 전도도 하

며 귀신을 내쫓는 권능도 가지게 하려 하심이러라(막 3:14-15).[10]

⑤ 담대함

증인으로서 스스로 대담함을 발휘할 필요는 없다. 기도를 통해 하나님과 연결될 때 성령은 당신이 과감하게 복음을 말할 수 있는 권한을 부여할 것이다.

빌기를 다하매 모인 곳이 진동하더니 무리가 다 성령이 충만하여 담대히 하나님의 말씀을 전하니라(행 4:31).

우리가 성령으로 충만하지 않을 때, 우리는 담대하게 말할 가능성이 거의 없다. 포기한 전도자에게 성령은 전도자를 앞서가시고 인도하시며 가능하게 하시고 전도자에게 권한을 부여한다. 성령께 지속적으로 굴복하는 것은 우리의 책임이다.

(3) 불신자들

하나님은 우리가 다른 사람들과 복음을 나눌 때 우리 안에서 일하시지만(요 16:8-11), 그것이 하나님이 행하시는 전부는 아니다. 동시에 성령은 잃어버린 불신자들의 삶에서도 일하시며, 그들을 그 자신에게로 이끄시고, 진리를 밝히고, 메시지에 관해 세계를 판결한다.

① 성령의 이끄심

크리스토퍼 애드싯(Christopher Adsit)은 그의 책 『개인적 제자 만들기』(*Personal Disciple-Making*)의 3장 첫 부분에서 대학 시절 자신의 개인 전도 경험에 대해 흥미로운 이야기를 제공한다. 그는 가능한 한 많은 사람을 회심

---

[10] 또한 막 6:7, 마 10:1을 보라.

시키는 것이 자신의 책임이라고 느꼈지만 성령의 역할에 대해는 무지했다고 말한다. 그는 너무 열심이어서 논쟁에서 이기기 위해 성경 구절을 만들어 내기도 했다. 그로부터 한참 후에야 그는 개인 전도에 있어서 하나님의 역할과 하시는 일을 이해했다.[11]

우리는 하나님만이 사람들을 영원한 분리로부터 구하신다는 것을 기억할 필요가 있다. 예수님은 "나를 보내신 아버지께서 이끌지 아니하시면 아무도 내게 올 수 없으니 오는 그를 내가 마지막 날에 다시 살리리라"(요 6:44)라고 말씀했다. 성령의 이끄심이 없다면 하나님과의 깨진 관계는 회복될 수 없다.

이 진실에 함축된 한 가지는 사람들이 자신의 삶을 그리스도께 드리기로 항복하는 것을 하루아침에 결정할 수 없다는 것이다. 당신은 아마도 성령의 이끄심을 경험했지만 언젠가는 그런 결정을 내릴 것이라고 잘못 믿고 그 이끄심을 거부한 사람을 알고 있을 것이다. 그들은 또 다른 날을 살 수도 있고 살지 못할 수도 있다.[12] 게다가 그들은 자신이 다시 하나님께로 이끄심을 당할 것이라고 무의식적으로 성령에 대해 생각하고 있다.

② 성령은 진실을 드러낸다

그리스도인들이 처음으로 사람들에게 하나님을 소개하는 것은 아니다. 성령은 우리가 우리의 믿음을 나누기 위해 현장에 도착하기 전에 하나님의 신성한 존재와 영원한 능력을 드러내기 위해 사람들 가운데 일해 왔다. 하나님은 잃어버린 사람들 가운데 일하시면서 인식을 일깨우거나, 어떤 사람들이 묘사했듯이 하나님에 대한 인식을 창조한다. 증인으로서 우리는 잃어버린 자들에게 그리스도와 그의 구원 사역에 대해 명확히 알리려고 노력하지만 진리를 드러내는 것은 성령이다.

---

11 Christopher B. Adsit, *Personal Disciple-Making* (Orlando: Campus Crusade for Christ, 1996).
12 엡 4:17-19, 마 24:43-44을 보라.

하나님의 진노가 불의로 진리를 막는 사람들의 모든 경건하지 않음과 불의에 대하여 하늘로부터 나타나나니, 이는 하나님을 알 만한 것이 그들 속에 보임이라 하나님께서 이를 그들에게 보이셨느니라. 창세로부터 그의 보이지 아니하는 것들 곧 그의 영원하신 능력과 신성이 그가 만드신 만물에 분명히 보여 알려졌나니 그러므로 그들이 핑계하지 못할지니라 (롬 1:18-20).

③ 성령은 진리를 입증하고 확신하게 한다

그리스도의 추종자들이 하나님의 역할의 일부를 수행하려고 시도하기는 쉽다. 이런 역할 중 하나는 확신과 설득의 영역에 있다. 성령은 죄, 의, 심판의 영역에서 개인들의 죄를 심판하는 분이다. 따라서 우리는 사람들에게 복음 메시지에 대해 수동적인 복종을 강요할 필요가 없다. 성령은 사람들이 하나님을 믿도록 하나님의 의와 다가올 심판에 비춰 죄를 선고하는 분이다. 성령의 일하심이 없다면, 사람은 자신의 영적으로 타락한 상태와 그리스도가 하신 일에 대해 영적인 소경에 머물 것이다.[13]

그가 와서 죄에 대하여, 의에 대하여, 심판에 대하여 세상을 책망하시리라. 죄에 대하여라 함은 그들이 나를 믿지 아니함이요, 의에 대하여라 함은 내가 아버지께로 가니 너희가 다시 나를 보지 못함이요, 심판에 대하여라 함은 이 세상 임금이 심판을 받았음이라(요 16:8-11).

(4) 회심에 있어서 성령

성령은 우리가 증거할 때 우리의 삶에서 역사하실 뿐만 아니라 불신자들이 우리의 메시지를 들을 때 그들의 삶에서도 역사하신다. 그뿐만 아니라 성령은 구원얻는 회심의 순간과 회심 후 이어지는 몇 년 동안 그 새신

---

[13] 고전 2:7-16; 엡 4:17-18; 롬 2:1-12을 보라.

자의 삶에 긴밀하게 간섭하신다.

앞서 나는 복음 전도가 영적 전쟁을 수반한다고 언급했다. 이 영적 전쟁은 물리적인 방식으로 나타날 수 있다. 나는 신학교에서 개인 전도 실습을 가르치면서 전도하기 위해 뉴올리언스와 주변 도시들에 세 팀을 보냈다. 한 팀은 루이지애나주 슬라이델에 있는 아파트 단지에서 복음 전도를 위한 설문 조사를 실시했는데, 그곳은 스티븐이라는 이중 언어를 하는 학생이 스페인어 회중 선교 교회에서 목사로 섬기고 있었다.

그 팀은 스페인어를 사용하는 사람을 우연히 만났고, 그래서 이중 언어를 사용하는 그 학생이 복음을 나누고 대화하는 데 앞장섰다. 나는 다른 학생들과 함께 스페인어를 한 마디도 이해하지 못하는 팀원 중 한 명이 수업에서 자신의 경험을 이야기하는 것을 듣고 열광했다. 그녀는 스티븐이 복음을 나누기 시작하면서 자신은 조용히 기도하기 시작했고, 그 불신자의 얼굴에서 영적 투쟁이 일어나는 것을 볼 수 있었다고 말했다.

그녀는 그 사람의 얼굴에 여러 가지 형태의 긴장이 얽혀 있다는 것을 계속 알아차릴 수 있었다. 그리고 나서 그녀는 상대방이 완전히 변한 것을 알아차렸다. 이 순간 그 팀원 여학생은 스티븐으로부터 그 사람이 그리스도를 받아들이고 있다는 것을 알게 됐다. 놀랍게도 귀로는 알아듣지 못하지만 그 여학생은 새로운 신자의 얼굴 표정에 실제적인 변화가 일어나는 것을 보면서 복음의 능력을 눈으로 목격할 수 있었다.

이런 현상은 전도가 영적 전쟁이기 때문에 그리고 회심의 과정에 성령이 역사하시기 때문에 발생했다. 잃어버린 자들이 그리스도를 신뢰하면 성령은 회심하게 하신다. 잃어버린 자들은 스스로 자신을 구원할 수 없다. 회심은 하나님의 역사이기 때문이다(요 1:12-13; 요일 2:29; 딛 3:3-7).

① 사망에서 생명으로

성령은 영적으로 죽은 사람을 생명으로 인도한다. 요한의 글에서 우리는 다음과 같은 것을 읽었다.

> 육으로 난 것은 육이요 영으로 난 것은 영이니 내가 네게 거듭나야 하겠다 하는 말을 놀랍게 여기지 말라(요 3:6-7).

바울은 또한 새로운 신자에게 생명을 주시는 성령의 역할에 주목했다.

> 우리를 구원하시되 우리가 행한 바 의로운 행위로 말미암지 아니하고 오직 그의 긍휼하심을 따라 중생의 씻음과 성령의 새롭게 하심으로 하셨나니(딛 3:5).

② 신자를 인침

성령은 생명을 줄 뿐만 아니라 신자를 회심의 시점에서 구원의 날까지 인치신다.

> 하나님의 성령을 근심하게 하지 말라 그 안에서 너희가 구원의 날까지 인치심을 받았느니라(엡 4:30).

우리는 전도의 노력이나 방법 혹은 후속 조치(follow-up)에 의해 인침받지 않는다. 우리의 구원은 그리스도가 오직 성령의 역사로 돌아올 때까지 보호되고 보존되는 것이다.

③ 신자에게 주시는 은사

하나님은 신자인 우리가 하나님 그리고 우리 주변의 사람들과 믿음의 관계를 맺고 살아가는 데 필요한 것을 제공하는 데 적극적이다. 성령은 죽은 자에게 생명을 줄 뿐만 아니라 그리스도가 재림할 때까지 신자를 봉인한다. 성령은 또한 신자에게 은사를 주셔서 교회의 확장과 발전을 위해 주님을 섬기는 일에 사용하게 하신다. 신약성경의 여러 부분에서 바울은 신자들의 은사에 대해 썼지만, 가장 구체적으로는 고린도전서 12-14장에서 다루고 있다.

> 각 사람에게 성령을 나타내심은 유익하게 하려 하심이라(고전 12:7).

> 이 모든 일은 같은 한 성령이 행하사 그의 뜻대로 각 사람에게 나누어 주시는 것이니라. 몸은 하나인데 많은 지체가 있고 몸의 지체가 많으나 한 몸임과 같이 그리스도도 그러하니라(고전 12:11-12).

(5) 회심 이후의 성령

우리는 하나님의 자녀들이라고 확신한다. 미국에서는 많은 사람이 자신이 그리스도인이라고 말하지만 그것이 무엇을 의미하는지 거의 알지 못한다. 실제로 그리스도를 그들의 삶의 용서자(forgiver)이자 지도자로 인정하는 것은 훨씬 적다. 한때 나는 자신이 그리스도인이라고 말하는 야구 팀원이 있었다. 내가 그에게 그리스도와의 관계에 대해 이야기해 달라고 했을 때 나는 흥미로운 대답을 들을 수 있었다. 그가 지금보다 젊었을 때 할머니의 장례식에 갔는데 울고 나서 그리스도와의 관계에 대한 평안을 느꼈다고 말했다.

사람들은 회심 이후에 종종 그들이 실제로 구원을 받았는지 아닌지 알고자 고군분투한다. 신자들에게 다가오는 유혹은 재확신을 주는 것이다. 일부 성경 구절이 확신의 측면에서 도움이 되지만, 성령만이 어떤 사람이 하나님의 자녀임을 확증할 수 있다.

> 성령이 친히 우리의 영과 더불어 우리가 하나님의 자녀인 것을 증언하시나니(롬 8:16).

우리는 사람들에게 그들이 구원을 받았다고 설득하지 않는 것이 현명할 것이다. 특히 그들의 생활 방식이 그리스도와 함께 동행하는 삶의 열매를 맺지 않는다면 말이다. 바울은 개인에게 자신이 믿음에 있는지 시험해 보라고 권한다.

> 너희는 믿음 안에 있는가 너희 자신을 시험하고 너희 자신을 확증하라 예수 그리스도께서 너희 안에 계신 줄을 너희가 스스로 알지 못하느냐 그렇지 않으면 너희는 버림 받은 자니라(고후 13:5).

의심스러운 경우, 당신은 또한 그들에게 이 문제를 구체적으로 다루고 있는 시편 51편과 요한일서를 읽어보라고 요청할 수도 있을 것이다.

하나님의 자녀들 안에 살고 있다. 성령은 전도의 모든 단계에 살아서 역동적일 뿐만 아니라 성령은 실제로 신자 안에서 살고 역사하신다.

> 너희 몸은 너희가 하나님께로부터 받은 바 너희 가운데 계신 성령의 전인 줄을 알지 못하느냐 너희는 너희 자신의 것이 아니라(고전 6:19).

성령이 우리 삶에 미치는 모든 영향을 설명하는 것은 이 부분의 목적은 아니지만, 톰 스테펜(Tom Steffen) 교수는 내가 도움이 된다고 생각하는 간단한 요약 목록을 제공했다.

그는 성경의 다양한 구절을 요약하기를, 성령이 "주도하시고, 창조하시고, 계몽하시고, 심판하시고, 설득하시고, 생기를 주시고, 구속하시고, 내주하시고, 인치시고, 활력을 불어넣으시고, 권한을 부여하시고, 막으시고, 지시하시고, 편안하게 하시고, 가르치시고, 변화시키시고, 알려주시고, 안내하시고, 보존하시고, 앞서 이끄시고, 드러내신다."라고 썼다.[14]

(6) 하나님의 주도권 요약

하나님이 전도의 전 과정에 살아계셔서 능동적이며 오직 회심의 책임이 하나님에게 있다는 것을 알고, 우리는 우리의 믿음을 적극적으로 나누도록 권세가 주어졌음을 느껴야 한다. 우리가 우리의 믿음을 나누는 것을

---

[14] Tom Steffen, "Flawed Evangelism and Church Planting," in *Evangelical Missions Quarterly* 34 (1998): 430.

방해하는 우리가 만든 많은 장애물은 우리가 하나님의 신실하심을 기억할 때 무너지기 시작한다. 그 하나님의 신실하심은 계속해서 자신을 드러내시고, 전도자에게 능력을 주시고, 하나님 자신에게로 불신자들을 이끄시는 것에서 나타난다.

하나님은 모든 수준과 부분에서 복음 전도에 관여하신다. 중생/회심은 100% 하나님께 달려있다. 그러나 하나님은 사람들이 당신에게 다가오도록 하기 위해 다양한 도구를 활용하신다.

3. 하나님의 도구들: 자연, 환경, 사람, 시간

하나님은 자신을 계시하시며, 사람들이 자신에게로 끌어당기신다. 성령의 활동 외에도 하나님은 자연, 사람, 환경 및 시간을 사용해 사람들을 자신에게로 이끄신다.

사람들은 하나님의 부름과 사람들의 노력 그리고 환경에 다른 방식으로 반응한다. 어떤 사람들은 수용적인 태도로 반응하는 반면, 다른 사람들은 마음을 닫고 복음에도 폐쇄적이 된다. 사람들은 다른 다양한 방식으로 연결돼있고, 사람들마다 하나님과의 거리도 다르다. 이 문제를 이후의 장에서 자세히 살펴보겠다. 여기서 우리는 하나님이 사람들을 그 자신에게로 이끄시기 위해 사용하는 다양한 도구를 살펴볼 것이다.

1) 자연

하나님이 자신을 드러내는 방법 중 하나는 자연을 통해서다. 자연은 하나님의 위엄과 창조성, 영광을 선포하고 드러낸다.

> 하늘이 하나님의 영광을 선포하고 궁창이 그의 손으로 하신 일을 나타내는도다 (시 19:1).

> 창세로부터 그의 보이지 아니하는 것들 곧 그의 영원하신 능력과 신성이 그가 만드신 만물에 분명히 보여 알려졌나니 그러므로 그들이 핑계하지 못할지니라 (롬 1:20).

모든 창조물에는 창조자가 있어야 한다는 것은 자연스러운 주장이다. 우주의 모든 복잡성을 가진 창조를 둘러싼 물리학은 신지식(divine intelligence)을 가리킨다는 지금은 미약하지만 점차 힘을 얻어가는 견해가 있다. 회의론자들이 창세기의 창조에 관한 설명의 세부 사항을 받아들이기 위하든지 그렇지 않든지 간에, 그들은 신지식과 창조자를 부정하기가 어렵다.

꿈은 잠에서 자연스럽게 나오는 부분이다. 우리 중 일부는 다른 사람들보다 더 많이 꿈을 꾼다. 연구자들은 대부분의 꿈이 우리가 깨기 전에 실제로 잊혀진다고 말한다. 그러나 역사를 보면 하나님은 당신의 존재와 당신의 뜻을 드러내는데 꿈을 사용하신다.[15]

여기서 우리는 하나님의 말씀과 다른 정보를 담고 있는 어떤 꿈도 신뢰할 수 없기에 받아들이지 않는 것이 필수적이다. 항소심의 최종 재판정처럼 성경은 모든 계시와 행위에 대한 최종 권위를 갖고 있다.

이 주제에 대해 가장 많이 인용된 구절 중 하나는 사도행전 2:17이다.

> 하나님이 말씀하시기를 말세에 내가 내 영을 모든 육체에 부어 주리니 너희의 자녀들은 예언할 것이요 너희의 젊은이들은 환상을 보고 너희의 늙은이들은 꿈을 꾸리라(행 2:17).

---

[15] 창 15:1; 20:3; 28:12; 31:10; 37:5; 삿 7:13; 15; 삼상 3:15; 왕상 3:5; 겔 12:22-23; 단 2:19; 마 1:20; 27:19; 눅 24:23; 행 2:17; 9:10-12; 10:17-19; 16:9-10; 18:9; 26:19; 계 9:17 참조.

미국 사람들은 그리스도인과 비그리스도인을 막론하고 모두 오늘날 초자연적이고 영적인 것에 대해 최근 수십 년 동안보다 더 열려 있다. 동양 종교의 막대한 영향과 서구의 기독교 교회에 대한 많은 거부감 때문에 사람들은 더 개방적이다.

이것은 하나님이 주신 모든 것이 사탄에 의해 왜곡되고, 오용되고, 위조됐기 때문에 위험이 없다고 말할 수 없다. 나는 그리스도를 따르는 성숙한 그리스도인들에게 영혼을 분별하는 것이 점점 더 중요해질 것이라고 확신한다. 이 분야에 도움이 되는 성경은 요한일서 4:1-4이다.

자연 외에도 하나님은 초자연적인 사건을 사용해 자신의 바람과 의지를 계시한다. 우리는 하나님이 행하시는 어떤 것도 그분께는 초자연적인 것이 아니라는 것을 인식한다. 그분은 말씀하시고, 그분의 갈망은 현실로 발생한다. 우주의 모든 자연 법칙과 힘은 하나님의 자연적 명령에 따라 결정된다.

하나님은 보통 초자연적인 사건을 규범으로 사용하지는 않지만, 신약성경의 많은 다른 사람 중에서 예수, 제자들, 바울(행 9:1-19), 베드로/다비다(행 9:36-42), 고넬료/베드로(행 10:1-38)를 통해 진실을 말하고 드러내기 위해 그것들을 사용했다.

하나님은 자연을 사용해 그의 존재에 대한 인식과 그의 특성과 힘의 무언가를 이해하기 용이하도록 돕는다. 이것은 복음 메시지를 전달하는 데 강력한 도움이 될 수 있는데, 특히 유대-기독교 지역의 영향을 거의 받지 않은 사람들에게는 더욱 그렇다.

미국인들이 과학과 논리의 현대 문화에 덜 영향을 받는 대신 포스트모던 문화에 더 많은 영향을 받으면서, 우리는 하나님이 자신을 어떻게 드러낼 수 있는지에 대해 정말로 한계가 없다는 것을 재발견할지도 모른다. 하나님은 자연적인 사건이나 초자연적인 사건 어떤 것들을 통해도 자신을 드러낼 수 있다. 또한, 하나님은 사람들을 당신에게로 이끌기 위해 환경을 이용하실 수 있다.

2) 환경

최근에 주요 도로와 내가 사는 주변 지역 사이에 지름길이 건설됐다. 우리는 집까지 더 빨리 오갈 수 있는 길을 갖게 돼 흥분됐다. 지역 병원 옆의 그 지름길에 새로운 정지 표지판이 설치됐다. 하루는 월마트에서 아내와 함께 집으로 돌아가는 길이었는데, 내가 좋아하는 행동은 아니지만 아내는 정지 표지판을 그냥 통과했다. 그녀는 정지 표시를 그냥 지나치고 있다는 것을 깨닫고 주춤했지만, 멈추기에는 너무 늦어 버렸다.

이처럼 나는 얼마나 많은 사람이 하나님이 삶의 환경을 통해 그들에게 주시는 정지 신호를 그냥 지나치고 있는지 궁금하다. 하나님은 자신을 드러내기 위해 여러 가지 정지 신호를 사용하신다.

관찰에 의하면 사람들이 다른 사람들보다 복음에 더 수용적인 때가 있음을 보여 준다. 수용적인 사건은 다른 문화에 따라 독특하지만 미국에서는 강한 스트레스나 변화의 시기에 사람들이 더 수용적이다. 그러나 하나님께서는 우리의 수용 패턴에 어떤 식으로든 제한되지 않으신다. 사람의 삶에 영향을 주는 스트레스의 수준을 평가하기 위한 연구가 진행됐다. 한 특별한 연구인 「The Holmes & Rahe Social Readjustment Rating Scale」은 아마도 오늘날 사용되는 가장 인기 있는 일상 생활 스트레스 테스트일 것이다.[16]

(1) 임계 변곡점

나의 스승 중 한 명인 해롤드 블록(Harold Bullock)은 사람들이 복음을 언제 가장 잘 듣고 반응하는지를 나타내는 삶의 임계 변곡점에 대해 이야기한다. 그는 그것을 DDDIS라고 약칭하는데 이혼(Divorce), 죽음(Death), 신성한 만남(Divine Encounters), 질병(Illness), 사회적 지위의 변화(Status Change)의 알파벳 첫글자를 따온 것이다. 이러한 삶의 계절(seasons of life)은 영적인

---

[16] 여기 척도에 대한 읽기 쉽고 도움이 되는 설명의 링크가 있다. http://www.teachhealth.com/#stressscale.

여정과 수용성 면에서 중요한 변곡점 역할을 한다.

　이러한 상황은 복음을 위한 열린 문으로 작용할 수 있으며, 하나님은 종종 이것들을 사람들을 하나님과의 관계로 끌어들이기 위한 도구로 사용하신다. 이혼은 이혼을 둘러싼 상황에 관계없이 모든 관련자에게 충격이다. 사랑하는 사람을 잃는 것과 수많은 장례식을 치르는 데 참여하다 보면, 사랑하는 사람의 죽음은 다양한 일에 대해 열린 마음을 갖게 하고, 여기에는 슬픔을 겪는 과정에서 잘못된 결정을 내리기도 한다.

　그러나 죽음은 우리로 하여금 내세는 무엇이고 이 생애에서 가장 중요한 것들은 무엇인지 숙고하게 만든다. 종종 이 시점에 하나님은 그리스도의 사랑을 생존자들에게 전하기 위해 기꺼이 복음을 전하고자 준비된 그리스도인을 사용하신다.

　하나님은 또한 우리의 관심을 끌기 위해 질병을 사용하신다. 병이 있을 때 종종 우리는 충분히 생각할 만큼 삶을 늦추고 여유를 갖는다. 이런 반추의 시간 동안 우리는 무엇이 중요한지 재평가할 수 있다. 실제로 많은 사람이 삶에서 중요한 병을 앓은 후 그리스도를 따르기로 선택했다.

　사회적 지위의 변화는 하나님이 자주 사용하는 또 다른 중요한 변곡점이다. 사회적 지위의 변화는 직업, 재정 상태, 교육적 성취 또는 지위의 다른 중요한 변화와 관련될 수 있다. 이러한 사회적 지위의 변화는 긍정적이거나 부정적일 수 있지만, 어느 쪽이든 일반적으로 복음에 대한 수용성이 높아진다.

　어떤 기독교인 NFL 헤드 코치는 NFL 선수들이 가장 수용적인 시기에 대해 언급했다. 그는 선수들에게 다가갈 수 있는 가장 좋은 두 가지 조건이 있다고 말했다. 선수들이 리그에 처음 와서 팀을 만들거나 팀에서 특별한 역할을 찾으려고 할 때 그리고 선수들이 미식축구 경력을 거의 끝내기 직전일 때이다.

(2) 신성한 만남

하나님은 우리 삶의 중요한 변곡점이나 스트레스와 같은 상황에서만 국한되어 일하시는 것은 아니다. 하나님은 또한 하나님 자신과 그분의 백성들인 우리와의 신성한 만남을 이용한다. 신성한 만남을 위해서는 우리가 하나님의 메시지를 기꺼이 담아내는 그릇이 돼야 하며 성령의 인도와 조화를 이뤄야 한다.

때론 하나님은 그리스도를 필요로 하는 사람 곁에 우리를 적절한 시기에 올바른 장소에 배치하신다. 보통 낯선 사람에게 쉽게 다가가지 못하는데, 나는 내 안락한 구역 밖에 있는 사람들에게 접근하기 위해 노력하고 있었다. 나는 매번 그렇게 할 때마다 하나님이 한 사람을 당신께 가까이 이끄시거나 혹은 내 삶에 중요한 교훈을 가르쳐 주신다는 사실에 놀랐다.

내가 이끄는 학생 선교팀은 메인 주 최북단까지 차로 이동하기 전 워터빌에서 긴 하루를 보내며 설문조사를 실시했다. 나는 안전하게 도착해서 기뻤고, 학생들은 몇 시간 동안 잠을 잘 수 있었다. 호텔에 도착해 수속을 밟는 동안 호텔 직원에게서 평범하지 않은 영적인 끌림이 느껴졌.

나는 모든 사람이 안전한지 확인 후 극도로 피곤한 상태에서 기운을 차리고 성령의 이끄심을 따라 다시 아래층 로비로 내려갔다. 나는 직원의 영적 여정과 기독교교회에 대한 그녀가 느낀 환멸에 대해 이야기하는 것을 들었다. 나는 그리스도의 메시지를 나눌 수 있었고, 그녀의 몇 가지 질문에 대답한 후, 그녀를 위해 기도할 수 있었다. 모든 신성한 만남이 극적인 결말을 맺는 것은 아니다. 그날 밤 그녀는 그리스도를 믿지는 않았지만, 복음을 들으려고 마음을 열었다.

우리는 신성한 만남이 역사하기 위해 순종해야 한다. 성령께서 움직이실 때 우리는 계속해서 네(Yes)라고 말씀드려야 한다. 나는 한 교단 임원이 어느 호텔에서 경험한 조금은 평범하지 않은 만남에 대한 이야기를 들었다. 그는 등록 절차를 마치고 가능한 한 빨리 자신의 호텔 방에 가고 싶어했다. 로비를 지나는 길에 방 바깥쪽에 앉아 있는 한 남자가 눈에 들어왔다. 그는 그 남자 옆을 지나서 곧장 자신의 방으로 들어가려고 하는 순간 성령께서 벤치에 앉은 그 남자에게 복음을 전하라고 말씀하셨다. 그는 하나님께 그렇게 하지 말아야 할 몇 가지 이유를 말씀드리며 회피하려 했다.

그러나 하나님과의 짧은 논쟁 끝에 그는 하나님의 이끄심에 자신을 맡기고 벤치에 있는 남자에게 다가갔다. 그는 자신을 소개하고 그 남자에게 자신이 그에게로 다가가야 한다고 느꼈다고 말했다. 그는 그 남자와 예수와 복음의 메시지를 중심으로 한 영적인 대화를 나눴다.

벤치에 앉은 남자는 그 교단 임원에게 말했다.

> 나는 오늘 절망 가운데 하나님께 기도했습니다. 왜냐하면, 나는 내가 경험했던 것보다 더 많은 것이 존재할 것이라는 것을 알았기 때문입니다. 나는 하나님께 하나님이 정말로 존재한다면, 그는 자신을 드러내기 위해 24시간이 남았고 그렇게 하지 않으시면 나는 자살할 것이라고 말했습니다.

그날 밤 벤치에 앉았던 남자는 그리스도에게 자신의 삶을 바쳤다. 왜냐하면 하나님은 자신을 찾는 사람들에게 자신을 드러내는데 신실하시기 때문이기도 하고, 또한 하나님은 비록 피곤하고 마지못해서라도 순종하는 사람을 사용하셔서 하나님의 사랑을 절박한 사람에게 나눠 주시기 때문이다.

3) 사람들

하나님 나라가 세워지고 확장되는 데는 그 중심에 성령님이 계신다. "인간 대리인들(협력자들)을 통해 일하신다."[17]

우리의 약점과 불완전함에도 불구하고 하나님은 여전히 사람들을 사용해 하나님의 메시지를 전달하려고 한다. 사실 예수님은 열두 명 중 한 명

---

17 Tom Steffen, "Flawed Evangelism and Church Planting," 430-31.

이 가장 극도의 배신을 할 것이라는 것을 알면서도 절망적인 사람들에게 유일한 희망의 메시지를 가장 가능성이 낮은 사람들에 위임하셨다.

(1) 개인들

하나님은 개인들을 활용해 메시지를 전하게 하신다. 보통 사람이나 특별한 사람 모두 하나님의 손에 사용된다. 하나님은 의로운 사람이나 심지어 불의한 자를 사용하셔서 하나님의 뜻을 알리고 그분의 메시지를 전하게 하신다. 하나님은 개인(동료, 이웃, 동호회 친구들, 낯선 사람)을 사용하실 때, 종종 서로 독립적으로 일하는 여러 개인을 사용해 메시지를 전달한다. 이것은 경험의 축적과 힘 그리고 신뢰성을 제공한다.

(2) 그의 몸인 교회

급진적으로 변화된 한 사람의 간증은 강력하다. 그러나 그리스도를 덧입고 그 메시지대로 살아내는 사람들 그룹의 증언은 훨씬 더 강력하다. 그리스도의 몸은 우리 메시지의 가장 강력한 증거가 될 수 있고 또 돼야만 한다. 예수님은 이렇게 말씀하셨다.

> 새 계명을 너희에게 주노니 서로 사랑하라 내가 너희를 사랑한 것 같이 너희도 서로 사랑하라. 너희가 서로 사랑하면 이로써 모든 사람이 너희가 내 제자인 줄 알리라(요 13:34-35).

수학과 과학에 매료된 사람으로서 나는 그리스도를 통한 하나님의 메시지의 논리와 감수성에 끌린다. 그러나 그리스도의 메시지의 진실성과 현실은 사람들의 논리에 호소하는 데 국한되지 않는다. 예수님은 그리스도의 실제에 대해 분명하게 말씀하시는데, 그것은 제자들과 다른 신자들이 서로 어떻게 관계 맺고 있는지에 대해 기초를 두고 있다. 변화된 삶을 두고 논쟁하기는 어렵다. 하나님의 인격과 지혜를 따라 전과 다르게 사는 사람들 집단에 대해 논쟁하는 것은 더욱 어렵다.

3) 사람들과 환경의 그물망 속에서 시간

하나님은 시간을 도구로 삼아 사람들을 그 자신으로 이끄신다. 시간은 자연, 환경, 사람들로부터 파생되는 증거를 축적할 수 있게 해 준다. 여러 차례 그리스도를 거절하는 것은 시간이 흐르면서 예가 될 것이다. 어떤 사람들은 복음의 메시지를 빨리 받아들이는 반면, 어떤 사람들은 몇 달 혹은 몇 년이 걸린다.

종종 하나님은 사람을 그 자신에게로 이끄시기 위해 영향력의 그물망을 사용하실 것이다. 보통 어떤 사람이 그리스도에게 자신의 삶을 드리기 전에 하나 이상의 도구와 한 번 이상의 노출이 필요하다.

빌립보의 간수 이야기를 통해 우리는 자연, 환경, 사람들, 시간을 복합적으로 사용하시는 하나님을 볼 수 있다. 하나님은 바울과 실라의 소리가 빌립보 간수의 귀에 들리는 감옥에 갇히도록 허락하셨다. 겉보기에 부정적인 상황으로 보이는 그리스도인의 투옥이 그 간수에게는 정확히 필요로 하는 것이었다. 하나님은 간수가 복음에 대한 열린 마음을 갖도록 죄수들의 변화된 삶을 활용하셨다. 그리스도인들은 기도하고 찬양하며 부당한 투옥을 초월한 모습을 보여 줬다. 이 때문에 그 간수는 이런 일이 어떻게 가능할 수 있는지 궁금해 했을 것이다.

그런 다음 하나님은 심한 지진으로 감옥의 기초를 흔들고, 감옥의 문이 열리도록 만들고, 죄수들의 사슬을 풀어 주셨다. 밤이었음에도 불구하고 죄수들이 탈출하지 않았을 때, 이것은 자신의 목숨을 끊으려 했던 간수에게는 충격이었을 것이다.

하나님은 끝나지 않았다. 바울과 실라는 그들이 감옥에 있는 동안 이미 그 메시지를 간수에게 전달한 것이 분명했다. 하나님은 시간이라는 복합적인 도구를 더하셨다. 그러나 잘못된 투옥, 초자연적인 자연 현상 그리고 그리스도인들의 삶으로 보여 주는 증언과 구두 증언을 목격한 후, 간수는 그리스도께 자신의 삶을 드릴 준비가 됐다. 그리고 하나님은 그 간수를 통해 그의 가족에게 영향을 줬다. 그날 밤 간수와 그의 가족은 세례를 받았다(행 16:22-36).

4. 요약

하나님은 회심을 주도하시지만 인간을 사용하신다. 사람들은 하나님의 생각과 마음, 의제에 있어 왔고, 지금도 계속 존재하고 있다. 복음 전도와 회심은 진실로 영적인 활동이다. 회심으로 이끄는 복음 전도 과정의 역동적인 부분의 일부가 되는 것은 우리의 특권이다. 다음 장에서 우리는 그리스도 없이는 아무것도 할 수 없다는 것을 알고 개인 전도에 있어서 우리의 역할을 검토할 것이다(요 15:5).

제2장

전도자의 역할 이해

우리는 구원의 씨앗이 그리스도의 생각과 마음과 행동에서 시작됐다고 말했다. 그리고 성령의 이끄심과 그리스도를 떠나서는 구원이 없다. 그러나 하나님은 우리 같은 결점 있는 사람들을 자신의 메시지를 전달하고 나누기 위해 사용하신다. 이것은 다음과 같은 질문을 가져온다.

"전도에서 우리의 역할은 무엇인가?"

이 장에서 우리는 우리 역할의 다양한 측면과 우리의 역할이 아닌 행동들에 대해 점검해 볼 것이다.

1. 역학의 다양한 측면

1) 개인 전도의 이해

개인 전도는 다양하게 정의돼 왔다. 아마도 가장 협소한 정의는 불신자의 면전에서 몇 가지 복음의 내용을 암송하는 것이다. 다른 사람들은 전도란 그리스도인이 하는 거의 모든 일을 포함하는 것으로 폭넓은 정의를 내릴 수도 있다. 이 정의들 중 어느 것도 적절하지 않다.

첫 번째 접근법은 우리에게 "나는 그들에게 전했습니다"라는 변명을 허용한다.
두 번째 접근법은 "나는 그들 앞에서 복음적으로 살았습니다"라는 변명을 허용한다.

나는 복음을 듣는 사람들의 긍정적인 반응이 우리가 전도에 성공했는지 여부를 결정한다고 말하는 것이 아니다. 하지만 나는 효과적인 의사소통이라는 측면에서 우리에게 100% 책임이 있다고 생각해야 한다고 믿는다.

많은 뛰어난 전도의 정의가 존재하는데, 예를 들면 레베카 피펫(Rebecca Pippert)의 단순한 정의를 들 수 있다.

"가장 단순한 형태의 복음 전도는 우리의 친구들을 예수에게 소개하는 것이다."[1]

J. I. 패커(J. I. Packer)는 복음 전도란 "회심을 전망하면서 소통하는 행위"라고 말했다.[2] 여러분이 이 페이지들을 읽어감에 따라, 개인 전도란 사람들이 초자연적으로 그리스도를 따르고 모방하는 것을 보길 기대하면서 본질적인 복음의 메시지를 효과적으로 소통하는 것을 포함한다.

2) 누구를 위한 전도인가?

여러 가지 면에서 그리스도의 몸은 군대와 같다. 우리에게는 목적과 사명, 지휘관과 군인 그리고 싸울 적이 있다. 병사들은 지휘관의 지시에 따라 전투에 임하기로 자원한 사람들이다. 하나님의 군대는 각 구성원이 주어진 사명을 완수하기 위해 헌신하며 자신의 독특한 역할을 수행할 때 가장 효과적으로 기능한다.

---

1 Rebecca Manley Pippert, *Out of the Salt Shaker*, 2nd ed. (Downers Grove: IVP, 1999), 133.
2 J. I. Packer, *Evangelism and the Sovereignty of God* (Downers Grove, Ill.: Inter-Varsity Press, 1961), 85.

테러와의 전쟁을 벌이는 미국을 보면서, 우리는 특수 부대가 전쟁에서 독특하고 중요한 역할을 수행한다는 사실을 떠올렸다. 그러나 군대에서 그린베레(Green Berets)와 같은 특수 부대원의 수는 제한적이다. 그린베레는 우리 군대에서 중요한 역할을 하지만 광범위하게 성공적인 임무를 수행하기 위해서는 군대 전체가 필요하다. 미국 군대의 대다수는 군 복무에 자원한 일반 사병들이다.

마찬가지로 그리스도인의 삶에서 그리스도에게 삶을 바칠 때, 그들은 섬기기로 자원했다. 그리스도인의 삶에 있어서 종종 우리는 주재권(lordship)으로부터 구원을 분리하고, 제자로부터 결단을 분리한다. 신약성경은 이러한 분리를 가르치지 않는다. 그리스도를 신뢰하면 우리는 왕의 종과 대사가 되며, 이는 우리 모두가 그의 메시지를 나눠야 한다는 것을 의미한다. 그는 주님(Lord)이시고, 우리는 그를 따르는 제자들이다.

복음을 나누는 것은 모든 신자의 특권이다. 모든 그리스도인이 적극적으로 자신의 믿음을 나누는 것이 규범이 돼야 한다.[3] 우리는 모두 세상의 빛과 소금이 되어야 한다(마 5:13-16). 복음 전도는 선택된 소수를 위한 선물이 아니라 명령이다. 성경적으로 복음 전도자는 지위, 역할, 직무 또는 기능으로 교회에 주어졌지만, 전도는 선택된 소수만을 위한 것이 아니다(엡 4:11-13).

많은 복음 전도 프로그램이 전도 특공대를 모집해 훈련시키는데 사용돼 왔다. 그러나 개인 전도는 그리스도 군대의 특공대만을 위한 것이 아니다. 만일 세상이 그리스도께 인도된다면, 일반 병사들은 의무를 위해 무장하고 하나님의 군대에서 그들의 역할을 수행해야 한다.

협상 불가능한 요소는 우리의 믿음을 나누는 것이다. 전도에 관한 거의 모든 것은 형식과 관련이 있으며, 나는 하나님이 선호하는 스타일을 가지고 있는지 확신하지 못한다. 우리가 하나님을 경외하고 영광 돌리려 한다

---

[3] 연관된 성경 구절. 겔 3:17-21; 엡 4:1-16; 딤후 4:1-5.

고 가정할 때 방법의 선택은 효과에 관한 문제가 된다. 우리는 어떤 다른 유형의 방법보다 하나님의 영광을 가리거나 빼앗는 것처럼 보이는 방법을 피하는 법을 배워야 한다.

3) 역사적 관점

20세기의 대부분 동안 우리는 복음 전도를 전문가들의 몫으로 남겨 뒀다. 그 전문가들이란 전도의 실천에 능력을 발휘했던 교회와 기독교 기관의 사역자들이다. 전문가들은 종종 논리, 과학, 논쟁에 심취해 있는 현대 철학의 영향 아래 자란 사람들과 복음 전도를 수행하는 데 의존했다.

릭 리처드슨(Rick Richardson)은 이렇게 말했다.

> 과거에는 전문가가 되고 답을 갖는 것이 신뢰와 경청을 가능하게 만들었다. 오늘날에도 똑같은 질문과 투쟁과 상처를 갖는 것이 신뢰를 갖게 하고 경청하게 만든다.[4]

지난 20년에서 30년 전에는 대부분의 불신자는 두 가지 주요한 범주 중 하나에 속했다.

첫째, 교회와 그리스도에 대해 긍정적인 감정을 가지고 있고 어느 정도 이해하고 있지만, 그리스도에게 개인적으로 삶을 드리지 않은 사람들이 있었다. 이 사람들에게 다가가는 우리의 주요 방법은 교회 건물에서 열리는 특별 행사에 참석하도록 초대하거나, 예수께로 인도하기 위해 요한복음이나 로마서의 몇 구절을 나누는 것이었다.

---

[4] Richardson, *Evangelism Outside the Box*, 48.

둘째, 접근하기 어려운 사람들이 있었다. 우리는 종종 그들을 하나님에게 냉정하거나 완고한 사람들이라고 묘사했다. 많은 그리스도인은 저항이 강한 사람들을 대하는 것을 두려워했다. 우리는 이 사람들에게 다가가는 것을 전도 전문가들에게 의지했다. 우리는 그들을 부흥회에 초대하거나 목사나 집회를 위해 초대된 전도자에게 그들을 심방해 달라고 요청했다.

이러한 범주에는 몇 가지 한계가 있지만, 이 범주들이 접근 방식을 처리하는 데 도움이 되기를 바란다. 과거와 달리 오늘날 미국 전역의 사람들은 영적인 배경에 있어서 훨씬 더 다양하고 삶을 처리하는 방식에서 훨씬 더 복잡하다. 우리는 이것이 개인 전도의 많은 측면에 영향을 미친다는 것을 보게 될 것이다.

4) 우리 역할에 대한 농업적 이해

신약성경에서 바울은 하나님이 수확이 늘어나도록 해 주신다고 지적했다. 또한, 우리는 심고, 물을 주고, 수확해야 한다고 말했다. 바울은 우리에게 수확의 법칙을 가르치고 있다. 만일 우리가 심지 않으면 수확도 없을 것이다. 우리가 심은 것을 신경 쓰지 않는다면 수확은 없을 것이다.

수차례의 전도적 만남에서 우리의 역할은 복음의 씨앗을 심는 것이다. 우리는 복음 메시지 전체를 전할 수 없으며, 불신자를 만날 때마다 반응을 기대할 수 없다. 그리고 씨앗이 심어지지 않은 곳에서는 수확할 수 없다. 우리는 예수의 이름으로 행하는 작은 친절과 예수 때문에 사람들을 사랑해 씨앗을 심는다. 우리는 사람들을 섬기고, 사람들과 함께 웃고, 사람들이 슬픔의 시기를 지날 때 그들과 함께 눈물 흘린다. 우리는 그리스도와 그분의 교회에 대해 긍정적으로 이야기한다. 이것이 우리가 복음의 씨앗을 심는 방법 중 일부다.

아내는 정원을 가꾸고 관리하는 일을 대부분 스스로 감당하는데, 신선한 공기를 마시며 야외에서 일하는 것과 자기 손으로 일하는 것을 좋아하기 때문이다. 지난주에 아내는 차고 진입로에서 차창을 통해 더러워진 손과 달콤하지만 땀에 젖은 키스로 나를 맞이했다. 이것은 그녀가 나를 맞이하는 가장 좋아하는 방법은 아니지만, 아름다운 정원을 유지하기 위해 지불하는 대가다.

불신자들을 대하는 것은 마치 정원에서 일하는 것처럼 우리의 손을 더럽게 하고 땀에 젖게 할 것이다. 전도의 일부는 사람들이 복음에 대해 가지고 있는 잘못된 편견과 오해를 해소하는 것이다. 사람들을 대하고 전도하는 것은 종종 지저분한 일이다.

심기, 물 주기, 잡초 제거, 수확을 기다리는 것을 포함하지 않는 개인 전도에 대한 효과적인 접근 방식은 없다. 수확을 위해 일하는 우리의 역할은 이 모든 측면을 포함한다.

5) 성공 정의하기

대부분의 임무에 대비하는 가치 있는 목표는 성공을 정의하는 것이다. 성공은 대상, 표식, 목표를 제시한다. 성공에 대한 명확한 이해는 당신이 과제에 접근하는 방식에 영향을 미칠 것이다. 나는 열네 살 소녀들로 구성된 발달 장애아 배구팀을 지도해 왔다. 이 소녀들 대부분에게 이것은 배구로 경쟁하는 첫 경험이었고, 반면에 우리가 경기해야 하는 많은 팀은 클럽 수준에서 여러 해의 경험을 가지고 있었다. 이는 시즌 내내 여러 차례 고군분투할 것이며, 정기적으로 승리하는 것은 현실적인 목표가 아니라는 것을 의미한다.

우리 팀은 경기에서 승리하는 것만이 아닌 몇 가지 다양한 목표를 달성하려고 노력한다. 우리는 긍정적인 태도와 남다른 노력으로 모든 경기를 치르고, 스스로 즐기려고 노력했다. 또한, 우리는 배구의 다양한 구성 요소와 기술을 개선해 더 많은 득점과 승리를 이끌어 낼 수 있도록 노력한다. 서브의 득점률을 향상시키고, 세터에게 더 정확한 패스를 하고, 코트에서 적절한 위치에 있는 것은 결국 우리가 승리하는 데 도움이 될 것이다.

개인 전도에 있어서 성공에 대한 명확한 이해는 우리가 지상명령을 수행하는 데 도움이 될 것이다.

그렇다면 개인 전도에서 성공은 무엇일까?

솔직히 말해서, 나는 정확히 알지 못한다. 그것은 신실함과 결실을 모두 포함할 것이다. 성공에 대한 정의에서 하나님의 역할과 우리의 역할을 고려해야 한다. 우리는 하나님의 역할을 탐구했지만 아직 우리의 역할을 발전시키지 못했다. 그러나 나는 CCC의 창시자인 빌 브라이트가 자주 사용하는 정의에서 시작할 수 있다고 생각한다. 그는 전도를 "성령의 능력으로 단순히 그리스도를 전하고 결과는 하나님께 맡기는 것이다"라고 정의했다.

나는 이 정의를 '출발'점으로 삼는 것에 만족한다. 나는 종종 학생들에게 이 브라이트의 정의를 말한다. 그런 다음에 신학생이나 성숙한 그리스도인이라면 그 정의에 멈춰서는 충분하지 않다고 말한다. 내가 선호하는 정의는 성공이란 성령의 능력으로 '갈수록 준비돼' 그리스도를 단순히 전하고 결과는 하나님께 맡기는 것이다.

그렇다면 불신자들과 관련해 복음 전도자의 역할은 무엇인가?

만일 우리와 함께 하거나 그렇지 않거나 관계없이 전도가 될 것이라고 믿는다면, 우리는 너무 수동적인 자세를 취하게 될 것이다. 이 경우 우리는 거의 책임이 없다고 생각한다. 이와는 대조적으로 복음 전도자의 역할을 지나치게 강조한다면, 우리는 복음 전도자에게 부당한 압력을 주게 된다. 복음 전도자의 주된 책임은 성령의 인도하심에 순종해 자신의 믿음을 나눌 준비를 하고 전하는 것이다. 전도자의 활동은 불신자의 필요를 어떻게 이해하는가에 따라 변화할 것이다.

어떤 사람들은 그리스도인들이 기도하고 다른 모든 것을 하나님께 맡겨야 한다고 믿고 가르친다. 로마서를 읽으면 우리는 바울이 그 질문에 대해 초기 그리스도인들에게 어떻게 답했는지 볼 수 있다.

> 그런즉 그들이 믿지 아니하는 이를 어찌 부르리요 듣지도 못한 이를 어찌 믿으리요 전파하는 자가 없이 어찌 들으리요. 보내심을 받지 아니하였으면 어찌 전파하리요 기록된 바 아름답도다 좋은 소식을 전하는 자들의 발이여 함과 같으니라 (롬 10:14-15).

성공을 위해서는 기술도 필요하다. 하나님은 우리의 기술 부족 상황에서도 일하실 수 있지만, 기술을 개발하는 것이 훨씬 현명하다. 전도서 10:10은 이렇게 말한다.

> 철 연장이 무디어졌는데도 날을 갈지 아니하면 힘이 더 드느니라 오직 지혜는 성공하기에 유익하니라 (전 10:10).

성공은 단순히 기도하고 결과를 하나님께 맡기는 문제가 아니다.
　준비된 상태에서 간다는 것이 가능한 모든 질문에 대해 모든 답을 가지고 간다는 것은 아니다. 그러나 우리는 우리 안에 있는 소망을 나눌 준비가 돼 있어야 한다(벧전 3:15). 우리는 모든 것을 주님을 위해 행해야 한다(고전 10:31).
　여자 청소년 배구팀을 지도하는 것과 마찬가지로 성공은 여러 가지 요인에 달려 있는데, 그중 일부는 내가 통제할 수 없는 것도 있다. 우리가 만나는 사람들은 종교적 문제에 대한 가치, 신념, 경험, 생각을 가지고 있다. 우리는 이런 것들을 통제할 수 없다. 우리는 이런 것들을 발견할 때마다 이것들을 다뤄야 한다. 성공은 매번 다르게 보일 것이다. 교회는 영향력이 큰 문제에 집중하고 영향력이 별로 미치지 않는 문제에 주의를 덜 기울이는 것이 유익할 것이다.

우리는 마틴 로이드 존스(D. Martyn Lloyd Jones)가 제시한 복음 전도의 기본 원칙을 반추해 보는 것이 좋을 것이다.

첫째, 복음 전도의 가장 큰 목적은 영혼을 구원하는 것이 아니라 하나님을 영화롭게 하는 것이다.
둘째, 이 일을 할 수 있는 유일한 힘은 성령이지 우리의 능력이 아니다.
셋째, 성령이 일하는 유일한 매체는 성경이다. 따라서 우리는 바울이 했던 것처럼 "성경을 가지고 강론해야" 한다.
넷째, 이러한 선행 원칙들은 우리에게 복음 전도에 대한 진정한 동기, 즉 하나님에 대한 열정과 다른 사람들을 위한 사랑을 준다.
다섯째, 잘못된 열의와 비성경적인 방법의 차용을 통해 끊임없는 이단의 위험이 존재한다.[5]

(1) 엥겔 척도

제임스 엥겔의 훈련은 의사소통의 영역에 속한다. 그는 의사소통과 복음 전도의 관계에 관한 책을 여러 권 저술했다. 그는 회심 과정을 묘사한 다음의 척도를 개발했다. 그가 개발한 척도, "완전한 영적 결정 과정"(The Complete Spiritual Decision Process)은 모든 불신자들이 같은 위치에 있거나 같은 필요를 가지고 있지 않고, 또 하나님과의 거리도 같지 않다는 것을 이해하는 데 도움을 준다.

또한, 이 척도는 전도자로서 우리는 회심 과정에 있어서 다른 지점에서 다른 역할을 한다는 것을 보여 준다. 모든 복음 전도를 위한 만남이 동일해야 하는 것은 아니다. 왜냐하면, 사람들은 하나님에 대한 이해와 반응에 있어서 서로 다른 위치에 있기 때문이다.

---

5   D. Martyn Lloyd-Jones, *The Presentation of the Gospel* (London: Inter-Varsity Fellowship, 1949), 6–7.

표 1. 의사 결정 모델

하나님의 역할	메신저의 역할		인간의 반응
일반계시		-8	초월자에 대한 인식, 그러나 복음에 대한 효과적인 지식이 없음
확신	선포	-7	복음에 대한 인식의 초기 단계
		-6	복음의 토대에 대한 인식
		-5	복음의 함의를 이해
	거절	-4	복음에 대해 긍정적인 태도
		-3	개인적 문제에 대한 자각
		-2	행동하기로 결정
	설득	-1	그리스도안에서 회개와 믿음
중생			새로운 피조물
성화	후속 돌봄	+1	결신 후평가
	견인	+2	몸(교회)에 연합
		+3	개념적, 행동적 성장
		+4	청지기 정신
		+5	재생산 내적으로 (은사 등) 외적으로(전도, 사회봉사 등)

영원

이것만은 분명히 해 두자!

사람들이 어떻게 살고 있는지 혹은 하나님으로부터 얼마나 멀리 떨어져 있는지에 관계없이, 중생을 경험할 때까지 그들은 여전히 잃어버린 자들이다. 하지만 그렇다고 해서 우리가 불신자들에게 모두 같은 방식으로 접근해야 한다는 뜻은 아니다.

모든 불신자가 똑같지는 않다. 어떤 이들은 하나님과 거리가 멀고, 어떤 이들은 그리스도를 받아들이는 데 더 가깝다. 어떤 사람들은 수용적이지만, 어떤 사람들은 적대적이다. 어떤 사람들은 그리스도의 주장에 대해 충분히 알고 있는 반면, 어떤 사람들은 그리스도에 대해 무지하다.[6] 당연히

---

[6] 다른 종류의 불신자(lost people) 유형에 대해서는 부록3의 그래프를 참조하라.

다른 사람들은 다른 것을 필요로 한다.

전도에 있어서 성공은 사람이 믿음의 선을 넘는 것을 보는 것을 포함할 수 있다. 그러나 하나님에 대한 일신론적 견해와는 거리가 멀고 그리스도에 대한 이해가 거의 없거나 교회에 대한 부정적인 인식을 가지고 있는 사람들을 그리스도에게 한 걸음 더 가까이 다가가게 도움을 주는 것도 단 한 번의 전도를 위한 만남에서는 성공으로 볼 수 있다. 성령은 한 번의 신성한 만남을 통해 하나님으로부터 멀리 떨어져 있는 사람이 그리스도께 자신을 드리도록 도울 수 있다.

우리의 궁극적인 목표는 사람들이 한 걸음 앞으로 나아가도록 돕는 것보다 더 크다. 물론 엥겔의 그래프에 반영된 것처럼 일반적으로 사람들이 선형적인 방식으로 그리스도에게 오지 않는다는 것을 인식하면서 말이다.

2. 두 종류의 전도 만남

전도적 만남에는 두 가지 기본 유형이 존재한다. 둘 다 합법적이며 1세기의 성경 속 이야기에 사용됐다. 성경적으로, 일부 복음 전도 만남은 불신자들과 지속적인 접촉을 수반하는 반면, 다른 만남은 일회적인 만남이었다. 우리의 역할은 우리의 일회적 만남이든 수차례의 만남이든 간에 우리가 만나는 유형의 여부에 따라 달라질 것이다.

1) 일회적 만남

전도의 한 유형은 사람들과 한 번의 만남으로 이뤄진 복음 전도다. 이런 만남은 사업장, 레크리에이션 행사, 소매점, 혹은 우리가 단 한 번만 사람들과 접촉하는 다양한 상황에서 일어난다.

W. 오스카 톰슨 주니어(W. Oscar Thompson Jr.)는 그의 저서『관심의 동심원』 (*Concentric Circles of Concern*)에서 이들을 "People x"라고 불렀다. 이들이 우리가 만나는 낯선 사람들이다.

신약성경은 일회적 만남(single-encounter) 전도의 여러 예를 담고 있다. 우리는 성령의 지도력 아래 낯선 사람들에게 효과적인 복음 전도를 할 수 있다.

① 우물가의 여인(요 4:1-30)
② 아나니아와 바울(행 9장)
③ 바울과 아그립바(행 25:22-26:29)
④ 빌립과 이디오피아 내시(행 8:26-39)

일회적 만남의 상황을 다룰 때, 우리는 그 사람과 친밀감을 구축하는 방법을 찾아야 한다. 장기적인 관계는 믿음을 나누는 데 필수적이진 않지만, 우리는 긍정적인 접촉점을 확립할 필요가 있다.

우리가 한 번의 만남에서 우리의 믿음을 나눌 때, 성공은 종종 복음을 받는 것에 대한 개방성을 향상시키는 방식으로 상대방과 상호 작용을 하는 것을 포함할 것이다. 이것이 항상 쉬운 것은 아니며, 지혜롭게 상호 작용을 한다고 해도 그 사람의 내적인 영적 전투는 부정적인 반응을 초래할 수 있다. 그러나 이것이 우리가 복음을 전했다고 스스로에게 만족하기 위해 사람들에게 억지로 복음을 강요하는 것에 대한 변명이 될 수 없다. 우리의 열정 때문에 그리스도로부터 멀리 떨어진 사람에게 부적절한 방법으로 영향을 줄 수 있다.

일회성 만남을 준비할 때, 우리는 하나님이 우리가 생각하는 규범에 얽매이지 않으시고 잃어버린 불신자에게 우리 전에 여러 사람을 보내셨을 수 있고 또 우리 뒤에도 누군가를 보내실 수 있음을 기억해야 한다. 우리는 일반적으로 사람들이 하나님으로부터 멀리 떨어져 있는 상태에서 단번에 그리스도께 헌신하는 자리로 가지 않는다는 것을 기억해야 한다. 사실 우리는 일곱 번째나 여덟 번째 만남일 수도 있다. 그래서 우리는 그 사람이 그리스도에게 자신의 삶을 드리는 것을 볼 것을 기대해야 한다.

우리가 지나치게 공격적으로 접근해 그리스도인과 심지어는 그리스도에 대해 부정적인 인상을 남길 수 있다. 나는 우리가 항상 올바르게 행동할 수 없다는 것을 안다. 어떤 사람들은 우리가 직접적으로 접근할 때까지 받아들이지 못하고, 다른 사람들은 같은 접근 태도에 완전히 정반대로 반응한다. 포스트모던 사회를 살아가는 사람을 위해서는 우리가 그 사람에 대한 관심을 표하고, 그저 우리 편에 빨리 속하거나 우리의 생산 제품을 사도록 애쓰듯 선을 넘어가서는 안 된다.

어떤 사람들은 일회적 만남 전도에 재능이 있다. 그들은 이런 일을 재치 있게 그렇지만 직접적으로 한다. 그러나 만일 그리스도인이 단지 치고 달리기(hit and run)식으로 한다면 그는 자신의 역할을 완수하지 못한다. 숙련된 일회적 만남 전도자들은 새로운 회심자를 지역교회로 연결하기 위한 노력을 하고 싶어 할 것이다.

일회적 만남 전도는 몇 가지 장점이 있지만 중요한 단점도 있다. 그리스도에 대해 낯선 사람과 이야기하는 이점은 그 만남 이전의 우리의 개인적인 삶이 대개 영향을 미치지 않는다는 것이다. 복음은 우리의 과거의 도덕적 성공이나 실패로 흐려지지 않는다. 그 사람에게 있어서는 우리의 삶이 그 메시지를 검증하거나 무효화하지 않는다. 또 다른 장점은 우리의 삶 속에서 하나님이 사랑하고 개입하기 원하는 사람들을 비록 일회적 만남을 통해라도 만날 수 있다는 것이다.

일회적 만남의 단점은 그들에게 우리가 신뢰성이 없다는 것이다. 우리는 개인의 신념에 높은 가치를 부여하고 사람들이 눈으로 보지 못한 것에 대해는 회의적인 사회에 살고 있다. "아그립바가 바울에게 이르되 네가 적은 말로 나를 권하여 그리스도인이 되게 하려 하는도다"라고 말했다(행 26:28).

복음 전도 과정에서 우리의 역할을 수행하는 데는 종종 시간이 걸린다.

우리는 매우 개인적이고 공동체적이면서도 매우 가치 있는 메시지를 전달한다. 우리가 접근에 신중하지 않다면, 우리는 인격적이고 공동체적인 하나님을 비인격적인 방식으로 제시할 것이다.

제자를 세우는 목표와 관련해, 일회성 만남은 전도 후 추가적인 후속 돌봄을 하고 지역교회에 일원이 되도록 돕는데 어려움이 있다. 사람들은 붙어 있을 친구가 필요하다. 새로운 회심자가 교회에서 사람들과 관계가 적으면 적을수록 그 사람이 영적으로 발전하는 것을 기대하기 더 어려워진다. 많은 소중한 성도가 오늘날 일회성 만남을 통해 그리스도께 인도됐지만, 오늘날 다양한 매체에서 제시되는 하나님에 대한 많은 견해와 사람들의 문화와 사고방식에 대한 교회의 영향력이 감소함에 따라 도전은 더욱 커졌다.

단 한 번의 만남에서 우리의 역할은 그 사람을 그리스도께 인도하는 것을 포함할 수 있다. 그러나 우리의 역할은 장벽을 제거하거나, 다리를 놓거나, 길을 가리켜 줘 상대방이 복음에 대해 더 수용적이 되도록 돕는 것일 수도 있다. 우리가 사람들을 만날 때 우리는 어떤 인상을 남긴다. 하나님께서는 우리가 단 한 번의 만남이라도 그것을 통해 그리스도의 진정한 모습을 보여 주는 지혜를 주시길 소망한다.

2) 다중 접촉 만남

대부분 복음 전도의 기회는 우리가 알고 있는 사람들과 일련의 만남을 통해 복음을 나누는 것을 포함한다. 이런 기회들은 우리 주변에 있다. 여기에는 친척, 친구, 이웃, 직장 동료, 취미 생활을 함께하는 사람들과의 상호 작용이 포함된다. 우리는 또한 쇼핑, 사업, 스포츠 또는 다른 장소에서 같은 사람들과 반복적으로 마주친 곳에서 그리스도를 전할 수 있다. 영생에 관한 목적을 가지고 차에 기름을 가득 채우는 것이 가능한 것이다!

기존의 관계들을 통해 그리스도를 전하는 데는 수많은 이점이 있다. 새로운 회심자는 자신보다 앞서 살아온 신뢰할 만한 모델을 가지게 된다. 새로운 신자는 교회 생활에 잠재적인 네트워크를 가지게 되며, 이는 낯선 곳인 교회로 이동함에 있어 동화와 성장의 확률을 크게 향상시킨다. 또한, 새로운 그리스도인은 영적인 질문과 어려움을 함께 할 수 있는 사람이 있게 된다. 지역교회의 일원이 되는 것은 교회가 자신의 삶과 관련이 없었던 사람에게는 두렵게 느껴질 수 있다.

그리스도를 전하기 위해 성령의 인도하심을 받을 때까지 누군가와 관계를 발전시키려고 기다리는 것에는 위험이 존재한다. 우리는 그리스도의 메시지를 전할 기회를 가진 모든 사람과 지속적인 관계를 발전시킬 수는 없다.

전도자가 수행하는 역할은 복음을 듣는 사람들의 상황과 반응에 영향을 받는다. 이 문제는 우리의 얼마나 이 일에 충실하고 하나님께서 우리에게 주시는 믿음을 나눌 기회들에 있어서 그것이 한 번의 만남이든지 아니면 수차례의 만남이든지 관계없이 우리가 얼마나 의도적으로 행동하느냐에 있다.

3. 다양한 스타일의 성경적 예

빌 하이벨스(Bill Hybels)와 마크 미텔버그(Mark Mittelberg)는 그들의 저서 『예수를 전염시키는 사람들』(Becoming a Contagious Christian)에서 6가지 다른 스타일의 복음 전도를 묘사해 전도 분야에 상당한 공헌을 했다. 이 여섯 가지 스타일은 성경에 나오는 서로 다른 전도적 만남을 바탕으로 한다. 당신의 빠른 이해를 돕기 위해 성경의 예, 각 스타일을 가진 사람들의 특징 그리고 각 스타일에 대한 주의 사항을 요약했다.

1) 간증 스타일

성경 : 요한복음 9장의 맹인
특징 : 명확한 의사소통자, 이야기꾼, 경청자

주의: 당신 자신에 대해 이야기하는 것은 조심하되, 당신의 경험을 상대방의 삶과 연관시키지 마라. 그의 상황에 당신의 이야기를 연결시킬 수 있으려면, 당신은 먼저 그의 이야기를 들어야 할 필요가 있다.

2) 지적인 스타일

성경: 사도행전 17장의 바울
특징: 탐구적, 분석적, 논리적
주의: 복음 메시지를 전하는 대신 대답하는 것으로 대체하지 말고, 논쟁적이 되는 것을 조심하라.

3) 직면 스타일

성경: 사도행전 2장의 베드로
특성: 확신 있고, 주장이 강하며, 직접적
주의: 진리에 관해 사람들과 대면할 때 사람들이 불필요하게 기분 상하지 않도록 재치있게 행동해야 한다.

4) 대인 관계 스타일

성경: 누가복음 5:29에 나오는 마태
특성: 온화한 성격, 대화적, 우정 지향적
주의: 진실을 말하는 것보다 우정을 중시하는 태도를 피하라. 복음을 제시하는 것은 종종 삶의 모든 방향에 도전하는 것을 의미하며, 그것은 당신의 관계에 마찰을 야기할 수 있다.

5) 초청

성경 : 요한복음 4장의 우물가의 여인
특징 : 호의적이고, 관계적이고, 설득력 있는
주의 : 다른 사람들이 당신을 위해 당신의 말을 하도록 항상 내버려두지는 마라. 당신도 "너희 마음에 그리스도를 주로 삼아 거룩하게 하고 너희 속에 있는 소망에 관한 이유를 묻는 자에게는 대답할 것을 항상 준비하되 온유와 두려움으로 하고"(벧전 3:15).

6) 섬김

성경 : 사도행전 9장의 도르가
특징 : 타인 중심의, 겸손하고, 인내심이 많은
주의 : 단어가 행동을 대체하는 것이 아니듯이, 행동이 단어를 대체하는 것은 아니다. 로마서 10:14은 우리가 사람들에게 그리스도에 대해 말해야 한다는 것을 분명히 한다.

이 여섯 가지 스타일 모두 유용하며, 우리는 이러한 다른 스타일의 사용을 뒷받침하는 성경적 예를 가지고 있다. 전도자로서 우리는 각자의 강점을 따라야 한다. 그러나 이 저자들은 극단적으로 간주되면 각 스타일에 수반되는 주의를 올바르게 지적한다. 나는 전도자들이 스타일 면에서 힘을 발휘하면서 그리스도를 인도하려고 하는 사람에게 가장 잘 맞는 복음 전도 스타일을 선택해야 한다고 제안하고 싶다.

이 책에서 스타일의 선호도를 알아보기 위해 테스트를 한 결과, 내가 선호하는 개인 전도 스타일이 지적 접근법임을 확인했다. 그러나 때로는 내가 선호하는 스타일을 벗어나는 접근을 요구하는 상황이 발생한다. 첫 번째 목회에서 나는 성도 중 한 사람의 남편과 복음을 나눌 수 있는 기회가

있었다. 이 남자는 겉모습이 완고해 보여서 내가 직설적으로 말할 때만 대화를 진행시킬 수 있었다. 내가 소리치고 있다는 생각이 들 때(모양적으로) 그제야 그는 내 말을 듣기 시작했다. 이처럼 복음을 전하려면 내가 편하게 생각하는 스타일이나 방법이 아니라 상황에 맞고 메시지를 가장 잘 전달할 수 있는 스타일을 선택해야만 한다.

4. 방법들

여러 가지 면에서 우리의 접근 방식은 우리의 메시지의 일부다. 메시지에서 전달방법을 제거할 수 있다면 좋을 것 같지만, 그것은 불가능하다. 음색, 타이밍, 억양, 단어 선택을 포함하는 방법에 관계없이 피전도자가 듣는 것은 실제로 우리의 전도 방법의 구성 요소와 관련이 있다. 너무 많은 의사소통은 비언어적이다.

예수님은 우리에게 메시지를 주시고 명령을 내리러 오셨지만, 나는 예수님이 우리에게 한 방법을 주러 오셨다고는 확신하지 못한다. 그는 우리가 다른 사람들과 어떻게 관계를 맺고 그의 영광을 가릴 것들을 어떻게 막아야 하는지에 대한 지침을 주셨지만, 복음 전도에 대한 성경적으로 유일한 접근 방법을 성경에서 발견하지는 못했다.

우리는 성경적인 것이 무엇이고 무엇이 성경적이 아닌지를 가려내려고 하는 것에 사로잡히기 쉽다. 많은 경우 그리스도인은 어떤 입장을 취한 다음 성경에서 그것을 뒷받침하는 구절을 찾는 경향이 있다. 성경적인 복음 전도 방법에 관해 성경은 어떤 접근법이 현명하고 올바른지에 대한 지침을 제공한다. 관계에 대한 지시나 통찰력을 주는 모든 성경은 우리의 믿음을 나누려고 할 때 적용될 수 있다. 권위 있는 사람들에 대한 온화함, 정직함, 존경과 같은 가르침은 우리에게 통찰력을 제공한다.

바울은 초대교회가 접근 문제에 유연하고 적응력이 있어야 한다고 권고했다.

> 내가 모든 사람에서 자유로우나 스스로 모든 사람에게 종이 된 것은 더 많은 사람을 얻고자 함이라 … 약한 자들에게 내가 약한 자와 같이 된 것은 약한 자들을 얻고자 함이요 내가 여러 사람에게 여러 모습이 된 것은 아무쪼록 몇 사람이라도 구원하고자 함이니 내가 복음을 위하여 모든 것을 행함은 복음에 참여하고자 함이라 (고전 9:19, 22-23).

어떤 사람들은 그들의 접근 방식에 개방적일 것이고, 다른 사람들은 더 방어적일 것이다. 나는 내 첫 목회에서 70대 초반의 남자 성도인 J. D. 룬디에게서 귀중한 교훈을 배웠다. 룬디 형제는 전임 목사이자 선교 디렉터였다. 그는 경건한 사람이었고, 나를 목사로 지지해 줬으며, 내가 조언을 구하러 갈 수 있는 사람이었다. 그곳에서 몇 년을 보내는 동안 그와 나는 함께 여러 차례 교회 주변에 살고 있는 이웃들에게 우리의 믿음을 전하고 그리스도의 사랑을 알리기 위해 그들의 문을 두드렸다.

그와 그의 아내 카라 리는 몇 명의 자녀를 뒀다. 10대 소년 중 한 명은 유행하던 시절에 머리를 길게 기르고 있었다. 그는 그 아들이 훌륭한 아이였고 반항의 징후는 보이지 않았지만 룬디 부인을 정말 짜증나게 한다고 말했다. 룬디 부인과 몇 차례 이야기를 나눈 후, 그는 성경적인 진리가 아닌 인간 본성의 진실에서 우연히 부딪쳤다. 그는 말했다.

> 어떤 사람들은 '예'라고 답해야 할 많은 이유를 알기 전까지는 "아니요"라고 하는 반면에 어떤 사람들은 '아니오'라는 이유를 알 때까진 "예"라는 말을 하는 사람들이죠.

개인 전도의 방법에 관해 나는 대부분의 접근법을 사용하는 것에 열려 있기 때문에 '예' 범주에 속한다. 나는 어떤 접근법은 지혜를 반영하는 반면, 다른 접근법은 하나님의 시야에서 벗어나거나 빈약하고 근시안적인 판단이라는 것을 알고 있다.

5. 전도자의 역할이 아닌 것

복음 전도에서 우리의 역할이 무엇을 포함하는지 판단하기 위해, 우리는 우리의 역할에 포함되지 않는 것을 논의하는 것이 좋을 것이다. 다음에 이어지는 부분에서는 하나님 중심의 메시지를 하나님을 경외하는 방식으로 의사소통하는 우리의 목표와 일치하지 않는 문제에 대한 생각이 포함된다.

1) 판단하기

우리의 역할은 그리스도를 모르고 영적으로 눈이 먼 세상을 판단하는 것이 아니다. 그 책임은 재판장으로 섬기기에 흠 없고 존귀한 유일한 분에게 달려 있다. 하나님은 아시고 올바르게 판결할 수 있다. 인간은 너무 제한적이어서 그리스도 없이는 하나님 앞에 유죄가 된다. 우리는 하나님의 메시지에서 발견되는 은혜를 세상에까지 확대해야 한다. 그리스도의 메시지는 개인을 유죄로 판결한다. 따라서 우리는 우리의 판결을 더할 필요가 없다.

나는 누구도 옳고 그름으로 판단해서는 안 된다고 주장하는 것이 아니다.

가치로서 상식과 좋은 판단이 어디로 갔을까?

그리스도인들은 건전한 판단을 발달시켜야지, 정죄 정신을 발달시키는 것은 아니다. 기독교 공동체의 경향은 판단에 관한 성경적 패턴을 뒤집는 것이다. 성경에 따르면 우리는 그리스도가 없는 불신자들을 판단할 것이 아니라, 다른 그리스도인들의 회복을 위해 그들을 사랑하는 마음으로 판단해야 한다. 그럼에도 우리는 동료 신자들의 해로운 죄에는 귀를 닫아 버리고, 비그리스도인들을 판단하는 경향이 있다. 이는 아마도 우리의 죄도 마찬가지로 무시되기를 바라는 마음일 것이다. 그 결과 그리스도인들은 그리스도의 사랑의 증인으로 자신들의 신뢰도를 깎아 내리면서 하나님과의 관계 그리고 다른 사람들과의 관계를 손상시킬 수 있다.

2) 모욕하기

수치심은 오늘날 사람들이 평가 절하되고 모욕을 당한 많은 곳에 만연해 있다. 우리의 역할은 다른 사람들을 수치스럽게 하는 것이 아니다. 죄는 하나님께 뼈아픈 것이고 그 결과는 죄인에게 귀결된다. 불신자들이 하나님과의 관계가 깨진 것을 충분히 이해하면 그들은 종종 자연스럽게 수치심을 느끼게 된다.

그러나 십자가에서 당하신 그리스도의 희생을 통해 사람들은 하나님 앞에 설 수 있는 자신의 권리를 이해하기 시작하면서 수치심을 해소할 수 있다. 성령은 사람들을 자신에게로 이끄신다. 그러므로 우리는 사람들을 예수께 인도하면서 그들을 수치스럽게 할 필요가 없다.

죄책감은 저급하고 잠재적으로 파괴적인 동기 부여 형태이며 그리스도인들이 그들의 믿음을 나누도록 동기 부여하는 수준 이하의 지속적이지 못한 방법이다.

G. 윌리엄 슈위(G. William Schweer)는 『오늘의 개인 전도』(*Personal Evangelism for Today*)[7]에서 사람들에게 죄책감을 줄 수 있는 잠재적 위험에 대한 탁월한 논의를 보여 줬다. 죄책감은 종종 일시적인 고분고분함을 가져오지만 사람들을 하나님으로부터 멀어지게 하고 전도자로부터 멀어지게 하는

---

7   G. William Schweer, *Personal Evangelism for Today* (Nashville: Broadman), 113–15.

부작용을 낳을 수 있다. 성경은 예수님이 세상을 비난하기 위해 세상에 온 것이 아니라 세상을 구하기 위해 온 것이라고 우리에게 가르치고 있다.

3) 조종하기

우리의 역할은 누군가를 하나님께 복종하도록 압력을 가하는 것이 아닙니다. 성령은 사람들에게 진리이신 예수 그리스도와 회개, 믿음, 항복이 필요함을 납득시킨다. 우리가 누군가를 설득할 수 있다면, 다른 누군가(혹은 어떤 상황)도 그들을 설득할 수 있다. 다시 말해, 개인적인 믿음의 문제를 대면해 결단하도록 팔을 비틀거나 하는 것은 우리의 책임이나 권리가 아니다.

하나님의 방식을 거스르는 전도로 하나님의 뜻을 행하는 것은 불가능하다. 우리가 사람들을 속이거나 그들이 미끼를 물도록 유도할 때, 우리는 하나님을 존중하지 않는 것이다. 조종은 결국 도움이 아니라 전도를 방해할 것이다. 나의 학생 중 한 명은 전도하려는 그리스도인들에 대한 다음과 같은 고발을 담은 리포트를 제출했다.

> 한 젊은 여성이 설문 조사가 끝난 후 나에게 질문을 했다. 나는 나를 도와준 데 대해 감사의 말을 하고는 문을 나서려 했다. 그녀는 놀랍다는 듯 이렇게 말했다.
> "그게 전부에요?"
> 내가 설문 조사가 끝났다는 것을 알려 주자, 그녀는 이렇게 말했다.
> "아, 나는 내게 설교를 하거나 시끄럽게 떠들어댈 줄 알았는데요."
> 나는 하나님이 우리 중 누구에게도 '소동'이나 '비난'하라고 말씀하지 않으셨고, 대신 좋은 소식인 복음과 진리를 나누라고 하신다고 대답했다. 나는 그녀에게 더 이야기하고 싶은지 물었다. 그녀는 아이들을 데리러 가야 한다고 말했지만, 앞으로도 그런 시간이라면 환영한다고 말했다. 나는 그녀에게 명함을 건네고 나중에 그녀와 이야기할 의향이 있음을 알린 후, 나중에 다시 와서 영적인 문제에 대해

> 이야기해도 되겠냐고 물었다. 그녀는 내 명함을 받아들고는 그런 방문이라면 기대하겠다고 대답했다.
>
> 내가 깜짝 놀란 것은 그녀가 인터뷰의 단순함에 놀랐다는 것이다. 그녀는 내가 소개한 그대로 일이 일어난 것에 놀라는 듯했다. 내가 보기엔 이 젊은 여성이 교묘한 구성으로 자신을 정죄할 것이라고 예상했던 것 같았다. 나는 이 경험을 통해, 특히 그녀의 반응을 통해, 인터뷰 전에 복음을 제시하지 않는 것에 대한 나의 초기 망설임이 잘못됐을 수도 있다는 것을 알게 됐다. 이 젊은 아가씨와의 경우가 미래에 가능한 문을 열었을지도 모른다.[8]

우리는 그리스도를 따르는 데 필요한 유익과 희생을 포함하는 전체 복음을 균형 있게 제시해야 한다.

윌 메츠거(Will Metzger)가 그의 저서 『진리를 전하라: 모든 사람이 모든 사람에게 모든 복음을』(Tell the Truth: The Whole Gospel to the Whole Person by Whole People)에서 다루듯이, 우리는 인간 중심적인 방법이 아니라 하나님 중심적인 방법을 사용해야 한다. 조작은 사람들의 가치를 깎아 내린다. 조작은 하나님이 창조한 것보다 사람들을 덜 가치 있게 취급한다.[9]

4) 구원하기

우리는 가능한 한 효과적으로 의사소통을 해야 하지만 전도자는 그 누구를 구원할 책임은 없다. 우리는 우리가 복음을 전하고 있는 사람과 감정적으로 공감대를 가져야 하지만 사람들이 구원받는 것을 보아야 한다는 부담을 느낄 필요는 없다. 우리가 사람들을 구원한다고 잘못 생각하기도 한다.

---

8 익명의 사람에 대한 데일 펀델버그(Dale Funderburg)의 인터뷰는 2002년 1월 제출한 페이퍼에 보고됐다.
9 Will Metzger, *Tell the Truth: The Whole Gospel to the Whole Person by Whole People*, 2d ed. (Downers Grove, Ill.: IVP, 1984).

그러나 하나님만이 홀로 이 일을 하신다. 또한, 성경은 사람들이 반응하지 않을 때, 우리가 아니라 성령을 거부하고 있다고 가르친다(살전 4:8).

5) 매끄러운 복음 설명 제공

과거에는, 물 흐르듯 전도를 위한 복음제시 내용이 전도자들을 위해 쓰였다. 그러나 오늘날 비즈니스 또는 교육 목적 이외의 상황에서 다른 사람에게 프레젠테이션을 하는 것은 일반적으로 문화적 규범을 벗어난다. 우리는 개인적으로 사람들과 대화를 나누며, 개인에게 매끄러운 프레젠테이션을 하지는 않는다.

어떤 사람들은 복음제시의 질에 의해 복음 전도의 질을 판단한다. 오늘날 사람들은 미디어에 더 의존하고 매끄러운 프레젠테이션에는 회의적이다. 오늘날 미국에서 효과적인 전도자는 훌륭한 연설을 하는 것 보다는 그리스도 중심의 대화를 이끌어갈 수 있는 사람이다.

암기한 복음 설명은 전도자에게 도움이 될 수 있지만 전도자가 완전한 프레젠테이션을 하기 때문에 도움이 되는 것은 아니다. 복음 설명이나 복음의 개요를 배우는 것은 그들이 전도를 위한 대화에 참여하고 방향을 제시할 때 추가적인 자신감을 제공할 것이다.

6) 논쟁에서 이기기

우리의 역할은 논쟁에서 이기는 것이 아니다. 우리는 우리가 보고 들은 것을 증언해야 한다. 우리는 믿음을 변호하는 것을 준비하면서 성장할 수 있고 또 성장해야 하지만 그것이 우리의 주된 역할은 아니다.

주된 복음 전도 스타일이 지적인 사람에게는 영혼에 대한 심오한 질문에 대답하고 그리스도에 대해 명확히 이해할 수 있도록 사람들을 도울 수 있는 여지가 있다. 이것은 어느 정도의 변증을 수반할 것이다. 고전적 변증이 여전히 포스트모던적 상황에서도 자리 잡고 있지만, 대부분의 관계에서 우리는 논쟁에서 이기려고 하지 않는다.[10] 새로운 변증법은 우선적으로 좋은 질문을 던지는 것이지 논쟁에서 이기는 것이 아니다.

7) 판매하기

복음을 팔려고 애쓰면, 전 세계의 많은 효과적인 전도자와 좋은 관계를 맺게 된다. 나는 내가 할 수 없거나 해 보지 않은 일을 할 수 있는 사람들을 깊이 존경하고 그들에 대한 호기심이 생긴다. 나는 대학에서 개인 판매 강좌에서 A를 받았음에도 불구하고, 직접 판매를 해야 한다면 재정적으로 어려움을 겪을 것이다. 우리는 대인 관계 기술을 향상시키고, 훌륭한 영업 사원들로부터 다양한 의사소통 기술을 배울 수 있다. 하지만 나는 개인 전도가 파는 것이 아니라 나누는 것이라는 사실이 기쁘다.

전도를 사람들의 삶을 더 좋게 만들기 위해 어떤 물건을 파는 것이라고 믿는다면 우리는 함정에 빠지게 된다. 사람들이 그리스도에게 삶을 맡길 때 부산물로서 많은 유익이 있다. 우리는 어떤 자립(self-help) 프로그램을 제공해서가 아니라, 사람들을 우주의 창조주와의 중요한 관계로 초대해 더 잘 섬긴다.

8) 세계 종교에 관한 전문가 되기

미국은 매우 다원적이다. 세계의 거의 모든 종교가 있고, 종교의 모든 가능한 조합이 이곳 미국에서 발견된다. 가능한 종교적 조합의 수를 파악하기는 어렵다. 우리는 다른 종교에 대한 몇 가지 사실에 익숙해져 사람들과 상호 작용할 준비를 하면서 성장할 수 있지만, 대부분의 그리스도인은

---

10 믿음을 방어하고 변증하는 것에 대한 추가적인 정보를 위해서는 프랭크 하버(Frank Harber)의 웹사이트와 사역을 추천한다. 그는 "기독교 변호를 위한 기관"(Institute for Christian Defense)의 대표이다. 그의 자료의 일부는 www.gotlife.org에서 찾을 수 있다.

다른 종교에 대한 전문가가 될 수 없다.

   비슷한 질문이나 종교에 직면하는 자신을 발견한다면, 나는 당신이 주어진 상황에서 보다 더 믿음을 잘 나누기 위해 종교나 인생 철학에 대한 배경 연구를 좀 더 해 볼 것을 권한다. 포스트모더니즘은 급속히 성장하고 있다. 우리는 이 문제에 앞으로도 계속 직면할 것이기 때문에, 나는 당신이 현대 세계에서 복음을 더 효과적으로 전달할 수 있도록 포스트모더니즘을 탐구할 것을 권장한다.

6. 전도자의 역할에 포함되는 것

1) 성경적으로 말하기

   우리는 개인 전도에서 다양한 역할을 한다. 성경적으로 우리는 입증하고(요 1:7-8, 33; 3:11, 28; 4:33; 10:42-43; 15:27; 18:37; 딤후 1:8; 요일 1:2; 4:14), 증언하고(행 22:15; 26:16), 대사가 되며(고후 5:20), 선포하고(마 10:27; 눅 4:18; 행 17:23; 20:27; 고전 11:26; 골 1:28; 4:3-4; 요일 1:2-3; 계 14:6). 설득하기 위해(행 18:4; 26:28; 2:11) 부름 받았다.

   다른 여러 구절은 우리가 어떻게 증언하고 전도하고 대사로서 섬기는지에 대한 연관성을 가지고 있다. 우리는 우리의 역할의 여러 단계를 고려해 그것들을 검토할 것이다.

2) 전도를 위한 준비 단계

   우리가 불신자를 대하기 전에 우리는 우리의 삶과 믿음을 나눌 준비가 되는 조치를 취할 수 있다.

(1) 순종하는 부드러운 마음

그것은 모두 의욕적인 정신으로 시작한다. 하나님은 우리를 창조했고 우리를 사용할 수 있다. 다섯 가지 달란트를 맡긴 사람도 있고 한 가지 달란트를 맡긴 사람도 있다. 우리가 가진 달란트의 수에 상관없이, 우리는 주어진 재능을 갈고닦아 스스로 봉사할 준비를 할 수 있다.

준비의 일부는 잃어버린 불신자들을 위한 마음의 공간을 만드는 것을 포함한다. 사람들과의 관계 증진은 쉽지 않다. 특히 우리가 그들을 바쁜 스케줄에 대한 부담으로 본다면 말이다. 하지만 만약 우리가 준비가 돼 있고 의무를 감당하려 한다면, 하나님은 자신을 위해서 사람들을 찾는데 우리를 이용할 것이다. 우리가 의무를 위해 모습을 드러내 듯이, 우리는 하나님이 우리의 삶에서 하신 일을 보여 주고 싶을 것이다. 이러한 간증은 하나님이 다른 사람들과 나누는 데 사용할 수 있는 것이다.

(2) 성령으로 충만함

초대교회는 의무감에서가 아니라 성령을 따르는 데서 넘쳐나는 것으로 지상명령을 수행하려고 했다. 성령을 따르기 위해서는 성령에 의해 지속적으로 충만(지휘, 통제)해야 한다.[11]

성령의 지도를 받아 우리는 하나님의 지도력을 따를 수 있는 유일한 위치에 있게 된다. 신자들은 하나님의 인도에 복종하는 것을 계속해서 보여 줄 필요가 있다.

(3) 잃어버린 자와 분명한 의사소통을 위한 기도하기

복음 전도 핵심에는 영적 전투가 있다. 이 전투는 우리가 영적인 무기를 가지고 거기에 들어갈 것을 요구한다. 적절한 방법으로 성경 말씀을 알고 사용하는 것은 영적 싸움에서 강력한 무기다. 기도는 영적인 싸움에 참여

---

11 엡 5:18; 행 1:8.

하는 또 다른 방법이다. 나는 실제로 경험적 연구를 보지 않았지만, 친구들은 나에게 집집마다의 영적 조사에 앞서 기도 행진을 한 지역에서 그리스도를 믿기로 결단한 수가 복음 전도를 위한 노력에 앞서 기도 행진을 하지 않았을 때보다 많다는 것을 알려 줬다.

복음 전도는 영적 전쟁의 문제다(엡 4:12). 사탄과 사악한 영적 존재들은 삶 속에서 성령의 인도하심을 따르려고 애쓰는 사람들을 속이고 눈이 멀게 하고 혼동시키려 한다. 그리스도인은 아버지의 중재를 통해 그 틈에 설 수 있다.

하나님의 지도력을 구하는 일에는 하나님께 문을 열어 주시고 메시지를 분명하게 해 달라고 간구하는 일이 포함된다. 우리는 증언의 기회를 위해 또 복음이 분명하게 제시될 수 있도록 준비할 수 있다. 바울은 이렇게 썼다.

> 또한 우리를 위하여 기도하되 하나님이 전도할 문을 우리에게 열어 주사 그리스도의 비밀을 말하게 하시기를 구하라 내가 이 일 때문에 매임을 당하였노라 그리하면 내가 마땅히 할 말로써 이 비밀을 나타내리라(골 4:3-4).

개인 전도는 우리 자신을 언제나 가용한 자원으로 내어 드리고, 성령으로 충만해, 복음의 확산을 기도하는 데서 시작된다.

몇 권의 출판물이 당신이 잃어버린 불신자들을 위해 기도하는 데 도움을 줄 것이다. 『기도의 등대』와 『친구들을 그리스도께 인도하도록 기도하기』는 여러분에게 도움이 될 것이다.

(4) 복음의 핵심 파악하기

우리가 전도하기 전에, 우리는 그리스도의 메시지와 인성을 이해해야 한다. 메시지에 대한 명확한 이해 없이는, 우리가 불신자들이 받아들일 수 있도록 메시지를 준비하는 것은 거의 불가능할 것이다. 나는 우리 모두가

26주에 걸쳐 개인 전도 훈련을 받아야 한다고 제안하는 것이 아니다. 우리는 우리가 알고 있는 것을 전할 수 있지만, 우리가 전하고자 하는 메시지의 핵심에 대한 이해가 더 깊어질 필요가 있다. 우리는 신약성경에 나오는 몇 명의 회심자들에게서 힌트를 얻을 수 있다. 그들은 그리스도를 영접하자마자 다른 사람들이 예수님을 만날 수 있도록 초대했다.[12]

본질적인 것들을 점점 더 대비하게 되면서, 사람들이 메시지에 대해 질문하고 도전할 때 우리는 우리 안에 있는 소망에 관해 대답하고 우리의 믿음을 변호하는데 더 잘 준비될 것이다. 나는 "설교 강단에서 옅은 안개가, 회중석에서는 짙은 구름이다"라는 말을 기억한다. 전도자의 마음에 안개인 메시지는 불신자의 마음에는 짙은 구름이다. 영적이고 실질적인 준비는 이 문제를 줄이는 데 도움이 될 것이다.

3) 전도를 위한 전 단계: 사람들과 관계 맺기

우리가 하는 일 중 일부는 그리스도에 대해 구두로 전도하는 것에 예비적이다. 이 중요한 단계에는 몇 가지 핵심 측면이 있다.

(1) 신뢰 관계 만들기

포스트모던적인 상황에서 전도의 중요한 부분은 그리스도의 메시지를 전달하고자 하는 사람들과 신뢰 관계를 구축하는 것이다. 이것은 (관계의) 다리를 놓고, 불신자들과 친해지고, 신뢰할 수 있는 삶을 사는 것을 포함한다.

① 다리 놓기

우리의 자연스러운 욕망은 이기적인 야망과 개인적인 위안을 추구하는 것이다. 우리는 공동체의 관심사에 큰 가치를 두는 사회에 살고 있지 않

---
[12] 요한복음 4장의 우물가의 여인.

다. 우리는 우리 스스로에게 피해를 입히도록 개인주의를 올려놓았다. 우리는 더이상 사람들이 여행하는 많은 장소를 걷는 환경에서 살지 않는다. 사람들은 거의 항상 이동한다. 사람들과 연결하려고 하는 것은 쉬운 일이 아니다. 인맥을 유지하는 것은 더욱 어렵다.

현대 교회 성장 운동의 아버지인 도널드 맥가브란은 복음이 관계의 네트워크를 따라 이동한다고 말했다.[13] 우리는 그들이 우리에게 오기를 기다리지 말고 그들에게 가야만 한다. 기독교의 메시지는 교회가 잃어버린 불신자들의 세계로 들어가도록 하고 있는데, 그 세계에서는 우리가 나온 곳이기도 하다.

나의 학생들이 영적인 문제에 대해 인터뷰하는 대부분의 사람은 교회와 관계를 추구할 이유가 전혀 없다고 본다. 학생 스티븐 듀발은 인터뷰 내용을 되새기며 이렇게 말했다.

> 아마도 이번 훈련에서 배운 교훈은 교회가 어떻게든 벽을 허물고 옆집 이웃에게 다가가기 위해 스스로 밖으로 나가야 한다는 것입니다. 이 과제를 위해 선발된 사람들 중 교회에 적극적으로 반대하는 사람은 아무도 없어 보였지만, 그들은 교회가 전하는 메시지에 어리둥절해 하는 것 같았습니다. 아마도 한 가지 이유는 응답자들에게서 찾을 수 있는데 그들이 교회 안에서 메시지를 능동적으로 듣는 경우가 드물기 때문에, 그 결과 메시지가 흐릿해지거나 단순히 들리지 않기 때문입니다. 그러나 더 개연성 있는 이유는 교회가 자기 자신을 넘어서 그리스도께서 가라고 명하셨던 세상을 들여다보지 못한 데 있습니다.[14]

만약 당신이 현재 불신자들과 관계하고 있지 않다면, 당신은 예수를 위해서 죽은 사람들과 당신의 삶을 엮을 방법을 찾고 싶을 것이다. 한 가지

---

[13] Donald McGavran, *Bridges to God*을 보라.
[14] 익명의 사람에 대한 스테판 듀발(Stephen DuVall)의 인터뷰는 2002년 1월 제출한 페이퍼에 보고됐다.

방법은 불신자들과 관계 맺기 위해 여가 활동에 참여하는 것이다.

나는 내 관심사인 내 딸들, 스포츠, 불신자들의 삶에 관여하는 것을 이용하려고 노력해 왔다. 나는 코치의 집에서 자라면서 스포츠를 통한 경쟁에 대한 친화력을 키웠고, 그 결과 미시시피주립대학에서 두 개의 대학 스포츠를 하게 됐다. 나에게는 7살, 10살, 13살짜리 세 명의 여자아이들이 있는데, 이것은 내가 그들의 소프트볼과 배구의 여러 시즌을 코칭하게 만들었다. 신학교에서 전임으로 가르치고 컨설팅 사역을 이끌던 나는 팀을 지도할 시간은 없었지만, 내 딸들과 불신자들을 내버려둘 수는 없었다. 내가 하나님의 영광을 높이고 다른 사람에게 전도를 가르치는데 충실하려 한다면, 나는 종종 삶이 엉망이어서 예수님이 필요한 사람들과 정기적으로 접촉을 유지할 수밖에 없다.

② 위험한 메시지를 전하는 안전한 사람이 되라
예수님은 죄인들의 친구였다.

> 인자는 와서 먹고 마시매 말하기를 보라 먹기를 탐하고 포도주를 즐기는 사람이요 세리와 죄인의 친구로다 하니 지혜는 그 행한 일로 인하여 옳다 함을 얻느니라(마 11:19).

조지아 주 알파레타에 있는 노스포인트커뮤니티교회(North Point Community Church)의 앤디 스탠리(Andy Stanley)는 "관계가 없는 곳에는 영향도 없다"라고 말했다.[15] 목사를 포함한 대부분의 활동적인 교회 성도들은 불신자들과 의미 있는 관계를 거의 갖고 있지 않다.

---

15 2001년 조지아 주 알파레타(Alpharetta)에 있는 노스포인트커뮤티티교회에서 스탠리가 시리즈로 설교한 내용에 나온다.

우리가 세상을 사랑한다고 말하는 것은 쉽다. 개인을 사랑하는 것은 더 어렵다. 우리가 복음 전도에서 효과적이 되려면, 우리는 우리를 해치는 일을 할 수 있는 일을 하는 사람들을 사랑하는 법을 배워야 한다. 복음을 위해서라면, 어찌됐든 사랑스럽지 않은 사람을 찾아서 사랑해야 한다.

증인으로서 우리의 역할 중 일부는 우리의 메시지가 위험한 결과를 초래하고 있음에도 불구하고 안전한 사람이 되는 것이다. 구원의 결과는 사람들이 충성심을 바꿔야 한다는 것이다. 그들은 자신들을 향한 충성에서 그리스도에 대한 충성으로 옮겨 가야 한다. 우리는 다른 사람들에게 투자해 그것을 모델로 삼는다.

예수님은 사랑스러운 사람이나 당신의 친구들을 사랑하는 것만으로는 충분하지 않다는 것을 분명히 했다. 예수님은 그의 추종자들에게 그들의 적들과 그들을 경멸하는 자들까지도 사랑하라고 권고했다(마 5:43-47).

우리는 불신자들의 삶에 투자해야만 한다. 복음 전도는 대가 없이는 일어나지 않는다. 리처드슨은 "우리 중 많은 사람이 발견한 것처럼, 복음 전도도 다른 가치와 우선순위 만큼 중요하게 다뤄지려면 불균형적인 헌신이 필요하다"라고 상기시킨다.[16]

> 전도가 유일한 것이나 심지어 반드시 가장 중요한 일은 아니다. 그러나 복음 전도의 가치를 다른 가치와 동등한 지위로 이끌어 내기 위해서는 시간과 자원, 에너지의 불균형적인 투자가 필요하다.[17]

죄인의 친구가 되는 것은 그들의 실패에서 오는 결과의 일부를 짊어지는 것을 포함한다. 친구란 이런 것이다. 그것은 예수, 바울, 다른 사람들이 모델로 보여 준 것이다.

---

[16] Richardson, *Evangelism Outside the Box*, 20.
[17] Richardson, *Evangelism Outside the Box*, 26.

믿음이 강한 우리는 마땅히 믿음이 약한 자의 약점을 담당하고 자기를 기쁘게 하지 아니할 것이라. 우리 각 사람이 이웃을 기쁘게 하되 선을 이루고 덕을 세우도록 할지니라. 그리스도께서도 자기를 기쁘게 하지 아니하셨나니 기록된 바 주를 비방하는 자들의 비방이 내게 미쳤나이다 함과 같으니라. 무엇이든지 전에 기록된 바는 우리의 교훈을 위하여 기록된 것이니 우리로 하여금 인내로 또는 성경의 위로로 소망을 가지게 함이니라(롬 15:1-4).

영화 '아름다운 세상을 위하여'(Pay It Forward)는 받은 친절에 대한 감사를 표현하는데 흥미로운 반전을 보여 줬는데, 그것은 친절을 베푼 사람에게 은혜를 갚는 것이 아니라 그것을 앞으로 지불할 수 있을 만큼 충분히 감사해야 한다는 것이었다.

다시 말해, 당신을 도와준 사람을 위해 선행을 하는 대신, 당신은 다른 사람을 돕는 것이었다. 일반적으로 우리는 다른 사람들을 도와서 감사를 표현하라고 배우지 않고, 우리를 도운 당사자에게 갚아야 한다고 배운다. 그리스도 안에서 우리에게 소망의 메시지를 가져다 준 사람이나 하나님에 대한 감사의 표시로서, 우리도 그리스도의 메시지를 다른 사람에게 전달해 감사를 표현할 수 있다(롬 10:15-17).

③ **신뢰할 만한 삶을 살라**

우리의 임무 중 하나는 복음을 위해 타인에게 좋은 소리를 듣는 것이다. 다른 사람들이 신뢰할 만한 삶을 사는 것이 이러한 결과를 가져오는데 도움이 된다. 그리스도인들과 비그리스도인들의 삶이 별로 차이가 없다는 연구 결과가 나오면서 우리가 어떻게 살고 있는지에 대한 호기심도 거의 없다. 우리가 어떻게 어려운 문제와 스트레스를 처리하고, 결정을 내리고, 아이들을 양육하고, 재정적인 문제와 우선순위를 처리하고, 일을 하고, 믿음의 공동체에서 사는가는 우리가 복음을 위한 기회를 얻는 데 도움을 주거나 어려움을 줄 것이다.

만약 우리가 예수님과 불신자들을 가슴에 품고 살고 있다면, 우리는 우리가 하는 작은 일들을 통해 우리의 메시지를 증명하고 있는 우리 자신을 발견할 것이다. 일전에 어떤 사람이 내 아내 샌디에게 다가가서, "당신은 찬양팀에서 노래하는 분이죠"라고 말했다. 샌디는 그렇다고 대답했고, 두 사람은 대화를 시작했다. 우리를 알고 있는 사람들은 우리가 알아채지 못할 때에도 자주 우리를 보고 있다는 사실을 기억해야 한다.

세계가 점점 더 반기독교적이 되고 더 그리스도를 싫어하게 될 수록, 그리스도를 따르는 사람들은 그리스도가 없는 세상 사람들과 다른 가치와 생활 방식을 소유하는 것이 필수적이다. 문화적 기독교(cultural Christianity)는 설 자리가 없다. 신뢰를 얻기 위해서는 기독교의 생활 방식이 효과가 있다는 것을 몸소 보여 줘야만 한다.

(2) 신성한 기회를 노려라

우리가 한 번 혹은 여러 번의 만남을 통해 관계를 쌓고 교류할 때 성령님의 인도하심에 민감할 필요가 있다. 하나님은 당신의 위대한 사랑을 나눌 신성한 기회를 제공할 수 있고 또 제공하신다. 우리는 성령이 자신에게로 이끄시는 수용적인 사람들을 끊임없이 주목하고 싶어한다. 이것은 우리가 마음과 행동으로 불신자들을 추구하면서 일어난다.

4) 주요한 전도 단계: 메시지를 전하기

(1) 대화 주제를 그리스도께로 돌리기

복음 전도자들 사이에 우호적인 논쟁이 있다. 어떤 전도자들은 복음 전도의 가장 어려운 단계가 영적인 대화를 시작하는 것이라고 믿는다. 다른 이들은 복음을 전하다가 언제 말을 멈춰야 하는지를 아는 것이 가장 어려운 부분이라고 믿는다.

어느 쪽이든, 중요한 것은 대화를 영적인 문제로 돌리고 궁극적으로 그리스도에 관한 대화로 이끄는 것이다. 당신이 이런 대화를 더 많이 시작할수록 전체적인 복음의 메시지를 더 많이 전할 것이다.

(2) 복음 내용을 소통하기

우리가 대화를 영적인 문제로 그리고 궁극적으로 그리스도에 관한 이야기로 전환할 때, 우리의 역할은 준비와 전도 직전 단계에서 복음 메시지의 본질적인 부분을 전달하는 단계로 옮겨 간다. 복음 메시지를 전하기 위해서 우리는 메시지의 가장 중요한 것들이 무엇인지에 대한 우리의 이해를 다듬고 싶을 것이다.

* 언어 및 비언어적 커뮤니케이션

우리는 복음의 내용을 말로 그리고 비언어적으로 전달한다. 개인 전도의 전달 단계에서 우리는 우리가 무엇을 말하고 그것을 어떻게 말하는지를 서로 보완해 줄 필요가 있다.

비언어적 메시지는 언어적 메시지와 비언어적 메시지 사이에 충돌이 있을 때 항상 더 강하다. 만약 우리가 접근하는 데 있어서 문화적 규범을 위반하고 있다면, 복음 메시지는 아마도 수용되지 않을 것이다. 단절이 실제로는 호기심을 불러일으킬 수 있기 때문에 이것이 항상 맞는 것은 아니지만, 일반적으로 나는 복음을 전달하려고 노력할 때 문화적 규범을 위반하지는 않을 것이다.

나는 몇몇 메이저 리그팀에서 예배 설교자로 섬기는 기쁨을 누렸고, 지금은 뉴올리언스의 트리플A팀에서 섬기고 있다. 나는 영적으로 수용적인 사람들에게 복음 메시지를 전달할 수 있기를 원한다. 그러나 선수들에게 전도하는데 있어서 내가 라커룸 규범(라커룸에서 사인을 요청하는 것 등)을 어긴다면, 그리스도에 대한 메시지는 그들의 규범에 민감하지 못한 나의 태도와 연결될 것이다. 복음 메시지는 변하지 않겠지만, 나의 그러한 태도에 의해 분명히 왜곡될 것이다.

우리가 의사소통할 때, 우리는 듣는 사람이 의도한 대로 메시지를 받아들이고 있는지 여부를 계속해서 평가하기를 원할 것이다. 그래서 우리의 다음 역할은 복음 메시지를 명확하게 하는 것이다.

(3) 복음 메시지를 명확히 하기

> 그러니 내가 마땅히 해야 할 말로 이 비밀을 나타낼 수 있도록 기도해 주십시오
> (골 4:4, 새번역).

의도적으로 형성됐든 아니면 주위의 영향에 의해 자신도 모르게 형성됐든, 모든 사람은 개인적인 신학을 가지고 있다. 전도자의 임무 중 일부는 불신자들이 여러 출처로부터 받은 뒤섞여 있는 메시지를 명확히 파악하는 것이다. 경험, 언론 그리고 친구들로 인해, 대부분의 사람들은 정신적인 문제에 대해 혼란스러워 한다.

불신자들은 대개 모순되고 혼란스러운 메시지를 받아 왔기 때문에 그들의 신학은 뒤죽박죽이다. 우리의 메시지를 명확히 하려면 우리는 마음과 생각을 여는 질문을 하는 데 민첩해 질 필요가 있다. 그 질문들은 날카로운 모서리를 가질 필요가 없으며 그 질문들은 어떤 생각과 광범위한 대답을 필요로 하는 질문일 필요가 있다. 좋은 질문들은 우리로 명확성을 확인할 수 있게 해 준다.

나는 전직 목사로서 많은 목사님의 선의를 높이 산다. 그러나 매우 다원적인 사회에서 예배 끝부분에 "예/아니오"로 답해야 하는 복음 전도 질문을 던지는 것은 유감스러울 정도로 부족하다. 예배 마지막에 우리는 종종 한 두 가지 예/아니오 질문을 한 다음 나중에 세례를 주려는 의도로 그 사람을 교회에 소개한다.

우리는 종종 이 사람을 영적으로 자생하도록 내버려둔다. 우리의 예배 마지막에 서둘러 결정하도록 해 사람들을 트로피처럼 대할 때, 하나님 우리를 용서하소서. 더 나은 접근 방법은 그 사람이 자신의 삶에서 하나님의 일하심에 반응하고 있는지를 확인한 다음 복음 메시지의 명확성을 신중히 확인하는 것이다.

최근 한 컨퍼런스에서 해럴드 블록(Harold Bullock)은 우리가 사람들을 그리스도께로 인도하는 것에 대해 어떤 것도 효율적이지 않다는 것을 상기시켰다. 우리의 목표는 단지 효과적이고 명확한 의사소통을 하는 것이다. 왜냐하면, 하나님께는 모든 사람이 중요하기 때문이다. 우리가 복음 전도에 효율적이 되려고 노력하는 과정에서 우리는 종종 의도하지 않게 사람들에게 관계를 평가절하한다.

(4) 준비성 평가하기

비록 사람들이 복음 메시지를 이해한다 하더라도, 그들이 그들의 삶을 그리스도께 드릴 준비가 돼 있지 않을 수도 있다. 예수님은 준비 상태를 평가하는 데 있어 전문가였다.

우리의 역할은 복음에 대한 이해와 헌신을 확인하는 것을 포함한다. 새로운 그리스도인들은 그들이 알아야 할 모든 것을 알지 못하고 그들의 믿음으로 말미암은 모든 파급 효과를 완전히 파악하지 못한다.

나중에 문제가 발생하지 않도록 하려면, 우리는 필수적인 것들을 주의할 필요가 있다. 우리는 복음 전체를 전달해야 한다. 그렇지 않으면, 우리는 우리가 전하고자 하는 진리를 왜곡시키고 전반의 진리를 소통하게 된다. 진실한 의사소통을 위해서는 전도자가 복음의 핵심에 대해 명확해야 한다.

(5) 설득하기

사람들이 복음을 이해하고 우리는 그들의 준비됨을 평가한 후 우리는 그들이 그리스도께 항복하도록 설득한다. 우리는 그들을 압박하지 않으면서 그리스도께 항복하도록 격려한다. 성경의 몇몇 구절은 사람들을 그리스도께로 향하도록 설득하는 우리의 책임을 다루고 있다.

> 안식일마다 바울이 회당에서 강론하고 유대인과 헬라인을 권면하니라 (행 18:4).

> 아그립바가 바울에게 이르되 네가 적은 말로 나를 권하여 그리스도인이 되게 하려 하는도다(행 26:28).

> 우리는 주의 두려우심을 알므로 사람들을 권면하거니와 우리가 하나님 앞에 알리어졌으니 또 너희의 양심에도 알리어지기를 바라노라(고후 5:11).

마크 맥클로스키(Mark McCloskey)는 그의 책『자주 전하고, 잘 전하라』 (*Tell It Often, Tell It Well*)에서 복음을 소통해야 하는 전도자의 선포(proclamation)와 설득(persuasion)의 두 가지 다른 역할에 대해 논의했다. 선포는 그 사람이 정보를 필요로 할 때 사용되며, 설득은 그 사람이 복음과 그 복음이 자신들의 삶에 미치는 영향을 이해한 후에 사용된다. 설득은 사람들을 제압하는 것이 아니다.[18]

사람들이 그리스도께 오도록 강요하는 것은 우리의 특권이다. 우리는 그들을 조종하는 것이 아니라 하나님에게 항복하는 마지막 단계를 밟도록 격려하려고 한다. 우리는 포스트모던 사람들에게 그들의 가치 중 하나를 침해하는 오만과 마주치지 않도록 주의해야 한다.

하지만 우리는 그리스도에 대한 은근한 자신감을 가지고 만날 수 있다.

---

[18] Mark McCloskey, *Tell It Often—Tell It Well* (San Bernardino: Here's Life Publishers, 1986).

① 적절한 공격성

우리는 복음을 전하는 데 있어서 의도적으로 그리고 적절하게 공격적일 필요가 있다(골 4:3). 이것은 저항성 문을 발로 차 버리는 것을 포함하지 않는다. 우리는 비언어적 의사소통에 신중해야 하며, 신속한 결정을 위해 사람들을 압박하지 말아야 한다. 다른 문화나 하위 문화는 언어적 의사소통에서 적절한 수준의 직접성을 가지고 있다.

우리는 항상 그것을 올바르게 이해하지는 못하겠지만, 우리가 공유하고 있는 문화적 규범을 배우는 데 있어서 하나님의 지혜를 찾으면서 계속 공유해야 한다.

② 신사적인 자세

예수님은 마음이 온화하고 겸손했다(마 11:29). 우리가 복음을 나눌 때, 우리는 하나님께 중요한 사람들과 함께 복음을 나누는 것이다. 만약 우리가 사람들을 소중히 여기고 적절하게 대우한다면, 우리는 사람들을 우리가 복음을 파는 잠재적인 고객으로만 보지 않을 것이다.

우리는 위험한 메시지를 가지고 있다. 우리는 온화하게 그것을 전달하기 위해 노력해야 한다(벧전 3:15; 고전 4:21). 아이러니하게도 그것은 대담함을 포함할 수 있다. 그러나 대담하다는 것은 오만함을 의미하지 않는다.

(6) 대화 마무리하기

전도적인 대화를 시작하는 것은 어렵고, 대화를 우아하게 끝내는 법을 배우는 것 또한 어렵다. 우리가 대화를 마칠 때, 그 사람은 그리스도의 지도력을 받아들이거나 거절한다. 만약 그 사람이 그리스도를 믿는다면, 우리는 기도하고, 우리의 지지를 보내고, 후속 조치를 시작할 수 있을 것이다.

그러나 사람들이 어떤 이유로든 그리스도를 믿지 않을 때, 우리는 그들이 나중에 복음에 응답할 수 있도록 문을 열어두기 위한 노력으로 그들이 우아하게 퇴장할 수 있도록 허락할 필요가 있다.

7. 우리의 역할 요약

나는 귀여운 말투를 좋아하지 않지만 당신의 역할을 기억하도록 도와주기 위해 사용할 것이다. 우리는 기도하고 끈질기게 불신자들의 존재를 추구한 다음, 성령의 능력 안에서 성령의 인도하심을 따라 선포하고 설득해야 한다.

우리는 예수님이 누구신지 그리고 그가 기대하는 것이 무엇인지를 분명하게 전달하고자 한다. 우리가 모두 결함이 있는 그릇이지만 하나님의 손에 들리면 유용하다는 것을 알면서 말이다. 메츠거(Metzger)는 우리에게 "진리을 말하라"라고 하면서, 온전한 사람(whole person)에게 온전한 복음(whole gospel)을 전해 이렇게 하라고 권했다. 이것은 우리의 특권이자 소망이다.

뉴비긴(Newbigin)은 다음과 같이 언급했다.

> 복음이 우리 사회의 공적인 삶에 도전하려면, 그리스도인들이 '근대성'이라는 정오에 비워둔 '고지대'를 차지하려면, 기독교 정당을 구성하거나 공격적인 선전 캠페인을 통해 하는 것이 아닐 것이다. 다시 '콘스탄틴'의 시대로 돌아갈 수는 없다고 말해야 한다. 새로운 창조의 실재가 존재하고, 알려지고, 경험되고, 남성들과 여성들이 공공 생활의 모든 분야에 들어가서 그리스도를 위해 그것을 주장하고, 숨겨져 있던 환상을 벗기고, 공공 생활의 모든 영역을 복음의 조명에 노출시키는 움직임으로 시작되는 것이다. 그러나 그것은 지역교회 성도들이 그들 자신의 삶에 대한 내향적인 우려를 포기하고, 사회의 전 영역에 대한 하나님의 구원하시는 은총의 표시, 도구, 예언으로서, 교회 구성원이 아닌 바깥의 사람들을 위해 자신들이 존재한다는 것을 인식할 때에만 이러한 일이 일어날 것이다.[19]

---

[19] Lesslie Newbigin, *The Gospel in a Pluralistic Society* (Grand Rapids, Mich.: Eerdmans Publishing, 1989), 232-33.

우리는 복음 전도에 있어서 하나님의 개입과 우리의 역할을 검토했다. 다음 장에서는 하나님이 불신자들을 구원하시며 그렇게 하기 위해 사람들을 사용하신다는 것을 기억하면서 우리가 전달하고자 하는 복음 메시지의 본질들을 밝혀내고 설명하려고 노력할 것이다.[20]

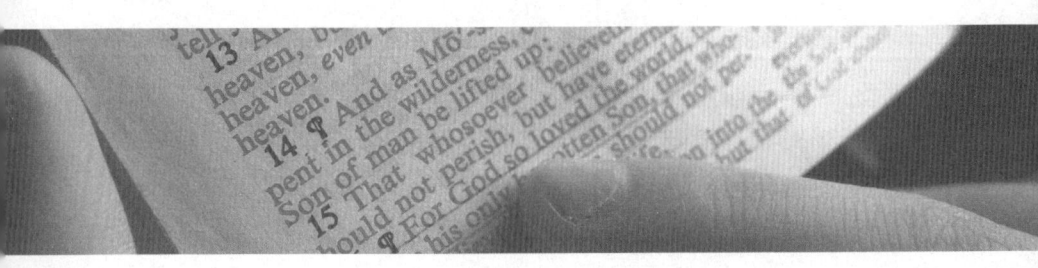

---

20 J. I. Packer의 『복음 전도와 하나님의 주권』(Evangelism and the Sovereignty of God)은 전도와 구원에 있어서 하나님의 개입과 우리의 역할 사이의 상호 작용에 대한 통찰력을 점검하기 위한 훌륭한 자료다. 이 작은 책의 네 가지 주요 부분은 (1)신성한 주권, (2)신성한 주권과 인간의 책임, (3)복음 전도, (4)신성한 주권과 복음 전도이다.

제3장

핵심 내용 이해:
복음 메시지 명확히 하기

복음 전도는 우리가 메시지를 전달한다는 것을 암시한다. 그러므로 우리가 전하는 메시지에 대해 우리가 명확한 이해를 가지고 있어야 한다는 것은 중요하다. 우리가 매일 처리하는 이미지의 수는 경이롭다. 그렇지만 실제로는 제한된 수의 메시지만이 남는다. 우리는 그러한 노력 가운데 하나님의 메시지를 명확하게 만들기 원한다.

왜 복음의 메시지를 새삼스럽게 살펴보는가?

그냥 우리가 좋아하는 구절들을 뽑아서 사람들에게 뭐라고 쓰여 있는지 말해줘야 하지 않을까?

그렇지 않다. 이 일은 거의 불필요해 보이지만, 나는 그것이 필수적이라고 제안한다.

이런 경향은 복음의 진정한 메시지에서 벗어난 것이지, 그것을 향한 것이 아니다. 레슬리 뉴비긴은 복음 메시지가 문화적 필터를 통과하면서 흐려진다는 것을 우리에게 상기시켰다. 복음을 보다 명확하게 보기 위해서는 이러한 문화적 필터를 제거할 필요가 있다. 톰 스테픈(Tom Steffen)은 우리에게 베드로가 문화적 회심(cultural conversions)을 경험했던 것처럼 해 보라고 격려했다. 그는 "이 과정은 마치 양파 껍질을 벗기는 것과 같다. 그

것은 매우 눈물겨운 경험이 될 수 있다"라고 말했다.[1]

교회 밖의 사람들은 종종 1967년 프리츠 리드너(Fritz Ridenour)의 책 제목인 『차이점은 무엇인가?』(So What's the Difference?)라고 질문한다. 교회는 우리의 메시지가 많은 종교적 메시지 중 하나라는 것을 알고 있을 것이다. 그러므로 우리는 우리의 메시지를 이해하거나 전파하는 데 있어서 불분명할 여유가 없다. 종교적으로 다원적인 사회에서 우리의 메시지를 전달하기 위해서는 우리의 메시지를 정확히 이해해야 하고, 이를 위해서는 면밀한 조사가 필수적이다.[2]

내가 만나는 사람들과 하는 인터뷰와 함께, 나의 학생들도 불신자들을 인터뷰한다. 스티븐 듀발(Stephen DuVall)의 인터뷰 내내 계속되는 주제는 교회가 많은 다른 메시지를 전달하는 것처럼 보인다는 것이었다. 그의 인터뷰 대상자 중 한 명이 "모든 교회가 뭔가 다른 말을 하고 있는 것 같다"라고 말했다.[3] 이것이 우리의 메시지를 검토해야 할 또 다른 이유다.

1. 메시지를 명확히 하는 것의 한계

복음의 소통은 메시지를 주고받는 사람들의 관점과 가치관의 필터를 통과한다. 송신자는 주어진 문화적 관점에서 복음을 암호화한다. 청취자들은 그들 자신의 문화, 관점, 경험, 편견을 바탕으로 메시지의 출처에 상관

---

[1] Tom Steffen, "Flawed Evangelism and Church Planting," *Evangelical Missions Quarterly* 34 (1998): 434.
[2] Several recommended resources for further study on the subject: Newbigin, *Foolishness to the Greeks: The Gospel and Western Culture*; Will Metzger, *Tell the Truth: The Whole Gospel to the Whole Person by Whole People*; Mark McCloskey, *Tell It Often—Tell It Well*; Paul Little, *How to Give Away Your Faith,* 2d ed. (Downers Grove: Ill.: Inter-Varsity Press, 1988); Newbigin, *The Gospel in a Pluralistic Society.*
[3] 익명의 사람에 대한 스테판 듀발(Stephen DuVall)의 인터뷰는 2002년 1월 제출한 페이퍼에 보고됐다.

없이 그들이 받는 메시지를 해독한다. 따라서 우리는 하나님의 메시지를 정확하게 전달하는 데 있어서 우리의 한계를 인식해야 한다. 그것은 우리 자신의 배경에 영향을 받기 때문이다.

뉴비긴은 다음과 같이 말했다.

> 만약 순수한 복음이 문화 속에 내재돼 있지 않은 것을 의미한다면, 우리는 순수한 복음 같은 것은 존재하지 않는다는 기본적인 사실에서 출발해야 한다. 복음의 가장 단순한 구두 진술인 "예수님은 주님이다"라는 문화에서 주님이라는 단어에 부여하는 내용에 따라 그 의미가 달라진다.
> 문화에서 "주재권"(lordship)이란 어떤 것인가?
> 복음은 항상, 만약 그것이 신실하다면, 복음은 항상, 그것이 신실하다면, 어떤 삶의 방식으로, 특정한 방법으로 재산을 소유하는 방식으로, 법과 질서를 지키는 것으로, 생산과 소비를 수행하는 방법 등으로 복음의 의미를 살아내려는 공동체의 증언으로 다가온다. 복음의 모든 해석은 어떤 문화적 형태로 구체화된다. 선교사는 순수한 복음과 함께 오지 않고 그가 사역하는 곳의 문화에 적응한다. 선교사는 자신이 자라면서 형성된 문화에 이미 내재된 복음을 가지고 온다. 이것은 처음 시작 단계부터 그렇다.[4]

이 장에서는 다음과 같은 두 가지 질문을 고려한다.
복음의 본질적인 요소는 무엇인가?
그리고 그리스도를 영접하려면 무엇이 필요한가?
나는 이 질문들에 대답하기에 불충분하다고 생각하지만 그렇게 하려고 노력할 것이다. 당신도 하나님의 메시지를 전할 때마다 이 두 가지 질문을 스스로에게 해야 한다.

---

[4] Lesslie Newbigin, *The Gospel in a Pluralistic Society*, 144.

1) 한 가지 제안

나의 전 설교학 교수는 "단어들은 뜻이 있는 것이 아니라 사용법이 있는 것이다"라고 말하곤 했다. 책을 쓰는 것은 단어 사용에 한계가 있는데, 의사소통이 잘 될 수도 있고 잘 되지 않을 수도 있다는 것이다. 나는 내가 전달하고 싶은 메시지와 독자들의 참조하는 틀(frames)에 대해 신중히 생각하면서 질문에 답하려 한다.

이 장에서 나의 목표는 당신이 생각하는 대로 하나님이 당신이 불신자들과 무엇을 의사소통하길 원하시는지 당신을 돕는 것이다.

우리가 함께 이 여행을 시작할 때 우리가 기억해야 할 고무적인 사실은 다음과 같다. 성령은 사람들을 자기 자신에게로 이끄셔서 그의 진리를 그의 백성들의 마음과 생각에 조명하시며 도우신다. 사람들이 하나님 아버지의 뜻에 그들의 뜻을 포기하는 것은 우리의 훌륭한 의사소통에 의한 것이 아니다. 하나님만이 홀로 이것을 하신다.

2. 메시지 명확화와 소통에 있어서의 도전

예리한 복음 메시지를 명확히 하는 것은 중요한 도전을 가져온다.

첫 번째 도전은 결함이 있는 사람들이 하나님의 메시지를 맡았다는 것이다. 우리는 복음을 재정의 하고, 대부분 우리가 인식할 수 있는 문화적 복장으로 포장하고, 지름길을 택하고, 거의 근거를 마련하지 않으며, 우리의 수신자들이 그들이 실제로 이해하는 것보다 훨씬 더 많이 이해한다고 가정하고, 우리의 메시지가 물리적 세계와 연결된 것을 잊어버리고, 그것을 듣는 사람들이 정신적인 특수한 노력이 필요한 방식으로 전달하는 경

향이 있다. 다행스럽게도 어떤 사람들은 복음을 이해한다."⁵

두 번째 도전은 방법이 메시지와 얽혀 있다는 것이다. 메시지를 전달하기 위해 사용되는 방법과 메시지를 분리하는 것은 불가능하다. 해럴드 블록(Harold Bullock)은 이 도전과 관련된 세 가지 요인에 주목했다.

1) 우리가 하는 일뿐만 아니라 그것을 하는 형태도 우리가 실제라고 생각하는 것에 대한 신호를 보낸다.
2) 우리가 소통해야 할 메시지는 그의 말씀인 성경에 표현된 하나님/예수 그리스도의 실제다. 우리가 행하고 말하는 것 뿐만 아니라 하는 행동과 말하는 태도도 반드시 성경 말씀과 일치해야 한다.
3) 따라서 우리는 앞으로 무엇을 할 것인지 뿐만 아니라 그 방법과 인격을 통해 생각한다.⁶

세 번째 도전은 복음의 소통이 전하는 자와 받는 사람의 문화에 모두 싸여 있다는 것이다. 뉴비긴은 이렇게 말했다.

> 처음이나 그 이후의 어떤 때에도, 문화적으로 영향을 받지 않으면서 말의 형태로 표현된 복음이 있을 수 없다. 어떤 문화적 증류 과정으로 언제라도 분리할 수 있거나 분리할 수 있다는 생각은 착각이다. 그것은 사실 복음을 포기하는 것이다. 복음은 말씀이 육신이 되신 것에 관한 것이기 때문이다. 말로 표현된 복음의 모든 진술은 그 말들이 속한 문화에 의해 조건화되며, 복음의 진리를 구현한다고 주장하는 모든 삶의 스타일은 문화적으로 조건화된 삶의 스타일이다. 문화 중립적인 복음은 결코 있을 수 없다. 그러나 문화적으로 조건화된 형태로 구현된 복음은 복음이 최초에 속했던 문화를 포함해 처음부터 끝까지 모

---

5 Steffen, "Flawed Evangelism and Church Planting," 433-34.
6 Harold Bullock, "How Church Works II" conference.

든 문화를 의심하게 된다.[7]

네 번째 도전은 단어 사용이다. 우리는 한 메시지를 전달하려고 시도할 수 있고, 듣는 사람은 다른 메시지를 받는다.

다섯 번째 도전은 우리의 복음 메시지가 다면적이라는 것이다. 다양한 지점에서 사람들의 심금을 울린다. 맥클로스키(McCloskey)는 복음의 여섯 가지 측면을 다음과 같이 요약했다.

1) 진리의 복음(골 1:5)
2) 희망의 복음(골 1: 23)
3) 평화의 복음(엡 6:15)
4) 불멸의 복음(딤후 1:10)
5) 하나님 나라의 복음(마 24:14)
6) 구원의 복음(롬 1:16)

3. 우리의 메시지가 아닌 것

우리의 메시지에 대해 구체적으로 생각하기 시작할 때, 우리는 무엇이 우리의 메시지가 아닌지를 조사해 도움을 받을 수 있다.

---

[7] 뉴비긴의 저서 『헬라인에게는 미련한 것이요』(Foolishness to the Greeks)는 복음의 이해에 있어서 서양 문화가 미치는 영향에 대해 탐구한다. 뉴비긴은 선호하는 용어로 상황화(contextualization)를 사용한다. 상황화는 "과거에 의해 형성되고 미래를 바라보는 특정 순간에 문화의 전체적인 맥락 속에서 복음을 배치하는 것"을 의미한다(p. 2). 뉴비긴은 복음의 의미를 더 잘 소화하고 이해할 수 있도록 서양 문화가 복음에 미치는 영향 중 일부를 분리하거나 벗겨내려고 시도한다. Lesslie Newbigin, *Foolishness to the Greeks: The Gospel and Western Culture* (Grand Rapids, Mich.: Eerdmans, 1986), 4.

첫째, 우리의 메시지는 "하나님에 대해 기분 좋게 느끼세요"가 될 수 없다. 톰 스테픈(Tom Steffen)은 이것을 "실질적 필요나 삶의 향상에 관한 우려를 해소한다고 주장하는 타이레놀 또는 치료 복음"이라고 불렀다.[8] 만약 우리가 조심하지 않는다면, 당신이 삶에 조금의 힘이 필요하다면, 우리는 그가 당신의 기분을 나아지게 할 것이기 때문에 예수님을 시도해 보라는 메시지를 보낼 것이다. 그리스도를 따라가는 것으로부터 지상에서 그리고 영원한 유익이 있지만, 그것이 전부는 아니다. 우리가 조심하지 않으면 우리는 성경에 나오는 그의 전체성과 예수 그리스도의 계시성을 인식하기보다는 우리의 필요에 따라 우리의 이미지에 있는 하나님을 리메이크할 것이다.

둘째, 복음 전도에서 우리의 목표는 결신을 이끌어 내는 것만이 아니다.
우리의 더 완전한 목표는 제자를 만드는 것이다. 우리는 결신 없이 제자를 가질 수 없지만, 우리의 접근법이 오직 결신의 수를 세기 위해 고안된 것이라면, 우리는 하나님의 영광의 확산을 방해할 수도 있다.

우리는 신약성경에서 예수를 구주(Savior)와 주님(Lord)으로 나누는 확고한 선을 찾을 수 없다. 우리의 메시지는 단지 구세주이신 그리스도께 오는 것이 아니다.

셋째, 우리의 메시지는 예수님께 항복하고 영적으로 자신을 끌어올리는 것이 아니다.

기독교는 공동체에서 살기로 돼 있다. 우리의 목표는 사람들이 지지하는 영적인 가족도 없이 하나님 나라의 일원이 되는 것을 보는 것이 아니다. 우리는 후속 조치(follow-up)의 모든 측면을 통제할 수는 없다. 그러나 우리의 소망은 일반적인 것으로서 가족이나 교회 또는 신앙공동체에서 태어난 영적인 아이들을 보는 것이지 영적인 고아들을 양산하는 것이 아니다. 전도를 통한 초대의 일부는 하나님의 가족의 일원이 되는 것이다.

---

8   Steffen, "Flawed Evangelism and Church Planting," 429.

넷째, 우리의 메시지는 그리스도인의 사생활에 국한되지 않는다.
그것은 삶의 모든 영역으로 확장된다. 레슬리 뉴비긴(Lesslie Newbigin)은 말했다.

> 복음은 다원주의를 지배 이념으로 하는 사회에서 하나의 요소로 수용될 수 없다. 교회는 단순하게 개인들을 구원해 개인의 사생활과 삶의 지엽적인 면에 관계된 기독교 제자도를 실천하는 것을 교회의 역할로 받아들일 수 없다. 모든 만물과 만인에 대한 하나님의 통치, 즉 하나님 나라와 관련된 메시지에 충실하기 위해서는 교회는 높은 수준의 공적인 진리를 주장해야 한다. 모든 인간 사회는, 보통 의심의 여지없이 당연하게 여겨지는, 무엇이 진짜인지, 무엇이 중요한지, 무엇을 목표로 삼을 만한지에 대한 가정에 의해 지배된다. 거기에 이념적 공백 같은 것은 없다.[9]

우리의 메시지는 예수님이 우리 삶의 모든 영역에 영향을 미칠 것이라는 것이다. 뉴비긴은 이렇게 말했다.

> 나는 회심에 대한 부르심이 복음에 대한 진정한 이해에 필수적이라는 것을 의심할 수 없다. 예수의 사역은 바로 이러한 부르심으로 시작됐다.
> "회개하라. 하나님 나라가 가까우니라."
> 중요한 질문은 회심의 내용에 관한 것이다.[10]

---

9 Newbigin, *The Gospel in a Pluralistic Society*, 222.
10 Newbigin, *The Gospel in a Pluralistic Society*, 239.

4. 다원주의 상황에서 신에 대한 이해: 어느 신인가?

우리는 사람들이 누가 하나님인지, 하나님이 우리 안에서 그리고 주변에서 무엇을 행하시는지에 대해 근본적으로 다른 생각을 가지고 있는 세상에 살고 있다. 사람들은 자신이 믿고 싶은 것을 믿는다. 사람들은 자신에 대해 좋게 느끼고 싶어 하고 그것을 성취하기 위해 필요한 것은 무엇이든 믿을 것이다. 많은 사람은 그들이 무언가를 믿거나 좋은 의도를 갖고 있는 한, 그들은 괜찮다고 믿는다.

불신자가 회심 전이나 회심의 일환으로 이해하고 전념해야 하는 것은 무엇인가?

이러한 질문에 대한 해답은 다원적인 사회에서 중요하다. 사람들이 "하나님"을 믿는다고 말하는 것을 듣는 것은 아무것도 아닌 것보다 단지 한 걸음 더 앞서 있다는 것을 의미한다. 우리는 사람들과 대화하는 과정 내내 그들의 이해를 확인하는 것이 유익하다.

학생들이 그들의 메시지와 목표에 대한 전문가가 되는 것은 필수적이다. 나는 많은 수업에서 학생들이 전도하고자 하는 사람들을 이해하기 위해 불신자들을 인터뷰하도록 한다. 거의 예외 없이, 학생들은 8-10회의 인터뷰를 통해 사람들이 무엇을 믿는지에 대해 크게 안목이 생겨서 수업에 돌아온다.

두 가지 특별한 대답은 우리의 메시지와 하나님에 대한 우리의 관점을 분명히 하는 것의 중요성을 보여 준다. 한 학생이 그가 인터뷰를 마쳤다는 것을 알려왔을 때 나는 내 학생들과 테이블에 둘러 앉아 있었다.

관점이 넓어진 그는 "자신이 가톨릭 무신론자라고 말하는 사람에게 어떻게 대응해야 하나요?"라고 물었다. 비디오로 녹화된 인터뷰에서 우리 학생들은 그 사람이 "신은 어디에나 있고 모든 것에 있다"라고 말하는 것을 들었다. 그래서 인터뷰를 하던 사람이 그 담배를 피우던 사람에게 "하나님이 그 저 담배에도 계신가요?"라고 물었다. 이에 대해 인터뷰에 응하던 사람은 "예, 하나님은 담배 속에 계십니다"라고 말했다.

이런 상황에서 나는 이렇게 응대했을 것이다.

"그거 재미있군요. 어떻게 그런 결론에 도달하셨습니까?"

우리는 하나님이 누구인지에 대해 명확해야 하고, 누군가가 "하나님"에 대해 말하는 것을 들을 때 성경의 이해를 확인해야 한다.

5. 구원

구원의 메시지는 그리스도가 없는 세계에 대한 기독교 메시지의 필수적인 부분이다. 구원은 우리의 가장 중요한 욕구 중 세 가지를 말해 준다. 구원은 죄의 용서와 성령의 선물에 대한 우리의 필요를 말해 준다. 사람들은 비록 "죄"라는 용어를 사용하지 않더라도 내면에서 느끼는 죄책감을 피하고 싶어한다. 그리스도를 통한 구원은 이 필요를 다룬다.

구원은 또한 완성을 갈망하는 우리 속에 있는 하나님의 모습을 말해 준다. 오직 하나님만이 이 필요를 채울 수 있다. 마지막으로 구원은 죄악에 의해 야기된 우리의 쪼개짐(fragmentation) 가운데 우리의 온전함(wholeness)과 충만(fulfillment)에 대한 갈망을 말해 준다. 하나님은 우리의 가장 깊은 필요를 아시고, 구원을 통해 그 필요를 해결하신다.[11]

마크 맥클로스키는 그의 뛰어난 책 『말하되 잘 말하라』(Tell It-Tell It Well)에서 성경에서 발견되는 구원의 그림 7개를 요약했다.

(1) 중생: 사망에서 생명으로(고후 5:17)
(2) 화해: 적에서 친구로(롬 5:10)
(3) 속죄: 진노에서 자비로(요일 4:10)

---

[11] McCloskey, *Tell It Often—Tell It Well*, 20.

(4) 성화: 소유권 변경(행 26:18)

(5) 구속: 노예 제도에서 자유로(벧전 1:18)

(6) 칭의: 죄책감에서 변제로(롬 3:24)

(7) 양자됨: 가족의 변화(갈 4:4-7)[12]

성경은 구원의 다섯 가지 묘사를 보여 준다.

첫째, 위대한 구원

우리가 이같이 큰 구원을 등한히 여기면 어찌 그 보응을 피하리요 이 구원은 처음에 주로 말씀하신 바요 들은 자들이 우리에게 확증한 바니(히 2:3).

둘째, 현재적 구원

이르시되 내가 은혜 베풀 때에 너에게 듣고 구원의 날에 너를 도왔다 하셨으니 보라 지금은 은혜 받을 만한 때요 보라 지금은 구원의 날이로다(고후 6:2).

셋째, 보편적 구원

사랑하는 자들아 우리가 일반으로 받은 구원에 관하여 내가 너희에게 편지하려는 생각이 간절하던 차에 성도에게 단번에 주신 믿음의 도를 위하여 힘써 싸우라는 편지로 너희를 권하여야 할 필요를 느꼈노니(유 1:3).

---

[12] McCloskey, *Tell It Often—Tell It Well*, 21–26.

넷째, 알려진 구원

주의 백성에게 그 죄 사함으로 말미암는 구원을 알게 하리니(눅 1:77).

다섯째, 영원한 구원

온전하게 되셨은즉 자기에게 순종하는 모든 자에게 영원한 구원의 근원이 되시고 (히 5:9).

6. 구원의 필수 요소

구원은 사람들이 십자가 위에서 그리스도가 하신 일을 토대로 성령의 역사를 통해 사망에서 생명으로 이동하는 것을 포함한다. 맥클로스키(McCloskey)는 구원을 "어떤 사람이 어둠의 왕국으로부터 구조돼 예수 그리스도의 왕국의 안전과 축복으로 이양됨을 통해 영적인 지위가 변화되는 신성한 행위"라고 정의했다.[13]

앞에 나오는 "담배를 피우던 사람의 응답"(cigarette response)은, 구원을 위해 하나님에 대한 어떤 이해가 필수적인가 하는 질문을 갖게 한다. 당신은 당신만의 필수 목록을 만들고 싶을 것이지만 여기 내가 간추린 필수 요소 중 일부를 나누려고 한다. 이것은 우리의 메시지 전체를 구성하는 것이 아니라 구원의 필수적인 요소들을 반영한다.

---

[13] McCloskey, *Tell It Often—Tell It Well*, 29–30.

1) 하나님

그들과의 관계를 바라는 분은 오직 유일하고, 영원하며, 거룩하고 정의로운 개인적인 하나님뿐임을 확신하라(행 17:24-31; 14:15-17).

2) 예수 그리스도

- 예수님은 하나님이다(요 1:1; 딛 2:13-14).
- 예수 그리스도는 사시고, 우리의 죄를 위해 십자가에 못박혀 죽으시고, 죽은 자로부터 일어나 하늘로 올라가셨다(고전 15:1-5).
- 십자가 위의 예수님의 죽음은 우리가 하나님으로부터 분리된 죄에 대한 대가를 지불했다(롬 5:8).
- 예수님은 하나님과의 관계를 맺는 유일한 길이다(요 14:6; 4:12; 딤전 2:5-6).
- 예수님은 영광 가운데 돌아오셔서 살아 있는 자와 죽은 자를 심판하실 것이다(딤전 4:1; 벧전 4:5).

3) 개인과 사람들

- 사람들은 의로운 행위를 통한 노력으로 죄의 영원한 빚을 갚을 수 없다(엡 2:8-9).
- 사람들은 예수를 유일한 자기들의 죄의 용서자(골 1:20-22)인 구세주로서 믿어야 한다. 그들은 자신의 지도력에서 주의 방향에 굴복하는 것을 선택하기 때문이다(요 3:36; 마 7:20-21).

마이클 그린(Michael Green)은 바울의 회심에 있어서 네 가지 요소에 대해 언급했다.

첫째, 하나님이 그의 인식을 만지셨다.
둘째, 하나님이 그의 마음을 조명하셨다.
셋째, 하나님이 그의 의지를 만지셨다.
넷째, 하나님이 그의 남은 모든 생애를 변화시키셨다.[14]

7. 인간의 문제와 필요

1) 죄를 보다[15]

당신도 들었고 나도 들은 말이 있다. 그것은 사람들이 "사람들은 기본적으로 내면이 선하다"라고 말하는 것이다. 우리는 계속 그런 말을 듣지만, 그것은 사실이 아니다. 프랜시스 쉐퍼(Francis Schaeffer)는 인간이 고귀함과 잔인함을 둘 다 가질 수 있다고 말한다. 인간이 선천적으로 선하다고 믿는 사람들은 최근에 신문을 읽거나 TV 뉴스를 보지 않았음에 틀림없다. 인간의 죄성은 당연한 것이지 선한 것이 아니다. 우리는 하나님에게 소중한 존재지만, 하나님이 없으면 우리는 계속 자멸한다. 선함과 도덕적인 생활은 훈련과 하나님의 기준을 따르는 부산물이다.

2001년 늦여름은 야구 팬과 팬이 아닌 사람들의 관심을 똑같이 사로잡은 스포츠 이야기가 있다. 그것은 약자가 정상에 오르면서 시작됐다. 그러나 그것은 우리가 이미 알고 있는 것, 즉 인간은 본래 선하지 않고 악하며 구세주가 필요하다는 것으로 끝이 났다.

그 이야기는 순진한 한 청소년과 관련된 것이다. 그것은 뉴욕의 브롱크

---

[14] Michael Green, *Evangelism Through the Local Church* (Grand Rapids: William B. Eerdmans Publishing Company, 1970) 34–37.
[15] 인간의 문제와 필요에 대해 논의하는 다음의 성경 구절들을 검토하라. 엡 2:1-7; 요일 5:11-12; 고후 4:3-4; 요 3:3, 16-19, 36; 롬 1:28-32; 고후 2:14; 엡 2:12.

스에 있는 리틀 리그팀과 관련이 있다. 이 팀은 국제 리틀 리그 월드 시리즈(Little League World Series)에 출전할 자격을 얻었다. 그들의 스타 투수는 빛나는 직구와 날카로운 커브볼로 퍼펙트 게임의 투수가 됐다. 그는 팀을 월드시리즈에서 3위로 이끌었다. 이 팀은 투수의 아버지와 리그의 창시자가 그의 출생 증명서를 위조했다는 것이 밝혀지면서 영웅 이야기에서 수치심으로 변했다. 그는 실제는 열네 살인데 나이 제한이 열두 살인 리그에서 뛰고 있었던 것이다.

그리스도의 따르는 자들과 따르지 않는 사람들 모두에게 있어서, 우리가 가진 경향은 하나님이 우리 삶 속의 죄를 어떻게 보는지 과소평가하고, 우리의 의를 과대평가한다는 것이다.

(1) 하나님의 관점

하나님은 거룩하시니, 그 존전에 죄를 허용하지 않으실 것이다. 그런데 우리는 거룩하신 하나님을 섬기는 의미를 간과하기 쉽다. 마치 우리가 죄를 지을 때 하나님이 주무시거나 혹은 우리가 죄를 지을 때 윙크하는 것은 아니다. 그는 완벽한 지혜와 타이밍을 알고 대응하신다.

모든 죄는 하나님에 대한 죄이지, 단지 그것을 잊거나 극복할 보잘것없는 사람들에 대한 죄악만은 아니다. 예수님께서 말씀하셨다.

> 내가 진실로 너희에게 이르노니 이 지극히 작은 자 하나에게 하지 아니한 것이 곧 내게 하지 아니한 것이니라 하시리니(마 25:45).

우리의 행동, 말, 태도를 고수하며 우리가 하나님의 계획과 방법을 따르지 않기로 선택할 때, 우리는 하나님에게 반역하는 것이다.

하나님은 죄를 심각하게 여기신다. 그렇다고 그가 항상 같은 방식으로 죄에 반응하는 것은 아니다. 만약 그랬다면, 우리는 오늘 여기에 없을지도 모른다. 그리스도를 우리의 죄에 대한 처벌로 우리의 자리에서 대신 죽게

해, 그는 우리에게 우리의 죄에 대한 영원한 결과를 피할 수 있는 길을 마련해 주셨다. 그는 열정적으로 우리를 사랑하시기 때문이다.

(2) 우리의 관점

사람들은 죄를 분류하고 최소화하는 경향이 있다. 미디어의 제작자들은 관용을 중요한 가치로 너무 높여서, 우리들 중 많은 사람이 옳고 그름의 범주를 잃어버렸다. 우리는 삶에 죄가 있다는 관념도 버리고 선호를 따르는 생활 방식의 시대로 접어들었다. 하나님의 은혜를 너무 쉽게 기대하는 것이다.

그런 견해의 문제는 그것이 너무 얄팍해서 부조화로 이어진다는 것이다. 거의 모든 사람의 가슴에 맺힌 깊은 갈망은 죄책감과 수치심으로부터 자유로워지는 것이다. 관용을 높이고 "죄"라는 단어를 제거한다고 해도, 우리는 여전히 죄의 결과나 그 죄를 제거해야 할 필요성을 없앨 수 없다. 부조화는 우리가 겉으로 보이는 것과 우리 안에서 일어나고 있는 것이 일치하지 않을 때 발생한다. 본질적으로, 우리는 서로 다른 두 사람이다.

수백 번의 인터뷰를 통해 나는 사람들이 하나님에 대해 많은 이상한 견해를 가지고 있다는 것을 알게 됐다. 다섯 가지 일련의 질문을 통해 우리는 "당신에게, 하나님은 누구십니까?"라고 묻는다. 우리는 또한 "하나님과 함께 바로 잡으려면 무엇이 필요하다고 생각하십니까?"라고 묻는다. 이러한 질문들에 대한 답은 흥미로웠는데, 특히 대부분의 사람은 이전에 하나님을 믿지 않는다고 말했더라도 이 질문에 대한 답을 가지고 있었기 때문이다. 사람들이 뭐라고 말할지 당신은 절대 모를 것이다.

한 학생이 재미있는 이야기를 들려줬다.

> 나는 현관문 안쪽에 서서 한 젊은 엄마와 인터뷰를 마쳤다. 당시 그녀의 남편은 훤히 보이는 옆방의 의자에 앉아 텔레비전을 보고 있었다. 내가 그녀에게 "당신이 하나님과 바른 관계를 갖기 위해 당신에게 필요한 것이 무엇입니까"라고 질문을 던지자 그녀가 준 대답은 충돌이 불가피하겠다는 생각이 들게 했다. 그 질

> 문에 답할 때 그녀는 남편의 방향으로 고개를 돌려 관심을 남편에게 쏟으며 부드럽던 말투에서 시끄럽고 짜증이 나는 말투로 이렇게 말했다.
> "당신 똑바로 해. 그리고 멍청이들과 어울려 엉망진창으로 만드는 건 그만두고!"
> 이 때 그녀의 남편은 텔레비전에서 눈을 떼지 않고 으르렁거리며 "닥쳐!"라고 대답했다. 그 순간은 즐겁지 않았지만 한편으로는 흥미로웠다."[16]

대부분의 사람은 우주의 창조자에 대한 오해를 바로 잡아야 할 필요성을 느낀다. 그리스도만이 십자가에서 행한 속죄 사역을 통해 우리의 죄를 처리할 수 있다. 그는 우리가 지불할 수 없는 빚을 졌기 때문에 자신이 빚지지 않은 빚을 대신 갚았다(롬 3:23; 5:8-10; 6:23). 어떤 사람들은 선행을 행해 죄의 결과를 없애려고 한다. 내가 전도하면서 이 말을 들으면, 나는 하나님을 기쁘게 하고 영혼을 달래기 위해 얼마나 많은 선행이 필요한지 그리고 어떤 것이 선한 행동인지를 판단하기 위해 어떤 기준을 사용하는지 자주 묻곤 한다.

어떤 문화에서는 그들의 말을 들을 수 없는 신들에게 제사를 지내거나 제물을 드려 자신들의 죄책감을 없애려고 한다. 우리가 조심하지 않으면 미국에서 매년 일정한 수의 예배에 참석하거나 교회에 헌금을 하는 것은 단지 우리 내부에서 느끼는 죄책감을 없애기 위한 문명 의식에 지나지 않을 수 있다.

(3) 우리의 필요

성경적 불신의 죄는 우리를 하나님과 갈라놓는다. 이것은 틀림없이 모든 사람에 대한 심판의 날을 가져올 것이다. 우리의 필요는 죄가 우리 삶

---

[16] 익명의 사람에 대한 데일 펀델버그(Dale Funderburg)의 인터뷰는 2002년 1월 제출한 페이퍼에 보고됐다.

에 가져온 죄책감과 수치심을 구원자가 없애 주는 것이다. 사람들의 깊은 갈망 중 하나는 죄책감으로부터 자유로워지는 것이다. 우리는 그것을 억누르거나 무시할 수 있지만, 필요성은 여전히 남게 된다.

2) 하나님 없는 인간의 운명

나의 설교학 교수인 해롤드 브라이슨(Harold Bryson)은 『예스 버지니아, 지옥이 있다』(Yes Virginia, There Is a Hell)라는 책을 썼다. 그리스도가 없다면 우리의 영원한 운명은 하나님과 분리되는 것이다. 사람들은 그것을 합리화하고 설명하려고 할 수 있지만, 성경은 분명하다. 누가복음 16:19-31은 그리스도를 따르는 자와 그렇지 않은 자 사이의 영원한 이별의 현실을 묘사하고 있다.

지옥이 도대체 어떻게 생겼는지, 사탄에게 뿔이 있는지 등에 휘말리기 쉽다. 이에 관해 특히 할로윈(Halloween) 즈음에 지옥의 가능성 있는 모습을 묘사하려는 노력의 일환으로 몇 편의 드라마가 집필되고 미국 전역의 교회들에서 공연됐다. USA 투데이는 1997년에 지옥에 대한 사람들의 관점에 대한 여론 조사를 발표했다. 52%의 성인들은 지옥이 있다고 확신하고 27%는 지옥이 있을지도 모른다고 생각한다고 답했다.

이 두 집단 중 48%는 지옥이 사람들이 영원한 불같은 고통을 겪는 실제 장소라고 믿고, 6%는 모르며 그리고 46퍼센트는 지옥이 실제 장소라기보다는 괴로운 존재의 상태라고 믿고 있었다.[17] 그러나 가장 심각한 처벌은 하나님의 부재와 악에 대한 그의 개입을 멈추는 것이다.

---

17 *USA Today*, 31 October 1997.

8. 십자가 위의 그리스도의 역할과 빈 무덤

기독교의 메시지는 예수 그리스도(요 3:16, 고후 5:21, 벧전 2:24)에 구현돼 있다. 뉴비긴은 "그 진리는 교리나 세계관, 심지어 종교적인 경험도 아니다. 그것은 정의나 사랑처럼 추상명사를 반복해서 말한다고 발견되는 것도 아니다. 그것은 하나님이 세상을 화해시키고 계셨던 분, 예수 그리스도다. 진리는 개인적이고, 구체적이고, 역사적이다."[18]

1) 귀한 선물

기독교의 메시지는 하나님에 대한 인류의 노력이 아니라 인류를 구원하기 위한 하나님의 노력에 초점을 맞추고 있다(엡 2:8-9). 하나님 자신은 예수 그리스도를 통해 거룩한 곳으로부터 오셔서 우리들 가운데 살고, 하나님의 뜻을 따라 십자가에서의 희생적인 선물을 통해 궁극적인 대가를 치르셨다.

그리스도는 십자가와 부활을 통해 궁극적인 선물을 주셨다. 하나님은 우리가 우리 자신을 위해 할 수 없는 일을 인류를 위해 행하셨고, 완벽한 희생 대속물을 제공하셨다.

2) 대속의 십자가

피 흘림이 없는 죄의 용서는 없다. 만일 우리의 메시지를 듣고 있는 사람들의 귀로 듣는다면 이것은 좀 이상하게 들린다. 그럼에도 그것은 사실이고 진짜다. 하나님에게는 원래 신비로운 요소가 있다. 그는 하나님이고 우리 위에 계셔서, 우리는 하나님이 왜 피를 흘리는 것을 통해 우리를 속

---

[18] Lesslie Newbigin, *The Gospel in a Pluralistic Society,* 170.

죄하는 것을 선택했는지 이해하기 어렵다.

바울은 골로새서 1:19-23에서 우리의 구원에 있어서 피의 본질적인 역할에 대해 말하고 있다. 다른 구절들은 십자가의 중요성에 관한 것이다.

> 율법을 따라 거의 모든 물건이 피로써 정결하게 되나니 피흘림이 없은즉 사함이 없느니라(히 9:22).

> 이것은 죄 사함을 얻게 하려고 많은 사람을 위하여 흘리는 바 나의 피 곧 언약의 피니라(마 26:28).

> 우리는 그리스도 안에서 그의 은혜의 풍성함을 따라 그의 피로 말미암아 속량 곧 죄 사함을 받았느니라(엡 1:7).

3) 신성의 증거인 부활

1776년 7월 4일, 미국의 13개주 연합은 영국으로부터 독립을 선언했다. 1861년 4월 12일 남북 전쟁을 일으킨 남부 연합군(the Confederate States)은 섬터 요새에 대한 첫 발포를 통해 미국의 내부 단결을 공격했다. 1941년 12월 7일, 일본의 전투기가 진주만을 폭격해 미국이 제2차 세계대전에 참전해 결정적인 날을 맞이했다.

2001년 9월 11일, 미국은 테러리스트들의 공격을 경험했고, 이것은 뉴욕의 스카이라인뿐만 아니라 미국인의 정신도 크게 변화시켰다. 이처럼 많은 날이 역사적 전환점으로 기억된다.

기독교의 이야기도 그런 전환점을 가지고 있다. 십자가에 못 박혀 검은 금요일로 시작한 그리스도의 죽음이 승리적인 부활의 주일로 끝났다. 그날이 1세기부터 21세기까지 수많은 사람의 삶에 얼마나 큰 변화를 가져왔는가. 부활의 증거는 부활 후 예수를 경험한 사람들의 삶에서 나타난다.

몇몇 추종자들의 삶에 어떤 차이가 있었는지 살펴보자.

- 도마-의심 많은 회의론자가 신자가 됐다(요 20:26-29).
- 막달라 마리아와 마리아-애통하던 자들은 기뻐하고 축하했다 (마 28:1-10).
- 범죄자는 용서를 받았다(눅 23:39-43).
- 수줍고, 겁이 많고, 소심하고, 패배한 남자들은 용감하고 강해졌다 (행 2장).
- 베드로는 오순절에 설교하였고, 나중에 거꾸로 십자가에 못박힌 것으로 보고됐다.
- 대부분의 제자는 부활 후 믿음 때문에 순교자로 죽었다.

부활은 역사상 가장 중요한 하나의 육체적이고 영적인 사건이다. 부활이 없었다면 예수님은 지나치게 열성적인 종교 지도자들에 의해 비극적인 죽음을 맞이한 착한 사람에 지나지 않는 것으로 보였을 것이다.

부처의 치아는 귀중품으로 전 세계에 전시돼 있다. 그리스도인들이 예수의 치아를 전시할 수 있다면, 그리스도인들은 살아 계신 하나님과의 관계를 주장할 이유가 없을 것이다. 하나님이라고 거짓으로 주장하는 모든 다른 존재들과 예수를 구분 짓는 것은 다름 아닌 육체를 남기지 않은 부활이다.

4) 포용적인 부르심과 배타적인 길

복음은 누구에게나에 대한 것이다. 그것은 완전히 포용적인 부르심이다(요 14:6; 행 4:8-12; 딤전 2:5). 이 초대는 모든 남자, 여자, 아이들을 위한 것이다. 예수님은 누구를 위해 죽었는지에 대해 편향적인 태도를 보이지 않으셨다. 오래된 동요처럼 "빨간색과 노랑색, 검정색, 흰색, 그것들은 하나님의 시각에서 모두 소중하다. 예수님은 세상의 어린아이들을 사랑하신다."

나는 종종 질문을 받곤 한다. 내쉬빌 여행 중에도 그런 일이 있었다. 체육관에서 운동을 한 후, 나는 내가 가장 좋아하는 것 중 하나인 뜨거운 욕조로 향했다. 그곳에 가서 나는 그곳에 있던 유일한 사람과 대화하기 시작했다. 우리는 서로 자신을 소개하고 나서 영적인 것들에 대해 말하기 시작했다. 20대 초반의 이 청년과 몇 차례 대화를 나눈 후에 그는 자신이 그리스도인이라고 소개했다.

그는 무슬림 친구들에게 그리스도를 전하는 데 어려움을 겪고 있었다. 그는 자신이 품고 있던 중요한 질문을 하나 내게 물어왔다.

"침례교인들은 예수님이 천국으로 가는 유일한 길이라고 믿습니까? 그리고 내 무슬림 친구들은 지옥으로 가고 있을까요?"

그는 속으로 이 질문들과 씨름하고 있었다.

나는 예수의 말을 대변해 응수했다. 문제는 침례교 신자가 무엇을 믿는가가 아니라 성경이 어떻게 가르치는가 하는 것이었다. 그래서 나는 요한복음 14:6의 말씀으로 대답했다.

> 예수님께서 이르시되 내가 곧 길이요 진리요 생명이니 나로 말미암지 않고는 아버지께로 올 자가 없느니라(요 14:6).

나는 요한일서 5:11-13도 인용했다.

> 또 증거는 이것이니 하나님이 우리에게 영생을 주신 것과 이 생명이 그의 아들 안에 있는 그것이니라. 아들이 있는 자에게는 생명이 있고 하나님의 아들이 없는 자에게는 생명이 없느니라. 내가 하나님의 아들의 이름을 믿는 너희에게 이것을 쓰는 것은 너희로 하여금 너희에게 영생이 있음을 알게 하려 함이라(요일 5:11-13).

하나님께로 가는 길의 배타성은 아마도 예측 가능한 미래에 미국에서 계속 중요한 질문 영역이 될 것이다. 우리가 구원을 위한 하나님의 계획을 전달함에 있어서, 그 부르심을 누구에게나로 확장할 수 있기를 바란다.

9. 그리스도를 영접하는 것의 이해(요 20:20-21; 요 3:15)

1) 성경적 믿음이 아닌 것

미국의 문제는 우리가 믿지 않는다는 것이 아니라, 어떤 것이라도 믿는다는 것이다. 나는 그 진술의 정확성을 시험해 보지 않았지만, 우리가 다른 수준의 믿음을 가지고 있다는 것을 알고 있다. 우리가 충분한 확신을 가지고 붙잡고 있는 것들도 있지만, 우리가 그저 믿는다고 생각하는 것도 있다.

"믿음"(belief)이라는 단어를 사용하는 것은 "사랑"이라는 단어를 사용하는 것과 비슷하다. 여러 가지 면에서 사랑이라는 단어는 거의 의미가 없다. 우리 가족은 어기더라도 처벌이 따르지 않는 규칙이 있는데, 그것은 사람과 하나님 외에는 아무 것도 사랑한다고 말하지 않는 것이다.

다시 말해서, 나는 골프를 사랑한다고 말할 수 없다는 뜻이다. 내 아내는 그녀가 초콜릿을 사랑한다고 말할 수 없다. 우리가 너무 많은 것을 사랑한다고 말한다면, 우리 아이들은 너무 많은 사용법 때문에 단어의 의미가 무엇인지 씨름할 것이다.

우리의 법정은 다양한 수준의 믿음을 인정한다. 경우에 따라서는 한쪽이 승소할 확률이 50%만 넘으면 되는 경우도 있다. 가장 심각한 범죄 사건들의 경우는 합리적 의심을 넘어서는 믿음을 필요로 한다. 그리스도의 추종자가 되려면 높은 수준의 믿음이 있어야 한다.

믿음은 주어진 일련의 사실에 대한 지적인 동의 그 이상이다. 사탄과 악마들은 아무런 망설임 없이 확신을 가지고, 예수 그리스도가 자신에 대해 말한 대로 그리고 사람들이 말한 대로 그분이 행하셨다고 믿는다. 야고보는 이렇게 썼다.

> 네가 하나님은 한 분이신 줄을 믿느냐 잘하는도다 귀신들도 믿고 떠느니라. 아아 허탄한 사람아 행함이 없는 믿음이 헛것인 줄을 알고자 하느냐(약 2:19-20).

성경적 믿음은 어떤 것의 진실성을 확신하는 것 이상의 의미를 포함한다. 그리고 믿음은 예수 그리스도의 능력과 인격을 생각하면서, 악마들처럼 감정적인 반응을 보이는 것 이상의 것이다.

성경적 믿음은 종교적 의식을 따르는 것과 관련이 없다. 내가 속한 교단에서는 사람들이 통로를 걸어서 강단을 향해 건물 앞부분으로 걸어가면서 신앙을 고백하는 것이 일반적인 관행이다. 다른 교단들은 그들의 종교적 경험으로서 다른 문화적 규범을 가지고 있다. 어떤 그룹은 아이들이 작을 때 세례를 준다. 이러한 문화적 종교 형태나 다른 교단의 다른 형태는 복음 메시지의 필수적인 요소가 아니다.

야고보서 본문에서 우리는 하나님과의 끊어진 관계를 회복하는 구원얻는 믿음은 그리스도에 대한 긍정적인 방식으로 그 믿음에 의지하는 것을 포함한다는 것을 이해하게 된다.

2) 그리스도를 영접하기

아들(the Son)을 소유하기 위해서는 무엇이 필요한가?
요한은 우리가 예수를 영접해야 한다고 말했다.

영접하는 자 곧 그 이름을 믿는 자들에게는 하나님의 자녀가 되는 권세를 주셨으니 이는 혈통으로나 육정으로나 사람의 뜻으로 나지 아니하고 오직 하나님께로부터 난 자들이니라(요 1:12-13).

다른 사람이 언제 그리스도를 영접하고 중생을 경험하는지 판단하기 어렵다. 그리스도를 영접하는 것은 세 가지 면이 있는 것 같다. 그들은 모두 같은 다이아몬드의 면이지만 약간 다른 방식으로 빛을 반사한다. 적절하게 이해하면, 세 가지 중 한 가지는 다른 두 측면을 포함한다. 그 세 가지 면은 '항복,' '회개' 그리고 '믿음'이다.[19]

(1) 항복

그 경고는 잊히지 않는다. 예수님이 말씀이 우리의 관심과 미음을 사로잡아야 한다. 예수님께서 이렇게 말씀하셨다.

> 나더러 주여 주여 하는 자마다 다 천국에 들어갈 것이 아니요 다만 하늘에 계신 내 아버지의 뜻대로 행하는 자라야 들어가리라(마 7:21).

그리스도를 영접하는 일에는 그리스도의 지도력에 대한 우리의 의지를 투항하는 것이 포함된다(롬 10:9-10). 이것은 마치 비행기에서 조종사를 바꾸는 격이다. 조종사가 모든 것을 통제한다. 우리가 그리스도와 연합하기 위해 성령의 인도하심을 따를 때, 우리는 우리 삶의 통제권을 넘겨 드리는 것이다. 확실히 우리는 날마다 통제를 계속 넘겨야 하지만 그리스도를 영접하는 것은 항복이라는 근본적 요소를 포함한다.

주님이신 예수님은 우리가 그에게 항복할 것을 요구하신다. C. S. 루이

---

[19] 릭 샤키(Rick Sharkey)가 이 뼈대를 저자에게 소개해 줬다.

스는 궁극적으로 두 종류의 사람들이 있다고 말했다. 하나는 하나님께 "당신의 뜻이 이루어지이다"라고 말하는 사람들이고, 다른 하나는 하나님께서 "당신의 뜻이 이루어질 것이다"라고 말하는 사람들이다.

만일 우리가 복종하지 않는다면, 그가 우리에게 진정한 주님일까?

종은 주인의 바람과 명령을 따를 것이다. 그러므로 그리스도를 영접하는 것도 우리의 뜻을 그분의 뜻과 바꾸는 것이다. 그리스도를 영접하는 것은 항복하고 예수님이 주님, 보스, 모든 것의 통치자임을 인정하는 것을 포함한다. 레슬리 뉴비긴은 "남녀에게 그리스도의 이름을 영접하도록 권유하지만 그들을 진정한 만남으로 인도하지 못하는 복음 전도는 거짓으로서 거부돼야 한다"[20]라고 말했다.

항복의 함의는 충성과 지휘관의 변화다. 우리의 본성은 오직 우리 자신의 욕망에 대해만 절을 하는 것이지, 우리 주변의 권위를 가진 자에게는 절하는 것이 아니다. 예수님을 따르는 것은 그의 뜻을 존중해 우리의 뜻을 포기하는 것을 포함한다. 예를 들어, 예수님은 부유한 젊은 통치자를 불러 그 자신과 그의 소유물들로부터 그리스도께로 충성의 대상을 바꾸도록 했다(마 19:16-30, 또한, 복종에 관한 중요 구절들인 다음을 참조하라, 롬 8:7; 10:3; 히 12:9; 약 4:7).

(2) 회개

그리스도를 영접하는 또 다른 측면은 회개다. 성경은 회개 없는 죄의 용서는 없다는 것을 분명히 밝힌다. 이것은 우리 자신의 욕구로부터 돌아서서 그리스도의 바람을 따르는 것을 포함한다. 그것은 또한 그리스도께 우리의 죄악에 물든 상태에 대해 동의하는 것을 포함한다. 그것은 단지 행동에 대한 슬픔이나 죄책감을 느끼는 것 그 이상이다.

회개에는 삶의 방향의 변화를 가져오는 마음의 변화도 수반된다. 뉴비긴은 이렇게 썼다.

---

[20] Lesslie Newbigin, *Foolishness to the Greeks*, 133.

그러나—그리고 이것은 똑같이 중요하다—그의 마음에 한 말은 그 언어를 그것의 매개체로 받아들이면서도, 사울이 살고 있는 삶을 긍정하고 받아들이기 위해서가 아니라 근본적으로 의문을 제기하기 위해서 사용한다.
"왜 나를 박해하느냐?"
그것은 그의 가장 열정적이고 모든 것을 정복한 신념이 잘못됐다는 것, 그가 생각하는 하나님을 향한 섬김이 사실은 하나님을 대적해 싸우고 있다는 것, 그 자신의 발자취를 멈추고 돌아서며 인생의 전 방향을 포기하라는 것, 그가 미워했던 것을 사랑하고 파괴하고자 했던 것을 소중히 여기라는 것을 그에게 보여 주는 것이다."[21]

우리가 회개해야 할 것을 요청하는 구절은 많다. 한 구절은 사도행전 3:19-20이다.

> 그러므로 너희가 회개하고 돌이켜 너희 죄 없이 함을 받으라 이같이 하면 새롭게 되는 날이 주 앞으로부터 이를 것이요 또 주께서 너희를 위하여 예정하신 그리스도 곧 예수를 보내시리니(행 3:19-20).

다음은 선택된 다른 몇 개의 구절들이다(마 4:17; 막 1:14-15; 눅 13:3; 행 2:37-39; 3:19-20; 17:30).

(3) 믿음/신뢰/신앙

믿음 또는 신뢰는 그리스도를 영접하는 것의 또 다른 측면이다(엡 2:8). 구원에 필요한 믿음은 맹목적인 믿음이 아니라, 하나님의 자녀가 되기 위해 보이지 않는 것에 대한 믿음이 필요하다. 예수님께서 도마에게 말씀하셨다.

---

[21] Newbigin, *Foolishness to the Greeks*, 5.

너는 나를 본 고로 믿느냐 보지 못하고 믿는 자들은 복되도다 하시니라 (요 20:29).

몇 년 전에 아내는 나에게 믿음이라는 주제에 대한 약간의 통찰력을 줬다. 그녀는 모든 사람은 하나님이나 혹은 자신들에 대한 믿음을 가지고 있다고 말했다. 그녀는 우리가 우리의 육체적, 감정적, 영적 그리고 영원한 필요를 돌볼 수 있다고 믿는 것은 하나님이 이런 필요들을 채워 주실 수 있다고 믿는 것보다 더 많은 믿음이 필요하다고 말한다. 인간은 믿음이 필요한 사람들이다. 선택은 우리 신앙의 대상이다.

NIV 신약성경을 찾아보면 믿음(faith)이 231번 사용된다는 것을 알 수 있다. 히브리서의 저자는 우리에게 믿음의 본질적인 역할을 일깨워 줬다.

믿음이 없이는 하나님을 기쁘시게 하지 못하나니 하나님께 나아가는 자는 반드시 그가 계신 것과 또한 그가 자기를 찾는 자들에게 상 주시는 이심을 믿어야 할지니라(히 11:6).

믿음(faith), 신뢰(trust), 신앙(belief)은 그리스도에 대한 사실을 지적으로 인정하는 것 이상이라는 것을 설명하기 위해 상호 교환적으로 사용될 수 있다. 우리는 지적인 믿음이 우리에게 행동을 취하게 하고 믿음을 적용하는 방향으로 한 걸음 나아가게 하는 정도로 그 지적인 믿음을 표현해야 한다.

믿음을 적용하기 위해 행동하라. 믿음은 우리에게 도움이 되는 행동에서 모습을 드러내는 것이거나 그 결과로 인한 것이지, 그 행동은 아니다.

아들을 믿는 자에게는 영생이 있고 아들에게 순종하지 아니하는 자는 영생을 보지 못하고 도리어 하나님의 진노가 그 위에 머물러 있느니라 (요 3:36).

야고보는 우리에게 행함이 없는 믿음은 죽었다고 상기시킨다.

> 이와 같이 행함이 없는 믿음은 그 자체가 죽은 것이라. 어떤 사람은 말하기를 너는 믿음이 있고 나는 행함이 있으니 행함이 없는 네 믿음을 내게 보이라 나는 행함으로 내 믿음을 네게 보이리라 하리라. 네가 하나님은 한 분이신 줄을 믿느냐 잘하는도다 귀신들도 믿고 떠느니라. 아아 허탄한 사람아 행함이 없는 믿음이 헛것인 줄을 알고자 하느냐(약 2:17-20).

그러나 그 행함이 우리를 구원하지는 못한다.

> 그런즉 우리가 무슨 말을 하리요 의를 따르지 아니한 이방인들이 의를 얻었으니 곧 믿음에서 난 의요 의의 법을 따라간 이스라엘은 율법에 이르지 못하였으니 어찌 그러하냐 이는 그들이 믿음을 의지하지 않고 행위를 의지함이라 부딪칠 돌에 부딪쳤느니라(롬 9:30-32).

적절하게 이해하고 적용된 "항복," "회개" 그리고 "믿음"은 살아 있는 하나님과 어떻게 관계를 맺는지 그 방법을 묘사한다. 그러나 셋 중 어느 하나라도 다른 것을 무시하기 위해 강조한다면 문제가 있고, 어쩌면 복음에 대한 오해의 소지가 있다. 단지 믿음만 강조하면 "쉬운 믿음"(easy believism)으로 갈 수 있다. 항복을 지나치게 강조하면 율법주의로 갈 수 있다. 그리고 마지막으로, 회개만을 강조하는 것은 행위 구원(works salvation)으로 이어질 수 있다. 우리의 믿음을 나눔에 있어서, 우리는 사용하고 있는 말과는 상관없이 이 세 가지 면을 귀담아 들어야 한다.

3) 변화하는 헌신과 리더들: 용서를 베푸는 자와 리더

그리스도와 구원의 관계를 맺는 것은 예수를 당신 삶의 용서자이자 지도자라고 고백하는 것을 포함한다. 예수님은 우리의 죄를 용서받을 수 있는 유일한 방편이다. 예수님께서 우리의 죄를 가로채시고, 우리를 대신해 그 죄들의 모든 결과를 담당하셨다.

사람들은 모든 종류의 충성을 가지고 있는데, 대부분은 우리 자신에 대한 것이다. 우리는 종종 우리 마음이 바라는 것과 애착하는 것에 복종한다. 우리들 중 몇몇은 재정적 자립을 추구하는데 충성한다. 다른 사람들은 가족을 가장 중요한 가치로 여기고 충성한다. 다른 사람들은 여전히 다양한 형태의 우상이나 영들에 충성한다. 우리가 회심을 향해 나아가면서 변화해야 하는 것은 우리의 충성의 대상이다. 우리는 그리스도를 우리 삶의 모든 영역을 지시하는 최고의 절대적인 권한을 가진 분으로 인정하고 따를 용의가 있어야 한다.

나는 일생 동안 우리가 끊임없이 새로운 영역에서 그리스도의 지도력에 복종해야 한다는 것을 알고 있다. 그러나 우리는 예수님에 대한 몇 가지 사실을 인정하는 것 외에는 우리에게 아무것도 요구하지 않는 복음을 제시하기 위해 부당하게 행동한다. 우리가 아는 한 우리는 그리스도를 믿고, 죄를 회개하고, 그리스도의 지도력에 복종해야 한다.

4) 선 넘기

사람들은 종종 복음 전도가 과정인지 아니면 순간의 사건인지 논쟁한다. 전도는 보통 과정을 수반하지만 이것은 주어진 시점에 일어나는 구원/회심과 혼동해서는 안 된다. 회심은 한순간에 일어난다. 사람들은 종종 예수님이 십자가에 못 박힌 일을 통해 그들이 예수께 자신들의 삶을 항복한 정확한 순간을 확인할 수 있다. 그러나 다른 사람들에게는 그들이 어둠에서 빛으로 옮겨 간 순간을 정의하기가 더 어렵다. 극적인 것이든 감지할 수 없는 것이든, 어둠에서 빛으로 움직이고, 결정을 내리고, 살아 있는 하나님과의 관계가 성립되는 지점이 있다.

신학교에 다니는 동안, 나는 수업을 듣기 위해 미시시피주의 파스카굴라(Pascagoula)에서 뉴올리언스(New Orleans)까지 정기적으로 여행했다. 내 여행 경로는 이른 아침 운전해 가는 사람들을 위한 10번 고속 도로 구간을 수 마일 포함하고 있었다. 주 접경 안내 센터와 "루이지애나 주 경계, 루이지애나에 오신 걸 환영합니다"라고 쓰인 간판이 나를 맞이했다.

나는 미시시피에서 루이지애나로 건너가고 있다는 것을 확실히 알고 있었다. 루이지애나로 통하는 다른 도로들은 주(state)가 바뀌는 것을 알리는 표시가 없었다. 만일 내가 파스카굴라를 떠나 프렌치 쿼터(French Quarter)에서 사각 도넛을 먹고 있는 나를 발견한다면, 주 경계를 넘어섰다고 자신할 수 있을 것이다.

사람이 믿음의 경계를 넘었는지에 대해 확고한 판단을 내리는 것은 불가능하다. 그 한 가지 이유는 구원의 선을 넘지 않고도 종교적인 일을 할 수 있기 때문이다. 비유를 통해 예수님은 그의 제자들에게 그리스도의 진실한 추종자들과 거짓된 추종자들 모두가 함께 세상에 사는 것에 어떻게 반응해야 하는지를 말했다.

> 사람들이 잘 때에 그 원수가 와서 곡식 가운데 가라지를 덧뿌리고 갔더니 싹이 나고 결실할 때에 가라지도 보이거늘 집 주인의 종들이 와서 말하되 주여 밭에 좋은 씨를 뿌리지 아니하였나이까 그런데 가라지가 어디서 생겼나이까 주인이 이르되 원수가 이렇게 하였구나 종들이 말하되 그러면 우리가 가서 이것을 뽑기를 원하시나이까 주인이 이르되 가만 두라 가라지를 뽑다가 곡식까지 뽑을까 염려하노라 둘 다 추수 때까지 함께 자라게 두라 추수 때에 내가 추수꾼들에게 말하기를 가라지는 먼저 거두어 불사르게 단으로 묶고 곡식은 모아 내 곳간에 넣으라 하리라 (마 13:25-30).

10. 그리스도를 따르는 것의 다면적인 최종 목표들

연합적인 교회 차원에서, 하나의 목표는 하나님의 영광이 지구 전체로 확대되는 것을 보는 것이다. 복음 전도의 목적은 예수를 따르는 자들의 삶을 통해 그의 영광을 전세계 모든 국가와 부족으로 확장시켜 하나님을 경외하는 것이다.

한 지역교회 차원에서 하나의 목표는 한 무리의 추종자들이 서로를 대하는 모습과 세상 사람들과의 관계를 통해 하나님의 인격과 영광을 나타내는 것을 보는 것이다. 그들의 사랑으로 그들은 구경꾼들에게 보내는 메시지의 진실성뿐만 아니라 일상 생활을 위한 메시지의 실체를 검증한다. 지역교회 성도들이 하나님과 함께 걷는 것을 배우면서, 그들은 그들의 영향력이 미치는 영역을 그리스도의 이미지로 변화시킬 것이다.

가족 단위에서는, 가족 구성원들이 그리스도를 경외하고 서로를 존중하는 방식으로 서로 관계를 맺는 것을 보는 것이 목표 중 하나이다. 즉, 가족 간에, 가족 밖 외부 사람들과 그리고 세상 사람들에게 이끌고, 고쳐 주고, 격려하고, 발견하고, 서로 가르치는 것이다.

개인 차원에서 우리는 하나님의 지도력에 겸손히 자신을 복종시켜, 순례 여정이 거리는 짧지만 많이 선호되는 삶의 길을 선택하는 지혜를 발휘하고 있다. 우리는 우리의 몸을 살아 있는 제물로 바치고 있다.[22]

바울은 이렇게 썼다.

> 그러므로 형제들아 내가 하나님의 모든 자비하심으로 너희를 권하노니 너희 몸을 하나님이 기뻐하시는 거룩한 산 제물로 드리라 이는 너희가 드릴 영적 예배니라. 너희는 이 세대를 본받지 말고 오직 마음을 새롭게 함으로 변화를 받아 하나님의 선하시고 기뻐하시고 온전하신 뜻이 무엇인지 분별하도록 하라(롬 12:1-2).

---

[22] Kent R. Hunter, *Foundations for Church Growth*, 100.

그렇게 함으로써 성령의 열매가 우리 삶 속에서 드러날 것이다(갈 5:22-25).

11. 메시지로 발전

그리스도의 메시지의 일부는 선교에 관한 메시지이다. 그러므로 교회의 선교를 그리스도의 메시지로부터 분리하는 것은 불가능하다. 교회는 하나님의 나라와 그의 영광을 위해 땅 끝까지 나아가야 한다.

교회는 복음의 진보를 가져오는 하나님의 도구다. 시간이 지남에 따라 성도들은 그 목적을 쉽게 놓칠 수 있다. 오늘날의 세계에서 교회가 교회로서 존재하려면 교회가 자신의 임무에 박차를 가해야 한다.

뉴비긴은 다음과 같이 우리에게 도전한다.

> 인류로서 우리는 여행을 하고 있으며, 우리는 그 길을 알아야 할 필요가 있다. 모든 길이 동일한 산의 정상으로 인도한다는 것은 사실이 아니다. 그중에는 낭떠러지로 가로지르는 도로가 있다. 우리는 그리스도 안에서 길을 안내받았다. 우리는 그 지식을 우리 자신의 사적인 문제로 여길 수 없다. 그것은 인류 전체에 관계된 것이기 때문이다. 우리는 모든 사람의 궁극적인 구원을 위해 하나님의 능력과 자비를 제한한다고 가정하는 것이 아니라, 동일하게 고귀한 화해와 계시의 행위가 우리에게 확신을 주며, 이 확신은 우리고 하여금 동료 순례자들과 우리의 비전을 나누는 것을 필요로 한다. 그 비전은 하나님께서 길을 가르쳐 주셨고, 우리가 나아가야 할 목표를 주셨다는 것이다.[23]

---

[23] Lesslie Newbigin, *The Gospel in a Pluralistic Society*, 183.

12. 요약

　우리는 복음 메시지의 본질적인 요소를 밝혀내고 문화적 편견을 없애기 위해 노력하는 것이 현명하다. 이것은 우리가 미국적 가치관의 왜곡에 영향 받지 않고, 메시지가 다양한 문화를 통해 다양한 문화 속으로 들어갈 수 있게 해줄 것이다.

　우리 집에는 세 개의 외부 문이 있다. 이 모두는 같은 집으로 통한다. 우리가 복음 메시지를 제시함에 따라, 우리는 특정한 각도와 관점에서 개인이나 집단에 접근할 수 있다. 우리는 네 개의 복음서를 통해 신뢰를 쌓고 그 메시지를 성경의 초기 독자들의 추천의 틀에 연결하기 위해서, 하나님이 그의 메시지를 서로 다른 강조점을 가지고 소통하는 것을 본다. 그러나 복음의 본질적인 핵심은 그대로다. 그러므로 오늘날에도 우리는 메시지를 듣는 사람들의 경험에 연결시킬 방법을 찾는데 있어서 복음 메시지의 제한적이지만 본질적인 핵심에 충실해야 한다.

　그리스도의 메시지는 확실히 축하를 이끌어 내는 희망을 담고 있다. 그러나 그 메시지에는 예수님과 함께 삶의 길을 걸어야 하는 개인적인 책임도 포함돼있다. 예수님만이 우리 삶의 용서자이자 지도자이기 때문이다. 그의 메시지는 우리를 기쁘게 할 뿐만 아니라 우리의 죄가 그의 삶에 끼친 영향 때문에 슬퍼하도록 만들 것이다. 어떤 사람은 기뻐하면서 그리스도께 올 것이며, 어떤 사람은 우리를 그리스도와 갈라놓은 죄 때문에 애통하는 마음으로 나올 것이다. 어느 쪽이든, 온전한 복음이 되려면, 양쪽이 모두 제시되고 살아내야 한다.

　그리스도인들은 이 포스트모던 문화에서 영적인 대화를 나눌 수 있다. 하지만 우리만 할 말이 있는 것은 아니다. 긴박함은 우리만 이야기하는 것이 아니라는 것이다. 우리는 분명하고 설득력 있는 방식으로 복음 메시지를 제시해야 한다. 그 메시지는 그리스도에 구현돼 있다. 켄트 헌터(Kent Hunter)는 우리에게 다음과 같이 상기시킨다.

복음 전도는 단지 다른 사람에게 지식을 전하는 것이 아니다. 그것은 예수 그리스도 자신을 다른 사람에게 소개하는 것이다. 복음은 예수 그리스도에 관한 좋은 소식만은 아니다. 예수 그리스도가 복음이다.[24]

교회는 다시 한번 "메시지"를 회복해야 한다.

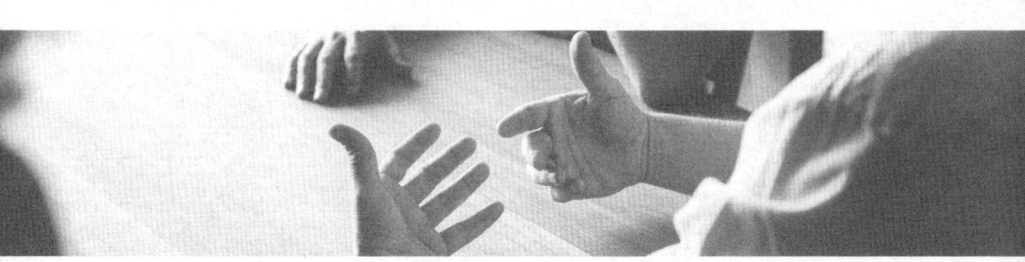

---

[24] Kent R. Hunter, *Foundations for Church Growth*, 100.

제2부
커뮤니케이션 이론

제4장 전도의 커뮤니케이션: 복음을 이해 가도록 만들기

제5장 당신이 처한 상황에서 소통하기

제6장 상황을 초월해 그리스도를 전하기

변화하는 문화 속에서 예수 전하기
개인 전도의 기술

제4장

전도의 커뮤니케이션:
복음을 이해 가도록 만들기

하나님은 모든 사람을 하나님 자신과 삶이 바뀌는(life changing) 관계가 되길 바라신다. 그는 불신자들을 자신에게 이끄시고, 불신자들에게 그의 메시지를 전달하는 주요한 도구로 사람들을 사용하신다. 우리가 메시지의 본질에 대해 명확해 짐에 따라, 우리는 우리가 무엇을 의사소통해야 하는지 더 잘 알 수 있다.

우리의 역할은 복음이 효과적인 의사소통을 통해 불신자들에게 이해되도록 돕는 것이다. 이 장에서 우리는 생명을 주는 하나님의 메시지를 보다 효과적으로 전달하기 위해 다양한 의사소통의 측면을 검토할 것이다.

1. 의사소통

효과적인 의사소통은 간단하거나 쉬운 것이 **아니다**. 우리의 의도된 메시지와 실제로 수신되는 메시지 사이의 간격은 종종 협곡이다.

찰스 크래프트(Charles Kraft)는 그의 책 『기독교 커뮤니케이션론』(*Communication Theory for Christian Witness*)에서 이것을 다뤘다.

> 우리가 복음을 전하려고 할 때, 우리는 우리와 그들을 갈라놓은 어떤 간극을 넘어 다른 사람들에게 다가간다. 이것은 같은 가족의 구성원들 사이처럼 비교적 작은 차이일 수도 있고, 다른 사회의 구성원들 사이의 간격과 같이 매우 큰 차이일 수도 있다. 최소한 의사소통 행사에 참여하는 사람들의 생활 경험에는 항상 차이가 있을 것이다.
>
> 참가자는 종종 추가적인 학력, 직업, 하위 문화, 방언 등을 갖게 될 것이다. 종종 그러한 차이는 신뢰와 개방성과 같이 가장 깊은 수준의 의사소통에 강하게 영향을 미치는 덜 가시적인 요인에 영향을 미친다.
>
> 만일 효과적인 의사소통이 발생한다면, 그러한 갭은 메워져야만 한다.[1]

우리는 좋은 소식을 전하는 사람으로서 복음을 전하는 것 이상의 일을 한다. 우리는 복음을 적재한 덤프트럭이 아니다. 우리는 그저 사람들에게 물러서서 우리의 짐을 버리는 것이 아니다. 우리는 이해와 헌신을 점검하면서 가능한 한 효과적으로 의사소통해야 한다.[2]

---

1 Charles H. Kraft, *Communication Theory for Christian Witness,* rev. ed. (Maryknoll, N.Y.: Orbis Books, 1991), vii.
2 여러 사람들이 연구와 저술을 통해 우리의 역할에 대한 그리스도인들의 이해를 돕는데 기여했다. 그중에서도 제임스 엥겔(James Engel)의 두 작품은 큰 도움이 된다. James Engel, *Contemporary Christian Communications* (Nashville: Thomas Nelson, 1979) and *What's Gone Wrong with the Harvest?* with Wilbert Norton (Grand Rapids: Zondervan, 1975). 다음과 같은 다른 책들도 이 주제에 관해 좀 더 자세한 정보를 얻는데 도움을 줄 것이다: Charles H. Kraft, *Communication Theory for Christian Witness*; Robert Don Hughes, *Talking to the World in the Days to Come* (Nashville: Broadman Press, 1991); and David J. Hesselgrave, *Communicating Christ Cross-Culturally: An Introduction to Missionary Communication* (Grand Rapids: Zondervan, 1991). Also see chapter 9 in Will Metzger's *Tell the Truth* and chapters 17-19 in Mark McCloskey's *Tell It Often—Tell It Well.*

1) 의사소통의 사회적 통념

크래프트는 의사소통의 사회적 통념에 주목했다. 이것들은 우리가 그리스도와 불신자들 사이의 격차를 얼마나 효과적으로 메울 수 있는지를 이해하려고 하기 때문에 도움이 된다.

(1) 사람의 귀로 복음을 듣는 것은 복음으로 "도달하는"(being reached) 것과 같다.
(2) 성경의 말씀은 너무나 강력해서 그리스도께 인도돼야 할 모든 사람은 성경을 듣거나 읽는 것에 노출되는 것이다.
(3) 설교는 하나님이 복음을 전하도록 제정하신 수단이다.
(4) 설교는 삶의 변화를 가져오는 하나의 효과적인 수단이다.
(5) 복음을 전하는 가장 좋은 방법이 한 가지 있다.
(6) 효과적인 의사소통의 열쇠는 메시지의 정확한 공식화이다.
(7) 말은 그 뜻을 함유하고 있다.
(8) 사람들에게 정말 필요한 것은 더 많은 정보다.
(9) 우리가 충분히 진실하고, 영적이며, 기도로 충만하다면 성령이 모든 실수를 만회할 것이다.
(10) 그리스도인으로서 우리는 우리의 간증을 잃어버리고 전도를 망치지 않도록, "악"인들과의 접촉을 엄격하게 제한하고 "악"한 장소에 가는 것을 삼가야 한다.[3]

---

[3] Charles H. Kraft, *Communication Theory for Christian Witness* (Maryknoll, N.Y.: Orbis Books, 1991), 24–37.

2) 의사소통 스타일

사람들은 적어도 세 가지 의사소통 스타일을 사용한다.

첫째, '자기 중심적인'(self-centered) 의사소통이 있다.
여기서 초점은 의사소통자 자신에게 있다. 이 스타일 사용자들은 자신의 실수에 초점을 맞추면서, 종종 공포와 불안이 동반된다. 이들이 느끼는 자신의 실수에 대한 자각은 과장된 수준이다.

둘째, '메시지 중심의'(message-centered) 의사소통이 있다.
이러한 스타일에서는 소통하는 사람이 자신들에게 덜 집중하고 대신 소통하고 전달하려는 메시지에 더욱 집중한다. 이런 스타일의 위험은 독백이 의사소통 방식이 될 수 있다는 것이다. 오늘날의 사람들은 독백을 잘 듣지 않는다. 독백을 하는 토크쇼 진행자들조차 관객을 더 많이 참여시킨다.

셋째, '타인 중심적인'(other-centered) 의사소통이 있다.
이 스타일에서 소통하는 사람은 자신과 메시지를 고려하지만 듣는 사람의 태만은 고려하지 않는다. 화자는 듣기, 민감성, 대화 및 이해에 전념한다.[4] 메시지를 전하는 사람은 언어, 참조 프레임(frame of reference), 생활 상황, 사회 계층 및 가치를 포함해서 수신자에 대한 존중을 보여 준다.

3) 언어적, 비언어적 의사소통

의사소통은 언어와 비언어의 다양한 형태로 이뤄진다. 연구에 의하면 대부분의 의사소통이 비언어적이라는 것을 보여 준다. 비언어적 요소에는 톤, 타이밍, 발언의 비율, 목소리 크기, 얼굴 표정, 몸의 자세, 제스처, 몸동작, 만지는 행동, 공간 관계, 발표 순서 등이 포함된다.

---

[4] McCloskey, *Tell It Often—Tell It Well*, chapter 17.

개인 전도에는 언어적 요소와 비언어적 요소도 포함된다. 위의 요소들과 더불어 우리의 생활 방식은 비언어적 의사소통의 한 형태다. 메츠거(Metzger)는 우리에게 "기독교 전도라는 비행기는 항상 우리의 삶(품행)과 입술(대화)의 두 날개를 가지고 있다"[5]라고 상기시킨다.

2. 하나님의 방식으로 소통하기

하나님은 우리와 소통하는 방법이 있다. 우리는 이 방법을 하나님이 성육신한 그리스도의 삶을 통해 가장 잘 본다. 예수님은 우리의 세계, 우리의 문화, 공동체, 심지어 가족에까지 들어오셨다. 예수님은 사람들의 언어, 관습, 습관, 마음, 상처를 배우셨다. 그는 친밀하고 사적인 대화를 나눴다.

크래프트는 "하나님이 의사소통에 있어서 원하는 것은 무엇인가?"라는 제목의 장에서 하나님의 의사소통 전략을 논했다. 하나님의 전략에 대한 이러한 통찰은 어떤 상황과 문화에서 복음 전도에 상당한 영향을 미친다.

첫째, 우리는 하나님의 커뮤니케이션 행위에서 하나님의 사랑스런 본성을 인식하게 된다.

사랑한다는 것은 정보 제공에 어떤 비용이 들든 받는 사람을 위해 최선을 추구하는 것이다. 의사소통 면에서 사랑하는 것은 듣는 사람들의 이해를 돕기 위해 필요한 어떤 불편도 감수하는 것이다. 그래서 우리가 하나님의 전략과 관련해 가장 먼저 배우는 것은, 하나님은 수용자 지향적(receptor-oriented)이라는 것이다. 그들이 최대한의 이해력을 갖도록 하기 위해 그들의 기준의 틀에 들어가 그들의 삶에 참여해, 메시지 수신자들에게 다가가려고 하는 것이다.[6]

---

[5] Will Metzger, *Tell the Truth*, 22–23.
[6] Charles H. Kraft, *Communication Theory for Christian Witness*, 16.

둘째, 하나님의 의사소통 전략의 결정적인 특징은 '인격성'(personalness)이다.

그는, 우리가 흔히 그러하듯이, 사랑하거나 비인간적으로 소통하려고 하지 않는다. 오히려 하나님은 그의 수용자와 '**인간적으로 동일시한다.**' 한 인격체로서 하나님은 수신자와 **상호 작용하고**, 수신자에 대해 약해지신다. … 그러므로 기독교의 전달자는 비관계적 정보의 전달자보다 그들이 전달하는 메시지의 더 본질적인 부분이다.[7]

셋째, 수용자 지향적이고 개인적인 하나님은 그의 메시지가 강한 영향을 미치는 것을 보려고 애쓴다.

이를 위해 수용자로부터 높은 신뢰를 얻으려 노력하고, 단순히 말하는 것이 아니라 그의 메시지를 보여 주며, 특정한 사람들과 특정한 문제를 다루고, 수용자가 발견하도록 유도하며, 그의 메시지에 대해 올바르게 반응하는 사람들을 신뢰한다.[8]

3. 전도에 있어서의 의사소통

1) 선포의 의사소통

성경적 선포의 개념은 오늘날 의사소통의 개념과 유사하다. 개인 전도는 단순히 말하는 것 이상이다. 우리는 효과적으로 메시지를 전달하기 위해 노력해야 한다. 우리의 역할은 단순히 메시지를 전달할 때 완성되지 않는다. 우리는 단지 복음 꾸러미를 문 앞에서 배달하고 영적으로 스스로 열어 보도록 소포를 두고 떠나는 우체국이 아니다.

---

[7] Kraft, *Communication Theory for Christian Witness*, 17–18.
[8] Kraft, *Communication Theory for Christian Witness*, 18.

우리는 우리가 전도하려는 사람들로부터 많은 도움이 되는 정보를 배울 수 있다. 남플로리다대학에서 몇몇 인터뷰를 진행하는 동안, 내 학생들 중 한 명이 두 명의 젊은 여대생과 대화하면서 중요한 관찰을 했다.

한 명은 현재 플로리다의 유명한 침례교회에서 성장한 국가 여성 기구(National Organization for Women)의 지도자였고, 다른 한 명 또한 그녀가 침례교 출신이라고 말했다. 여자들 중 한 명은 "지금 그 어느 것도 말이 되지 않는다"[9]는 말로 인터뷰한 학생을 놀라게 했다. 우리 역할의 일부는 복음을 전달해 영원을 위해 예수를 평생 따르는 것이 납득이 가도록 하는 것이다.

2) 메시지 포장의 의사소통

샌디 밀러(Sandy Millar)는 복음 전도 비디오 시리즈인 알파 코스의 소개를 해설하며 의사소통의 중요성과 의사소통 패키지에 대해 언급했다.

> 나는 진정한 기독교 신앙의 중심에는 나머지 다른 세계와 소통하고 싶은 욕구가 있다고 생각한다. 그것이 1세기 교회를 발족시킨 것이다. 그것은 극소수의 사람들로부터 시작됐다. 1세기 교회는 예수 그리스도가 그들에게 준 사명을 가지고 있었는데, 그것은 가서 온 세상을 제자 삼는 것이었다.
> 그리고 내가 믿는 바로는, 하나님이 걱정하는 것을 염려하는 교회는, 믿음 밖에 있는 사람들을 염려한다. 그러므로 우리의 기능은 오늘날 이 세대가 더 수용할 만하고 이해할 만하다고 생각할 수 있도록 복음을 일괄적으로 제시하는 것이다. 그리고 지난 몇 년 동안의 우리의 약점은 우리가 고대의 포장을 유지해 왔고, 어떤 면에서는 포장이 아닌 복음을 변화시켰다는 것이라고 생각한다. 나는 우리가 복음을 간직하는 것을 보고 싶다. 그리고 복음이 이해될 수 있는 패키지를 찾으려고 노력하겠다.[10]

9　From interviews with anonymous people as reported by Eddie Gilley in a paper January 2002, 1.
10　Transcript from the Alpha course introduction video, Sandy Millar.

3) 신뢰 쌓기의 의사소통

복음 전도에서 우리의 의사소통은 신뢰를 쌓는 것을 포함한다. 신뢰할 만한 소통의 세 가지 측면에는 신뢰할 수 있는 사람이 되고, 신뢰할 수 있는 메시지로, 신뢰할 수 있는 방법을 사용하는 것이 포함된다. 사람과 방법에 대한 신뢰의 부분은 고정 관념을 포함한다. 크래프트는 말했다.

> 메신저가 가치 있는 사람이고, 전할 가치 있는 메시지를 가지고 있다고 가정할 때, 신뢰에 대한 주요한 걸림돌은 고정 관념의 습관이다. 우리의 메시지를 듣는 사람들은 우리가 그들과 어떻게 관계를 맺을 것인가와 우리가 어떻게 대화할 것인가 둘 다에 대해 틀에 박힌 기대를 가지고 있다. 그러한 고정 관념은 다른 사람들이 어떻게 행동해왔는지에 기초할 것이다. 우리는 그 고정 관념에 순응하고 얕은 신뢰 속에서 기능하거나, 아니면 수용자 지향적이고 개인적인 예수를 모방해 신뢰와 존경을 얻으려고 노력할 수 있다.[11]

4. 인간 행동과 납득시키기

1) 원리들

방법은 많고, 원리는 적다. 방법은 변하고, 원리는 절대 변하지 않는다. 목회 원리들은 존중된다. 해럴드 블록(Harold Bullock)은 그의 두 가지 목회 원리로 많은 신학과 인간의 행동을 요약했다.

---

[11] Kraft, *Communication Theory for Christian Witness*, 19, 23.

첫 번째 원리는 하나님은 그가 생각하기에 최선이라고 생각하는 방식으로 무엇이든 하길 원하고 사람들은 그들이 납득가는 방식으로 행동을 한다.[12]
두 번째 원리는 비록 목적이 알려지지 않았더라도 모든 인간의 행동에는 목적이 있다는 것이다.

블록은 두 번째 원리의 함의를 논했다. 그는 말했다.

> 내가 영향을 주고자 하는 사람들에게 무엇이 납득이 되는지를 파악할 필요가 있다. … 성령의 사역을 볼 때, 사람들은 그들에게 납득하는 범위에서 그리스도께 올 것이다(그들은 그 생각을 충분히 파악해 그들의 최선의 방법이 그 방향에 있다는 결론에 도달하게 된다).[13]

따라서 우리의 일은 그들이 사용하는 언어나 관점을 토대로 그들의 정황에서 복음을 전하고, 이를 통해 그리스도를 따르는 것이 납득되도록 하는 것이다.

기독교 전도자들은 20세기 후반에 걸쳐 다양한 방법으로 이것을 하려고 시도했다. 문제는 우리가 계속해서 사람들이 더이상 묻지 않는 질문에 답하는 비효율적인 방식으로 소통하고 있다는 것이다. 조금 지나치게 단순화하면, 우리의 대부분의 전도 과정과 방법은 다음과 같은 두 가지 이슈를 중심으로 설계됐다.

첫째, 사람들은 지옥을 피하고 싶어한다.
둘째, 사람들은 천국에 가길 원한다.

---

[12] Harold Bullock, conference notebook, "How Church Works II," 8.
[13] Bullock, "How Church Works II," 8.

우리는 지옥을 피하고 싶거나 천국에 가고 싶다는 사람들의 생각에 호소해 불신자들에게 접근했다. 우리는 그들 모두에게 도움이 될 기도문을 제공한다.

제1장에서 성육신을 이해하게 된 아버지에 대한 이야기에서 우리는 그의 말 중 일부를 검토해 본다.

하지만 그는 성탄절에 교회가 선포하는 모든 성육신에 관한 것들을 믿지 않았다. 그것은 단지 말이 되지 않았고, 그는 너무 정직해서 다른 척 할 수 없었다. 예수님의 이야기를 그냥 받아들일 수 없었을 뿐입니다.

이 선한 의도를 가진 아버지는 마침내 그것을 납득할 수 있게 됐을 때 그리스도의 추종자가 됐다.

2) 목적으로서의 인간 행동

1991년과 1992년, 나는 "목적이 이끄는 교회: 목적 선언문 개발 및 이행 과정과 교회 성장에 대한 유익에 대한 조사"라는 논문을 완성하는데 시간을 보냈다. 연구를 통해 나는 대부분의 교회가 자신도 모르게 자신의 교회를 위한 하나님의 목적 대신에 다른 것들이 우선됐다고 믿게 됐다. 나의 연구는 교회가 목적을 위해 존재하고 목적 지향적이라는 것을 보여 줬다. 문제는 '어떤 목적인가?'에 있다.

모든 인간의 행동이 목적 지향적이듯이, 조직이나 교회는 목적 지향적이다. 그 목적은 편안함을 유지하고, 기분이 좋고, 이미지를 묘사하고, 성공이나 지위를 얻거나, 고통을 예방하거나, 다른 목적을 많이 갖는 것일 수 있다. 블록은 주어진 방식으로 행동하는 이유를 보여 주기 위해 사람들이 어떻게 결정을 내리는지를 보여 주는 도표를 개발했다.

표 2. 집—어떻게 집에 돌아갈까 이해하기—그리스도 영접하기

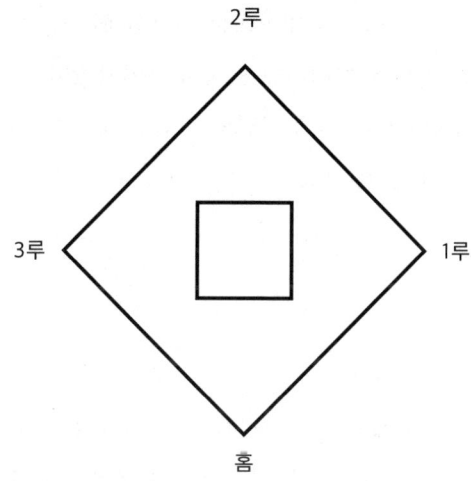

말과 행동, 이 모든 인간의 행위는 하나님을 경외하고 악을 갈구하는 마음의 욕망에서 흘러나온다. 마음은 의지의 자리다. 어떤 욕망은 이기적인 쾌락을 위한 것이고, 다른 욕망은 다른 사람의 이익을 위한 것이다. 마음 속에 있는 것은 '관점'과 '가치'를 통해 여과되면서 결국 행동으로 나타날 것이다. 사람들이 그들의 관점과 가치관이 변화함에 따라 하나님에게 마음을 돌릴 것이기 때문에, 증인과 불신자 모두에게 복음 전도의 의미는 엄청나다. 즉, 우리가 성령과 함께 그들의 필터를 형성하는 데 도움을 줄 때 그리스도를 따르는 것이 납득되고, 그들은 그렇게 할 것이다.[14]

성령의 영향에도 불구하고, 사람들은 그들의 관점과 가치관에 부합하는 그들의 삶을 그리스도께 드릴 것이다(행동). 복음 전도에서 우리의 역할은 불신자들의 관점과 가치를 형성하도록 복음을 전하는 것을 포함한다. 또한, 그리스도인들은 그들의 관점과 가치에 부합하는 만큼 개인 전도에 참

---

[14] Bullock, "How Church Works II," 11.

여할 것이다. 기독교 지도자의 역할은 행동이 영향을 받도록 사람들의 관점과 가치관에 영향을 미치는 것이다. 이것은 사람들에게 땅을 주고 불신자와 그것을 나누도록 밖으로 밀어내는 것보다 더 어렵게 들리지만, 장기적인 복음 전도의 유익을 고려하면 노력할 가치가 있다. 나는 당신이 신약 성경을 통해 예수님께서 어떻게 사람의 관점을 형성하시고 가치에 도전하였는지 검토해 볼 것을 권한다.

5. 필터

사람들이 우리의 메시지를 언어적이든 비언어적이든 어떻게 듣고 받아들이는지는 변화됐다. 왜냐하면, 포스트모던 필터가 다르기 때문이다. 말로는 더이상 충분하지 않다. 더이상 주일 학교에서 진실을 말하거나 강단에서 메시지를 선포하는 것으로는 충분하지 않다.

우리는 우리의 메시지가 전달되지 않을 경우 수신자를 비난하는 것이 무익하다는 것을 기억하면서, 우리의 메시지를 효과적으로 살고 전달해야 한다. "당신의 행동이 너무 큰 소리로 말하고 있기 때문에 나는 당신의 말을 들을 수 없다"라고 말해 왔다. 포스트모던 문화에서는 그리스도인들이 외국에 사는 선교사의 민감성을 가지고 소통한다. 예수님은 사람들이 우리의 사랑으로 진리를 알게 될 것이라고 말했다.

복음의 소통은 메시지를 주고받는 사람들의 관점과 가치관의 필터를 통과한다. 수신자는 출처에 관계없이 수신하고 있는 메시지를 해독한다. 송신자들은 주어진 문화적 관점에서 복음 메시지를 암호화한다. 결과적으로, 우리는 우리의 문화적 배경에 의해 만들어진 우리의 메시지의 정확한 의사소통의 한계를 인식해야 한다.

1) 관점

우리가 복음을 전할 때, 우리는 진공 상태에서 소통하는 것이 아니다. 복음을 전달하는 부분에는 사람들이 그들 주변 사물을 어떻게 보는지 다른 사람들의 관점을 이해하는 것이 포함된다. 이것은 주어진 상황이나 사실에 대한 특별한 평가다. 블록에 따르면 그들의 양육, 교육, 미디어 노출, 성격 유형, 자아 개념, 인생 단계(life stage), 인생 경험, 영적인 선물, 문화는 관점과 가치를 형성한다.[15]

의사소통자로서 우리 역시 관점을 가지고 있다. 우리가 우리 자신을 예언적인 역할로 보면, 우리는 직면하기 쉽다. 만약 우리가 우리 자신을 선생님으로 본다면, 우리는 정보를 제공하려 할 것이다. 대화에서 우리의 관점과 수용자의 관점은 모두 끊임없는 변화를 겪고 있다.

우리가 복음을 나눌 때, 사람들은 그들의 개인적인 관점을 통해 우리가 말하는 것을 걸러 낸다. 우선, 우리는 그들의 중요한 삶의 질문, 종교적 배경, 가치관, 세계관, 관심 그리고 그리스도와 그리스도인, 지역교회에 대한 관점을 배워야 한다. 사람들은 또한 하나님, 우리, 그들의 필요, 그들의 욕망, 그들의 상처, 종교 그리고 다른 관련 문제들에 대한 관점을 가진다. 이 모든 것들은 우리가 보내려고 하는 메시지를 해독하는 데 영향을 준다.

2) 명확화를 위한 언어(골 4:4; 고전 1:17)

메시지와 사람들의 관점의 필터들을 아는 것 외에도, 우리는 우리가 복음을 전해야할 문화의 언어를 배울 필요가 있다.[16] 우리는 메시지를 그들의 문화와 소통하는 형태로 암호화 할 수 있도록 그들이 이해하는 언어나

---

15 Bullock, "How Church Works II," 11.
16 타문화간 의사소통과 관련된 문제들에 대해 자세히 알아보려면 데이비드 헤셀그레이브 (David Hesselgrave)의 *Communicating Christ Cross-Culturally*를 참조하라.

어휘로부터 시작해야 한다. 이것은 반드시 필요하다. 만약 그렇지 않다면, 우리는 효과적으로 그리고 명확하게 메시지를 전달할 수 없다.

중국의 언어와 풍속, 문화에 대한 배경 이해 없이 미국에서 선교사로 중국에 간다는 것은 상상도 못할 일이다. 다양한 집단이 메시지를 받고 있다는 것을 이해하지 못한 채 하나의 대본을 미리 준비해서 미국의 모든 사람에게 일률적으로 전달한다는 것은 더이상 생각할 수 없는 일이 아닌가?

나는 단어들이 문맥을 벗어나 의미를 갖는 것이 아니라 문맥에 따라 다른 용법을 가지고 있다는 것을 다시 한번 상기한다.

종교적인 단어 없이 믿음을 나누려고 노력해 본 적이 있는가?

알고 있는 영적인 단어들을 모두 나열하고 나서 인터뷰 형식을 사용해 길거리 사람들에게 그 단어들을 어떻게 이해하는지 물어보라. 요점을 알겠는가. 우리는 사용하는 용어부터 시작해서 우리가 말하고 있는 문화에서 우리의 메시지가 어떻게 받아들여지고 있는지 이해해야 한다.

교회가 사회에서 차지하는 위치가 문제시 되고 있다. 교회의 메시지는 이해되지 않고, 이것은 교회 생활의 거의 모든 측면과 연관된다. 론 허치크래프트(Ron Hutchcraft)는 "많은 사람이 그리스도를 거부하는 것이 아니라, 우리의 용어를 거부하고 있다. 그들은 우리가 무슨 말을 하고 있는지 알지 못한다"라고 말했다. 집단으로서 그들은 우리의 메시지를 이해하지 못하며, 그것은 우리의 큰 잘못이다. 우리의 메시지를 전달하는 모든 방식은 명확성을 검사해야 한다. 이것은 전도, 설교 그리고 심지어 우리의 예배에 대한 우리의 접근 방식에 영향을 미친다.

언어의 기능은 우리가 명확성과 이해를 확인할 수 있도록 하는 것이다. 만약 우리가 이해를 하지 못한다면, 우리는 앞으로 나아갈 수 없다. 명확성과 이해를 확인하는 것은 예/아니오 질문이나 단지 불평으로 답할 수 있는 질문을 던지는 것 이상의 것을 포함한다. 우리는 귀와 눈으로 듣고 이해 여부를 확인한다. 우리는 또한 사람들이 그들의 이해를 설명할 수 있는 좋은 질문들을 할 필요가 있다.

3) 진리, 가치, 삶의 경험

급격한 문화 변화는 단지 큰 도시 문제나 서해안 지역만의 문제가 아니다. 모든 곳에서 사람들은 근본적으로 다른 방식으로 삶을 처리하고 있다. 케이블 TV, 위성 안테나 그리고 인터넷은 미국을 하나로 묶었을 뿐만 아니라 우리가 진리와 삶을 처리하는 방식을 형성하는 데 기여했다. 그것들은 우리의 가치관과 사고 패턴에 미묘하게 영향을 끼쳤다.

미디어는 이러한 변화의 속도를 높인 포스트모더니즘의 영향력 확대의 일차적인 원천이 돼 왔다. 사람들이 어떻게 진리를 받아들이는지 이해하는 것은 효과적인 의사소통에 중요하다.

얀달 우드핀(Yandall Woodfin)에 따르면 앎에는 세 가지 방식이 있다.

첫째, 이성적/반추적
둘째, 실용적
셋째, 직관적(정서적인 영역)[17]

이러한 방식은 사람들이 무엇이 진실되고 실제인지를 판단하는 데 도움을 준다. 현대인에게 있어서 그 흐름은 이성적/반추적(논리)에서 시작해 실용적이고 직관적인 것으로 향한다. 그러나 대부분의 포스트모던 사람에게는 그 순서가 뒤바꼈다. 그들은 감정적인 영역에서 시작해 논리와 이성을 향해 나간다. 포스트모던 패러다임을 가진 사람들은 경험과 관계에 더 높은 가치를 둔다.

---

17 Yandall Woodfin, *With All Your Mind: A Christian Philosophy* (Ft. Worth, Tex.: Scripta Publishing, 1980), 26. 직관적 사고가 지배적인 문화에서 소통하는 비결은 데이비드 헤셀그레이브(David Hesselgrave)의 저서 *Communicating Christ Cross-Culturally* 23장을 참조하고, 이성적 사고가 지배적인 곳은 24장을 참조하라. 근대성은 이성적 사고와 더 관련이 있는 반면, 포스트모더니티는 직관적 사고와 더 관련이 있다.

표 3. 문화적 차이에 의한 진리/ 현실 결정

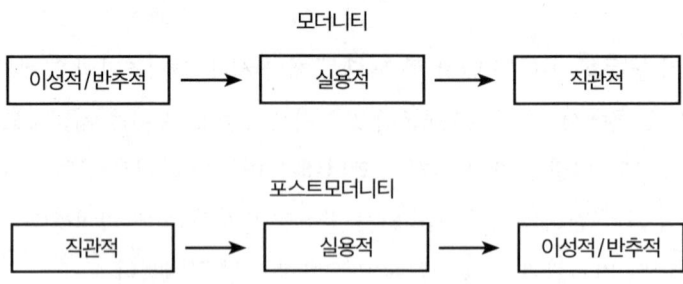

6. 문화 속에서 의사소통하기

하나님은 문화의 창조자다. 사람들과 가족 그리고 가족들의 공동체를 창조해 하나님은 문화를 창조하셨다. 문화 자체는 긍정적이지도 부정적이지도 않다. 그러나 문화는 악하게 행동하는 악인들로 이뤄져 있으며, 그들은 서로에게 그리고 하나님과 관계되는 방식에 있어서 하나님의 뜻에 끊임없이 기준을 맞춰야 할 필요가 있는 사람들이다.

그리스도인들은 온 열방의 제자를 만드는 지상명령을 수행하는 데 있어서 우리가 상황을 선택할 수 없다. 우리는 우리가 전도하고자 하는 사람들의 세계관을 선택할 수 없다. 하지만 그리스도인들은 우리가 하나님의 메시지를 전달하는 다양한 상황에 어떻게 반응할지를 선택할 수 있다. 미국과 세계는 점점 세속화되고, 도시화되며, 다원적이고, 포스트모던적이 돼 가고 있다.

이런 변화하는 상황을 1세기의 눈으로 살펴본다면, 우리는 다원적인 사회 속에서 교회가 팽창하고 번영할 수 있음을 알 수 있을 것이다. 복음은 유대인과 이방인, 종교인과 비종교인 모두를 통해 전파됐다. 초기 그리스도인들은 그들의 문화에서 의사소통을 할 수 있는 방법을 찾았고, 우리는

우리의 문화에서 의사소통을 할 수 있는 방법을 찾을 수 있다.[18]

휴 휴잇(Hugh Hewitt)은 문화를 고려한 의사소통에 대한 통찰력을 나눴다.

> 당황한 신자들은 그들이 살고 있는 세상에 대한 그들의 목소리—일상 생활을 초월하고 변화시키는 좋은 소식과 그들의 증거—를 집단적으로 잃었다. 비록 약간 또는 크게 엉뚱하게 생각되거나 연락이 닿지 않는 것에 대한 당혹감을 극복할 수 있다 하더라도, 증거에 대한 확신에는 복음을 전달하는 새로운 기술이 수반돼야 할 것이다. 루터는 독일어가 필요했다. 21세기의 루터는 자신들이 참아내야 할 대중문화에 대한 모든 기술적 용어들과 몰입이 필요할 것이다.[19]

1) 과학과 예술로서의 의사소통

20세기 후반 반세기 동안 미국의 복음주의 그리스도인들은 전도에 있어서 주로 과학적인 사실, 수치 그리고 복음 전도의 접근 방법에 의존했다. 이것은 우리의 복음 전도 접근법이 창조성이 없었다는 것을 말하는 것이 아니라 다음과 같은 가장 인기 있는 복음 전도 수단의 명칭들을 보면 알 수 있다. "4영리"(4 Spiritual Laws), "하나님과 화평하는 방법"(Steps to Peace with God), "당신은 확실히 알고 있는가?"(Do You Know for Sure?).

과학은 우리가 현대성에서 얻는 것의 일부이다. 과학적이고 논리적인 사고로부터 얻는 많은 귀중한 기여가 있다. 그러나 모든 것이 과학적인 것은 아니며, 모든 사람이 삶과 정보를 처리하는 과학적 방법에 대해 익숙한 것도 아니다. 세계의 어떤 문화는 좀 더 좌뇌 지향적인 반면, 다른 문화는 우뇌의 활동에 더 큰 의존과 가치를 가지고 작용하는 것처럼 보인다. 미국은 삶의 처리에 대한 접근 방식에서 좌뇌가 지배적이었지만, 상당한 변화

---

[18] Will McRaney, "The Evangelistic Conversation in an Increasingly Postmodern America," *Journal of the American Society for Church Growth*, Vol. 12 (Winter 2001): 81–91.
[19] Hugh Hewitt, *The Embarrassed Believer* (Nashville: Word Publishing, 1998), 64.

가 일어나고 있다.

 포스트모더니즘은 예술에 뿌리를 두고 있다. 예술은 포스트모던 문화에서 가치와 사용이 증가했다. 현대의 사고방식을 요약하는 한 가지 방법은 경험적이면서 합리적으로 알고, 현실을 통제하고 감독하려고 시도하는 것이다. 이것은 과학자의 일이다. 포스트모던 사고를 요약할 수 있는 또 다른 방법은 현실을 지각하고, 상상하고, 창조하려는 것으로 통찰력 있는 시도라고 할 수 있다. 이것은 예술가의 일이다.

 미래의 전도는 과학 공식보다는 예술처럼 보일 것이다. 이러한 관점에서 복음 전도에 대한 접근법을 배우는 것은 가장 뛰어난 현대 복음 전도자들에게도 거의 알려져 있지 않다. 미지의 것은 종종 불안과 공포로 이어지며, 이것은 개인 전도에서 우리가 비효과적이게 만든다.

 우리의 전도 노력의 목표는 같을 것이지만 우리의 접근 방식은 즉석에서 만들어져야 할 것이다. 이것은 그들이 그리스도를 위해 도달하고자 했던 주변 사람들 앞에서 믿음을 살아내면서 성령과 서로에 완전히 의지해야 했던 초대교회의 접근 방법에 더 가깝다. 고도로 과학적인 환경에서, 우리가 당면하는 유혹은 우리가 빈틈없고 논리적이며 명확한 복음 제시에 의존하는 것이다.

 우리가 논리나 이성으로 가르칠 수 있는 전도적 만남과 훈련 방법의 구성 요소와 일련의 방법들이 있다. 하지만 사람들의 영적 배경의 복잡성은 우리가 좀 더 융통성 있게 행동할 것을 요구할 것이다. 과거의 개인 전도는 "복음 제시"(gospel presentation)를 하는 것으로 묘사됐다. 이것은 접근 방법에 있어서 과학적이다. 복음 메시지를 전달하거나 복음 스토리를 나누는 것은 그 본질에 있어서 더 기교적이다.

2) 의사소통과 상황화: 빌 브라이트의 열정과 영향

빌 브라이트의 CCC(Campus Crusade for Christ) 사역을 통해 나는 예수와 함께 동행하고 나의 믿음을 사람들과 나누는 법을 배웠다. 나는 그가 간접적이지만 나의 삶과 사역으로의 부르심에 중대한 영향을 끼친 것에 영원히 감사한다. 나는 그의 "4영리" 소책자를 전하면서 내 전도의 첫 발을 내디뎠다.

이 소책자는 수백만의 사람들을 그리스도께로 인도하기 위해 사용돼 왔다. 그러나, 이 소책자와 CCC의 주요한 전도 접근법은 주어진 상황 안에서 개발됐다는 사실을 기억해야 한다. 그 정황의 한 측면은 과학과 자연의 법칙에 대한 강조였다. 문화적인 상황과 4영리가 잘 맞아떨어졌다. 오늘날의 상황은 미국 대부분의 지역에서 당시와는 다르다. 미국의 모더니즘은 특히 젊은 세대들에게 많은 영향력을 상실했다.

나는 우리 복음 전도의 출발점이 바뀌었고 불신자들이 정보를 처리하는 방식이 바뀌었다고 믿지만, 브라이트 박사가 복음 전도에 보여 준 것과 같은 열정을 우리가 가질 수 있을까!

그가 자신의 세대에 했던 것처럼 우리도 우리 세대에 그가 한 일을 할 수 있기를 바란다. 즉, 우리의 문화와 하위 문화에 대한 상황적으로 빈틈없는 접근법을 개발하는 것이다. 우리의 역할은 문화를 살펴서 그것에 복종하는 것이 아니라 그 문화 안에서 효과적으로 복음을 전하는 것이다. 우리는 상황(context)뿐만 아니라 우리가 확고한 의사소통 기술을 활용하고 있는 문화에서 벗어나야 한다.

포스트모더니즘은 미국인 개개인과 교회에 여러 가지 다른 수준에서 복합적으로 영향을 미친다. 데이비드 S. 도커리(David S. Dockery)는 이렇게 말한다.

> 포스트모더니즘은 단순한 상대주의를 훨씬 뛰어넘는 현실에 대한 새로운 가정이다. 그것은 우리의 문학, 우리의 옷, 우리의 예술, 우리의 건축, 우리의 음악, 옳고 그름에 대한 감각, 우리의 자아 정체성 그리고 우리의 신학에 영향

을 미친다. 포스트모더니즘은 인간의 경험을 진실과 의미의 영역에서 일관성이 없고, 절대성이 결여된 것으로 보는 경향이 있다. 괴츠(Goetz)는 또한 예수 그리스도의 역사성에 기독교가 오르내린다는 점을 감안할 때, 목사들은 포스트모더니즘이 절대 진리를 무신경하게 무시하는 것에 대해 우려하고 있다고 언급했다. 모든 것이 상대적이고, 안전하지 않다는 주장에는 별로 환호할 것이 없다. … 그리고 근대성에 대한 개선은 확실히 많은 것 같지 않다.[20]

그러나 포스트모더니즘이 가져다주는 새로운 도전에도 불구하고, 그것은 또한 복음 전도에 풍성한 기회를 가져다준다.

7. 두 성경적 예

성경은 당신의 상황에서 의사소통의 중요성을 보여 준다. 우리는 네 개의 복음서를 가지고 있는데, 그것은 정황에 맞게 민감한 방식으로 소통하기 위해 하나님의 마음속에서 고안된 것이다. 각 복음서는 그것이 쓰여진 사람들에게 호소하도록 치장하고 나열됐다.

베드로와 바울은 효과적인 상황화된 전달자(contextualized communicators)의 두 가지 예다. 그들은 근본적으로 다른 방식으로 복음서의 전달에 접근했다. 사도행전 2:14-41은 공개적인 자리에서 베드로가 예수를 메시아로 받아들이고 회개하도록 모든 나라에서 온 유대 유대인들과 예루살렘의 거주자들을 부르면서 설교한 이야기를 보여 준다. 그는 친숙한 구약성경 구절을 언급했고 그의 특정한 청중들에게 반향을 일으키기 위해 다가오는 메시아의 약속을 활용했다.

---

[20] David S. Dockery, *The Challenge of Postmodernism* (Wheaton, Ill.: BridgePoint, 1995), 13–14. Also see an excellent article, Harry L. Poe, "Making the Most of Postmodernity," *Journal of the Academy for Evangelism*, 13 (1997–1998): 67–72.

바울은 사도행전 17:16-34에 나타난 것처럼 동일한 메시지를 가지고 완전히 다른 형태로 그것을 전달했다. 이 구절에서 우리는 바울이 유대인들, 하나님을 경외하는 그리스인들 그리고 시장에서 만나는 사람들과 토론하는 것을 본다. 그는 이것을 하나의 설교를 하는 큰 행사에서가 아니라, 일상에서 날마다 했다. 그와 논쟁한 철학자들과 함께, 바울은 여러 번의 만남에서 토론에 몰두했다. 바울은 그의 메시지를 듣는 사람들의 종교적인 믿음과 관습을 배우는 것으로 시작했다. 그는 그들의 노력을 인정하면서도, 그들이 믿는 알려지지 않은 신은 사실 예수 그리스도라고 그들에게 알려줬다. 그는 익히 알려진 것부터 시작해서 미지의 것과 영적인 것으로 옮겨 갔다.[21]

베드로와 바울은 그들의 청중에게 맞추기 위해 여러 가지 방법으로 그들의 의사소통 방식을 조정했다. 연설의 첫 번째 규칙 중 하나는 청중을 아는 것이다. 다음 두 장에서는 우리의 가장 자연스러운 정황의 내부와 외부의 의사소통을 살펴볼 것이다.

---

[21] 릭 퍼거슨(Rick Ferguson)은 2001년 1월 루이지애나 주 뉴올리언스에서 자신의 메시지인 "전도와 관련된 6가지 핵심 역량"을 개략적으로 설명했다.

    복음주의의 목적-교회의 성장이 아닌 하나님의 영광
    우리의 복음주의의 산물-홀리스틱 제자십
    전도의 표현-계획이 아닌 구원의 사람
    전도의 패키지-감정 부흥주의가 아닌 합리적 사과
    우리 복음주의의 사람들-문화적으로 민감하고 선교적으로 건전해야 한다.
    전도의 대가-개인적, 기업적 희생

제5장

당신이 처한 상황에서 소통하기

이 장에서 우리는 우리가 처한 상황에서 사람들과의 의사소통 방식을 조사할 것이다. 우리가 처한 상황은 근대성(modernity)과 포스트모더니티(postmodernity) 영향을 받는 사람들 양쪽 모두를 포함하고 있다. 몇몇은 근대성의 발전에 도움을 준 계몽주의의 영향을 통해 삶을 처리하는 사람들과 주로 상호 작용한다. 다른 사람들은 포스트모더니즘의 파괴적인 영향을 벗어나서는 아는 것이 거의 없다.

미국 성인들의 사회적 정황은 두 가지를 모두 포함하고 있다.

1. 오늘날의 문화와 상황

오늘날의 문화는 근대성(모더니티)과 포스트모더니티 두 가지 모두에 의해 영향 받았다. 우리는 혼합된 상황에 놓여 있다.

1) 모더니즘 개관

근대성은 르네상스와 종교개혁을 중심으로 시작됐다. 근대성은 과학적 발견, 진리, 개인주의, 인간의 진보에 기초해 만들어졌다. 근대주의자들은 인간이 이성적인 생각을 통해만 절대적인 진리를 알고 인식할 수 있다고 믿었다.

근대주의자들은 이성적 사고가 진리에 도달하는 궁극적인 방법이라고 믿었다. 우리는 논리적일 필요가 있지만, 근대주의자들은 그것을 극단으로 몰고 갔다. 그들은 믿음을 거부하고(이것이 "비논리적"이기 때문에) 궁극적으로 "신은 죽었다"라고 선언했다. 모더니즘은 신의 존재를 부정하면서 인간의 진보를 토대로 미래를 건설하려 했지만, 사람들의 마음속에 있는 영적 공허감을 만족시킬 수 없다는 것을 깨닫지 못했다. 근대성은 사람들을 정신적으로 붕괴시키고 갈급하게 만들었다.

우리의 세계와 사람들은 빠르게 변하고 있다. 그러나 우리의 메시지와 임무는 변하지 않았다. 우리는 우리 안에 있는 예수 그리스도에 대한 소망을 효과적으로 전하고, 사람들이 다른 사람들과의 역동적인 관계 그리고 예수 그리스도와의 역동적인 관계 속에서 그리스도를 따르도록 격려하는 일에 부름 받았다. 그래서 우리는 우리가 처한 정황 속에서 사람들을 이해하려고 노력해야 한다.

(1) 근대성의 표지

많은 저자가 모더니즘의 지배적인 영향을 요약했다. 데이비드 J. 보쉬 (David J. Bosch)는 계몽주의에서 발생하는 일곱 가지 주요 신념에 대해 다음과 같이 설명한다.

① **이성**에 대한 강조는 인간의 마음이 모든 앎의 명백한 출발점이라는 것을 시사했다.
② 그것은 모든 현실을 사고 **주체**(*subjects*)와 이것들에 대해 분석하고 이용할 수 있는 **대상들**(*objects*)로 나눴다.
③ 그것은 **목적**에 관계없이 모든 과정을 인과 관계로만 봤다.
④ 그것은 **진보**, 확장, 전진, 근대화에 높은 프리미엄을 뒀다.

⑤ 그것은 모든 참된 지식이 사실적이고, 가치중립적이며, 중도적이라는 가정으로부터 진행됐다. **사실**에 반해 객관적으로 진실이 아닌 **가치들**이 존재했고, 그 가치의 고수는 따라서 취향의 문제였다. 종교는, 시간의 경과에 따라, 이 범주로 격하됐다.

⑥ 계몽주의는 **모든 문제가 원리적으로 해결 가능하다**는 가정으로부터 진행됐다.

⑦ 그것은 사람들을 **자주적이고, 자율적인 개인들**로 여기고, 더이상 "우월한 사람들"(superiors)의 지도가 필요 없는 것으로 간주했다.[1]

많은 사람에게 근대성은 무언의 약속을 이행하지 못했다. 제임스 에모리 화이트는 이렇게 말했다.

> 근대성은 개인적인 만족과 성취감을 높이기 보다는 척박한 황무지로 판명됐다. 도덕적 상대주의는 가치의 위기를 초래하고, 자율적 개인주의는 비전의 결핍을 가져왔으며, 나르시즘적 쾌락주의는 공허한 영혼들을 창조했고, 귀납적

---

1 화이트(White)는 근대성의 네 가지 표시를 다음과 같이 묘사했다. (1) 도덕적 상대주의 - 도덕적으로 옳은 것은 상황에 의해 좌우된다. 결과: 가치관의 위기. (2) 자율적 개인주의 - 모든 사람은 높은 도덕적 권위 없이 자신의 운명과 책임에 대해 개인적으로 책임을 진다. 결과: 비전의 결핍. (3) 나르시시즘적 쾌락주의 - 내게 가장 좋은 것은 내가 할 일이다. 결과: 공허한 영혼. (4) 환원적 자연주의 - 진실은 과학적으로 검증될 수 있는 것일 뿐이다. 결과: 영혼을 만족시키기에 부적절한 방법. David J. Bosch, *Believing in the Future: Toward a Missiology of Western Culture* (Harrisburg, Pa.: Trinity Press International, 1995), 5. James Emory White, "Evangelism in a Postmodern World," *The Challenge of Postmodernism,* ed. David S. Dockery (Wheaton, Ill.: BridgePoint, 1995), 362–63.
토마스 오덴(Thomas C. Oden)은 "모더니티의 죽음과 포스트모던 복음주의 영성" 에서 네 가지 유사한 모티브를 부각시켰다. 포스트모더니즘의 도전인 데이비드 S. 도커리(David S. Dockery)에서 "근대성과 포스트모던 복음주의 영성의 죽음"에서 네 가지 유사한 모티브를 부각시켰다. Thomas C. Oden, "The Death of Modernity and Postmodern Evangelical Spirituality," in *The Challenge of Postmodernism,* David S. Dockery, ed. (Wheaton, Ill.: BridgePoint, 1995), 27.
1929년 존 듀이(John Dewey)는 『철학의 재건』에서 네 가지 중심 사상을 중심으로 근대 정신을 요약했다. (1) 자연계, (2) 합리적 권위, (3) 진보적 역사, (4) 과학적 방법.

자연주의는 인간 경험에 부적합하다는 것이 증명됐다.²

 미국교회들의 회심 성장의 수는 그리스도인들이 근대성에 기초에 탐색하다 떠난 사람들과 포스트모더니티를 수용하는 사람들에게 효과적으로 관심을 끌고 대안적 영적 가치를 제시하지 못했다는 것을 알려 준다.³

2) 포스트모더니즘 개관

1) 포스트모더니즘

 포스트모더니즘은 삶을 처리하는 새로운 접근법이지만, 이 용어에 대한 명확한 이해는 여전히 부족하다. 리젠트 대학의 신학자인 J. I. 패커(Packer)는 포스트모더니즘은 결코 사전적 정의를 확보하지 못했고 "포스트모더니즘은 모든 것을 의미하면서 동시에 아무것도 아닌 버려진 단어"라고 말했다.⁴ 포스트모더니즘은 정확하게 묘사할 수 없는 20세기의 발전이다. 이 섹션의 목적은 사람들이 이 용어를 다른 방식으로 사용한다는 것을 인정하고 이 용어의 몇 가지 일반적인 용법을 강조하기 위함이다.⁵
 포스트모더니즘은 근대성에 휩싸여 사는 사람들에게 무언가 몹시 잘못된 것이 있다는 인식에서 발생한다.⁶ 그러므로, 그것은 근대성의 많은 요소를 거부하는 것이다. 절대적이라고 여겨졌던 많은 것이 지금 논쟁의 대

2　James Emory White, "Evangelism in a Postmodern World," *The Challenge of Postmodernism*, 363.
3　Will McRaney, "The Evangelistic Conversation in an Increasingly Postmodern America."
4　David L. Goetz, "The Riddle of Our Postmodern Culture: What Is Postmodernism? Should We Even Care?" *Leadership,* Winter 1997, 53.
5　Will McRaney, "The Evangelistic Conversation in an Increasingly Postmodern America."
6　모더니티와는 대조적으로 톰 울프는 포스트모더니티의 5가지 특징을 제시했다. (1) 초자연적인 것을 재발견, (2) 대안적인 권위를 포용, (3) 역사적 진보에 대한 환멸, (4) 다차원적인 방법론, (5) 정보 혁명을 통한 재구성. 1997년 11월 플로리다 주 올란도에서 열린 미국교회 성장학회 연차회의의 구두 발표 "포스트모더니티와 도시교회 의제" ("Postmodernity and the Urban Church Agenda")를 참조하라.

상이 되고 재검토되고 있다. 포스트모더니즘은 경험, 주관적인 지식, 공동체, 선호도를 강조한다.

포스트모더니즘은 동적이고 다면적인 대상이지 정밀하게 설계된 생각의 패키지가 아니다. 어떤 사람들은 그것을 태도라고 묘사했다. 다른 사람들은 그것을 모더니즘의 다양한 측면에 대한 부정으로 묘사한다. 여전히 토마스 C 오덴(Thomas C. Oden)과 같은 다른 사람들은 시간적 범위, 이념, 도덕적 문제의 관점에서 포스트모더니즘을 논한다.[7]

많은 저자가 포스트모더니즘의 지배적인 주제를 요약하려고 시도했다. 데이비드 L 괴츠(David L. Goetz)는 포스트모더니즘에는 최소한 두 가지 특징이 있다고 지적했다.

> 포스트모더니즘은 곧 상황이 호전될 인류의 진보에 큰 비중을 두지 않는다. 모더니즘은 과학이 세상을 구할 것이라고 믿었다. 오늘날, 과학은 결코 죽지 않았다. 과학은 여전히 대학에서 지배적이다. 그러나 포스트모던의 전망은 그것을 공격했다.[8]
>
> 언론에 많이 등장하는 다른 특징은 포스트모던 개념이 모든 진실은 비록 그것이 어느 정도 과학적 지식일지라도 편향되고 사회적으로 만들어졌다는 것이다. 즉, 진리는 상대적이며 자신의 문화가 진리로 간주하는 것에 달려 있다.[9]

포스트모더니즘은 그것에 거의 노출되지 않은 사람들부터 그것에 완전히 몰입한 사람들에 이르기까지 다양한 사람에게 영향을 미친다. 복음 전도에는 긍정적인 의미와 부정적인 의미 둘 다 있다.

---

[7] Thomas C. Oden, "The Death of Modernity and Postmodern Evangelical Spirituality" in *The Challenge of Postmodernism*, David S. Dockery, ed., 23–25. 오덴은 1789년 프랑스 혁명과 1989년 공산주의 붕괴의 시작일을 사용한다. 다커리(Dockery) 또한 같은 작품의 13페이지에서 포스트모더니즘을 시대적 관점에서 묘사하고 있다.

[8] David L. Goetz, "The Riddle of Our Postmodern Culture," 53–54.

[9] Goetz, "The Riddle of Our Postmodern Culture," 54.

3) 모던에서 포스트모던으로의 이동

모더니즘과 포스트모더니즘은 다른 것을 의미한다. 삽화는 우리가 둘의 차이를 이해하는 데 도움이 될 것이다. 나는 1980년대 중반 미시시피 주립대학 야구부의 투수였다. 그래서 나는 월터 앤더슨의 이야기를 이해할 수 있다.

세 명의 심판이 경기 전에 둘러앉아 그들의 직업에 대해 이야기하고 있었다. 철저히 현대적인 **첫 번째 심판**은 "공도 있고 스트라이크도 있고 내가 그것들을 부른다"라고 말했다. 모더니티와 포스트모더니티가 둘 다 약간씩 있는 **두 번째 심판**은 "공도 있고 스트라이크도 있고, 나는 보는 대로 그것들을 부른다"라고 말했다. 완전히 포스트모던한 마지막 심판은 "공도 있고 스트라이크도 있고 **내가 그것들을 부를 때까지는 아무것도 아니다**"라고 말했다.

모더니즘은 사물에 의미를 부여하는 **건축**을 포함했다. 그것은 새로운 것의 건설이다. 포스트모더니즘은 **해체**나 의미를 묻는 것에 바탕을 두고 있다. 그것은 아이디어와 한때 간직했던 진리들을 작은 조각(파편화)으로 나눈다. 포스트모더니스트들이 절대적 진리나 보편적 윤리에 대한 생각을 단호하게 거부한다는 통념은 정확하지 않다. 그들은 어떤 개인의 능력과 다른 사람을 위한 절대적인 진리를 결정할 권리를 거부한다.

포스트모더니즘은 사실로 여겨졌던 모든 것에 도전하기 때문에 거의 모든 것이 지금 논의되고 재검토되고 있다. 문제는 포스트모더니즘은 또한 사람들을 영적으로 파산하게 한다는 것이다. 어리석게도, 사람들은 경험을 진리의 최종 평가 기준으로 보고 이를 토대로 그들의 망가진 삶을 재건하려고 애쓰고 있다.

일반화에는 위험이 항상 존재하지만 독자들에게 유용한 수단을 주기 위한 노력의 일환으로 지미 롱(Jimmy Long)은 모더니즘에서 포스트모더니즘으로의 변화 혹은 차이를 요약했다.

표 4. 모더니즘에서 포스트모더니즘으로의 변화

모더니즘	포스트모더니즘
진리에서	선호로
자율적인 자아에서	공동체로
과학적 발견에서	가상 현실로
인간 진보에서	인간 고통으로[10]

전형적인 불신자들을 대함에 있어서 나의 가정(관점) 중 하나는 그들이 최근 수십 년보다 하나님과 교회로부터 더 멀리 떨어져 있다는 것이다. 나는 "이것은 아버지 시대의 전도일 수 없다.

왜냐하면"이라는 제목의 프레젠테이션을 했다. 그 프레젠테이션에서 나는 몇몇 측면에서 전형적인 미국인 불신자가 다원주의, 성경 지식의 부족, 영향력의 부족 때문에 그리스도에 대한 진정한 이해와 헌신으로부터 멀리 떨어져 있음을 보여 준다. 그러므로 우리의 개인 전도 접근 방식은 이제 복음 전도 과정의 역할이 증가했다는 것을 인정해야 한다.

4) 포스트모더니즘에 대한 응답

윌리엄 그라시(William Grassie)는 다음과 같이 말했다.

> 한편으로 포스트모더니즘과 탈구조(deconstruction)는 철학적 자기기만의 종말, 모든 억압적인 메타내러티브들(metanarratives)에 대한 비판적 공격 그리고 기초 사상의 최종 해체로 기념되고 있다. 반면 포스트모더니즘과 탈구조는 상대적, 허무적, 비이성적 그리고 과도하게 이성적이라고 비난받는다. 대부분의 포스트모더니즘 사상가들의 접근하기 힘든 철학적인 언어와 포스트모더니즘이 무엇을 상징하느냐에 대한 열띤 혼란은 과학과 종교를 가르치는 평범한 교수들이 납득할

만한 개요를 얻는 것을 어렵게 만든다. 그럼에도 불구하고, 적어도 이 논쟁들에 대한 피상적인 이해는 20세기 후반의 과학과 종교에 대한 논의에 필수적이다.[10]

교회는 어떤 반응을 보였으며, 이러한 변화에 어떻게 대응해야 하는가?

이 교회는 지난 수십 년간 현대 사상이 지배하는 미국을 전도하는데 효과가 없었다. 이제 미국이 더욱 포스트모던이 돼 가고 있으므로 교회는 이에 대응해야 한다. 교회는 포스트모더니즘에 과잉 반응하거나 혹은 반응 결핍일 수 있다.

(1) 다섯 가지 가능한 응답

그리스도인들은 우리의 사고방식이나 생활 방식에서 현대적이거나 포스트모던적이면 안 된다. 우리의 목표는 과거의 철학이나 최근의 세계관을 온전히 수용하는 것이 아니라 우리가 세상을 보는 방식에 있어서 성경적이 되는 것이다. 아테네의 바울처럼(행 17장), 우리는 하나님이 원하는 목적에서 우리를 끌어낼 수 있는 잠재력을 가진 문화 속에서 살고 있다.

그렇다면 교회는 포스트모더니즘에 의해 제기된 도전에 어떻게 대응해야 하는가?

쉬운 해답도, 쉬운 해결책도 없다. 포스트모더니즘에 대한 반응은 적어도 다섯 가지가 있는데, 이는 근대성이 등장했을 때와 같은 선택이었다.

첫째, 부인하고 무시하라.

떠오르는 포스트모던 문화를 무시하는 것은 그 존재의 실체를 부정하는 것처럼 보여서 그 문화에 거주하는 사람들에 대한 우리의 영향을 상실한다.

---

10 William Grassie, "Postmodernism: What One Needs to Know," *Zygon Journal of Religion and Science,* vol. 32, no. 1 (March 1997): 83.

둘째, 요새-종파주의를 구축하라.

요새를 강화한다는 것은 세상으로 가서 민족을 전도하고 제자로 삼으라는 명령을 심각하게 받아들이지 않는다.

셋째, 포스트모더니즘과 싸워라.

때로는 저항이 필요하지만 일차적인 전략으로서 그리스도와 복음에 대한 초점에서 벗어나게 되는 것 같다.

넷째, 포스트모더니즘을 채택하고, 문화적 변화를 수용하라.

포스트모던 문화의 모든 측면을 포용하는 것은 위험을 무시하는 것 같다.

다섯째, 포스트모더니즘에 적응하라.

우리의 접근에 있어 선교적이 되라. 이것은 하나님의 마음과 교회의 사명과 가장 일치하는 반응이다.

(2) 세 가지 최우선적 위험

교회가 포스트모더니즘에 어떻게 반응할 수 있는지를 돌이켜 볼 때 세 가지 주요 위험 요소가 나타난다.

첫째, 혼합주의는 문화의 모든 가치를 흡수한다. 교회가 발전하는 새로운 문화를 받아들이는 것은 위험하다.

둘째, 종파주의는 사회의 모든 것을 거부하는 것이다. 우리가 전도해야 할 사람들에게서 물러나서 손을 떼는 것도 위험하다. 요한은 우리에게 "세상에 있으라"라면서도 "세상에 속하지 말라"라고 권했다. 이 구절의 두 부분이 모두 적용된다.

셋째, 교회의 진정한 기능을 잊어버릴 정도로 우리의 사역 형태를 유지하고 있는 것이다. 형태는 항상 기능을 따라야 한다. 형태는 편안해질 수 있고 따라서 실제의 것을 대신할 수 없다. 위험은 우리가 예수를 필요로 하는 사람들에게 교회가 되는 것보다 형식(스타일, 의식, 관습, 시간, 방법 등)

에 대해 더 열정을 쏟기 시작할 때 발생한다.[11]

그 요구는 형식에 관계없이 더 많고 나은 제자들을 만들기 위한 성경적 명령을 수용하는 것이다. 그리스도는 사람들과 교회를 위해 그의 생명을 주셨다.

그리스도인들은 그리스도를 모르는 사람들에게 다가가기 위해 세계의 선교사들처럼 개인적인 문화적 선호와 안락함을 기꺼이 희생하지 말아야 하는가?

2. 가정들: 출발선 이동

모든 복음 선포와 전도책자는 특정한 가정을 만드는데, 종종 우리가 감지하지 못할 정도로 미묘하다. 그리고 복음 메시지는 이러한 가정들의 영향 하에 만들어진다. 이것을 사영리를 통해 설명하겠다. 제1법칙은 하나님은 당신을 사랑하며 당신의 삶을 위한 멋진 계획을 가지고 있다고 말한다. 확실히 그리스도인들은 모두 이 진술에 동의한다.

여기서 어떤 가정을 하고 있는가?

당신은 그 가정들을 알고 있는가?

그 가정은 듣는 사람이 하나님이 존재한다고 믿는다는 것이다. 한 분 하나님과 특정한 유형의 하나님이 있다. 이 가정이 나쁘거나 틀린 것은 아니다. 단지 불신자들의 해석적 틀에 비춰 확인할 필요가 있다.

---

11 다양한 환경에서 해롤드 블록(Harold Bullock)의 가르침.

1) 하나님에 대한 가정

우리의 많은 복음 전도적인 접근법과 자료는 적어도 경건한 바이블 벨트(Bible Belt) 지역에서 1950년대에 더 유효했던 가정에 기초했다. 우리는 더이상 그런 가정들을 사용할 수 없다. 우리가 오늘날에 맞는 어떤 합리적인 가정을 제안하기 전에, 과거에 대해 생각해 보자.

사람들이 일반화할 때, 그들은 일반적으로 그것을 잘못 이해한다. 그래서 나는 당신이 가정(assumptions)에 대해 연구할 것을 권한다. 그러나 여기 우리가 합리적으로 만들 수 있었을 1950년대의 것 몇 가지가 있다. 이러한 분야에서 상당한 변화가 있었기 때문에 나는 이 세 가지 범주에서 생각해 보고 싶다.

첫째, 사람들이 그리스도/하나님을 보는 방식
둘째, 사람들이 교회를 보는 방식
셋째, 사람들이 그들의 영적 탐색과 선택권을 보는 방식

1950년대는 21세기 초에 비해 다음과 같은 것들이 있었다.

(1) 성경 자체의 신뢰성과 성경이 삶의 문제에 대해 말할 수 있는 능력에 대한 신뢰도
(2) 더 높은 비율의 성경을 소유하고 읽는 사람
(3) 그리스도의 신성에 대한 이해
(4) 경건한 종교 지도자들과 종교인에 대한 더 높은 수준의 존경과 신뢰
(5) 지역교회와 그 성도들을 더 높이 평가
(6) 대부분의 사람들이 지역교회에 대해 긍정적인 배경이나 경험
(7) 영적으로 탐구하고 있다면 그것은 지역교회 쪽으로 향하리라는 믿음
(8) 영적으로 탐구하고 있다면 그것은 하나님에 대한 유일신적 관점이라는 믿음

사람들은 길을 잃었지만, 엥겔의 스케일로 볼 때, 그들은 회심에 더 가까웠다. 방법론적으로, 우리의 접근 방식, 전도책자, 훈련은 주로 사람들이 회심하도록 돕기 위해 고안됐다. 그러므로 복음 전도에서 과정은 오늘날처럼 중요하지 않았다. 본질적으로, 사람들은 그리스도인들이 전하려고 하는 메시지를 소통하는 다양한 시스템을 통해 과정중에 있다.

2) 현재 가정들

1950년대의 가정들은 오늘날 유효하지 않다. 사람들은 미국 역사상 그 어느 때보다도 하나님 아버지, 그리스도, 지역교회 그리고 성경의 가르침에 대해 잘 알지 못한다. 다원주의는 사람들에게 더 많은 관심을 갖게 했고 사람들에게 영적인 선택을 포함한 삶의 모든 영역에서 더 많은 선택권을 줬다.

오늘날 사람들은 그들 자신을 지역교회와는 완전히 별개로 영적인 것으로 생각할 수 있다. 영적이 되는 것과 지역교회와의 연계를 갖는 것 사이의 이 커다란 분리는 새로운 도전을 제시한다. 사람들은 "신"에 대한 많은 다른 관점을 가지고 있고, 종종 그들 자신의 마음속에 있는 상반된 견해까지도 가지고 있지만, 그들은 그들의 관점이 가진 문제를 보지 않는다. 그러므로 복음을 전함에 있어서 복음 전도의 과정은 불신자들과 우리에게 점점 더 중요하다.

이러한 변화에 근거해 청취자의 배경에 대한 우리의 가정이 변경되는 것이 가능한가?

물론이다. 몇 세대가 기본적인 기독교 신앙에 무지하고, 거의 기독교적 기억이 없고, 예수에 대해 거의 알지 못하며, 죄의식을 상실하고, 모순된 영적 관점을 많이 가지고 있을 때, 우리는 우리의 메시지의 소통을 주의깊게 검토해야 한다.

나는 TV에서 후보들이 "메시지 전달 중"이라고 말하는 정치 전문가들이 생각난다. 선거 운동 과정을 통해 후보들은 많은 다양한 이슈에 대해 이야기해야 한다. 하지만 후보들은 보통 그들이 정말 소통하고 싶어 하는 중심 메시지를 가지고 있다. 그렇기 때문에 후보가 조심하지 않으면, 메시지는 중심을 벗어나 옆길로 새게 된다. 오늘날과 같이 영적으로 격동의 시대에 살고 있기 때문에, 우리는 메시지의 핵심으로 돌아가는 것이 필수적이다.

3) 변화하는 관점들: 사람들이 어떻게 자신을 바라보는가

일반적으로 개인은 자신을 진리와 실제(reality)의 최종 결정자로 본다. 그들은 그들 자신의 경험과 논리적인 능력을 통해 삶을 처리한다. 극단적인 개인주의는 건강한 관점이 아니며, 우리가 예수 그리스도와 관계를 통해 사람들에게 하나님을 소개하려고 할 때 약간의 도전에 직면한다. 뉴비긴은 말했다.

> 의문시 되지 않고 지배적이던 오래된 믿음과 행동 양식이 대체로 용해됐다. 사람들은 무엇을 믿을지 그리고 어떻게 행동해야 할지에 대해 각자가 스스로 결정을 내린다.[12]

이것은 당신이 지배적인 문화 집단의 일원이라면 특히 그렇다.

그러나 만약 당신이 작은 하위 문화에 속해 있다면, 당신은 그 집단의 관점에서 더 많이 생각하기 시작한다.[13] 결정을 내리고, 사실을 결정하고, 가치를 설정하기 위한 개인의 과정은 그것이 집단에 어떻게 영향을 미치고 집단이 어떻게 반응하는지의 필터를 통해 이뤄진다. 그리스도인들이 공동체를 중시하는 사람들이나 현재의 포스트모던 사람들에게 복음을 전

---

[12] Lesslie Newbigin, *Foolishness to the Greeks*, 13.
[13] 어떤 면에서는 미국의 교회가 그리스도인들의 다수의 작은 하위 문화 그룹으로 구성돼 있다. 우리가 더 긴 시간동안 그리스도인일수록 불신자의 눈으로 세상을 보는 것은 더욱 어려워진다.

달하고자 할 때, 우리는 극히 개인주의적인 관점에서 우리의 메시지를 전하는 것의 부정적인 결과를 고려해야 할 것이다.

오늘날 사람들은 죄책감 없이 살고 싶어한다. 미국의 대중문화는 관용의 가치를 급상승시켰다. 이로 인해 죄의 개념이 거의 완전히 없어지게 됐다. 관용의 가치는 여러 단계를 거치면서 다른 사람들의 견해와 행동을 용인할 뿐만 아니라 그들이 그런 견해와 행동을 가졌다는 사실을 축하할 것이라는 기대로 발전했다. 현실이나 실천에 대한 다른 견해를 제시하는 것은 이제 도덕적으로 그리고 사회적으로 금기로 보여진다.

죄책감 없이 살고 싶은 것의 문제는 우리가 건전한 판단력을 사용하지 않고, 다른 사람들도 우리의 잘못을 간과할 것이라는 희망을 가지고 다른 사람들을 평가한다는 것이다. 이것의 또 다른 문제는 하나님이 모든 것을 보신다는 것이다.

또한, 우리들 대부분이 알고 있는 것처럼 우리가 우리의 죄를 그냥 무시하더라도 그것은 사라지지 않을 것이라는 점이다. 결과적으로, 우리는 다양한 형태의 영적 배출구를 찾는다. 오늘날 그런 일이 있을 때 교회는 영적인 해답을 찾기에 바람직하지 못한 장소로 여겨진다.

사람들은 보통 적어도 자신에 대한 세 가지 견해 사이에서 움직인다. 어떤 사람들은 행복하고 건강하기 때문에 하나님이 거의 필요 없다고 본다. 다른 사람들은 위기에 처해 있고 상처를 입기 때문에 고통을 덜기 위한 거의 모든 해결책을 찾는다. 다른 이들은 여전히 자신들이 더 많은 것을 찾고 무언가를 갈망한다고 느낀다.

이것은 인생에서 영적인 온전함 혹은 그 이상의 것을 찾는 것을 포함할 수 있다. 사람들은 상처를 입거나 탐색할 때 영적인 문제를 더 잘 수용한다.

오늘날 대부분의 사람, 특히 40세 이하의 사람들은 스스로 종교적이라기보다는 반대로 영적이라고 여긴다. 이것은 그들이 그리스도를 따르고 있다는 것을 의미하지는 않는다. 근대성이 하나님의 존재에 도전하는 동안, 상실감의 측면은 바뀌었다.

포스트모던 문화에서 자란 사람들은 보통 어떤 형태의 "신"을 믿는다. 하나님의 존재를 묻기보다는 그래서 하나님의 존재에 대한 증거를 구하기보다는 어떤 신인지 그리고 그들이 어떻게 하나가 되는지 물을 가능성이 높다.

4) 선교사들

미국에 있는 하나님의 교회 앞에 당면한 임무는 다양한 정치, 사회, 경제, 종교 문화를 가진 사람들 사이에서 봉사해 온 선교사들에게 낯선 것이 아니다. 우리의 선교사들은 현실을 인식할 수 있는 다른 렌즈들을 가지고 있는 사람들을 위해 메시지를 해석하고 상황화하는 방법을 모색해 왔다.[14] 레슬리 뉴비긴은 그의 선교 경험으로부터 다음과 같이 말했다.

> 다른 한편, 우리는 타문화 선교에서 제기된 신학 문제에 대해 선교사들이 많은 연구를 해 왔다. 서양 선교사들이 우리 현대 서구 문화에 대한 신뢰의 총체적 약화를 공유하고 있듯이, 그들은 복음을 제시하면서 문화적으로 상황화된 인식과 복음의 내용을 혼동하는 경우가 많았고, 따라서 어떤 문화의 상대성에 대한 신적인 권위를 부당하게 주장해 왔다는 사실을 더 잘 알게 됐다.[15]

내가 제시하는 것, 우리가 사람들을 예수 그리스도와의 역동적인 구원의 관계로 이끌기 위해 복음을 이해할 수 있도록 도와주는 것은, 전 시대에 걸쳐 선교사들의 활동이었다. 선교사들은 인간의 한계 안에서, 그렇지만 성령의 능력으로, 사람들에게 그리스도의 생명을 주시는 메시지를 번역한다. 이것은 불신자 개인이나 집단에 대한 증가하는 이해를 바탕으로 한 것이다.

---

[14] See Newbigin, *The Gospel in a Pluralistic Society,* chapter 12, and David Hesselgrave, *Communicating Christ Cross-Culturally.*
[15] Lesslie Newbigin, *Foolishness to the Greeks,* 1-2.

3. 우리의 두 문화에서 복음 전도 비교

브라이언 맥라렌(Brian McLaren)은 자신의 저서 『저 건너편의 교회』(*Church on the Other Side*)에서 이렇게 진술한다.

> 만일 당신에게 새로운 세계가 있다면, 당신은 새로운 교회가 필요하다. 그리고 당신은 새로운 세계를 가지고 있다.[16]

진술의 한계를 인식하면서, 만약 당신이 다른 종류의 불신자들을 대하고 있다면, 당신은 개인 전도에 대한 다른 접근이 필요하다. 전도에 있어서 다른 목적이 아니라 다른 접근법이 필요한 것이다.

---

[16] Brian D. McLaren, *The Church on the Other Side* (Grand Rapids: Zondervan, 2000), 11.

1) 가능한 출발점

표 5. 영적 대화의 주제

모더니티	포스트모더니티
천국이든 지옥	중요성, 의미, 목적
성경	삶 문제
우리의 의제	그들의 상황
보편적 진리(죽음, 세금)	개인적인 예
"만나서 반가워요."	"우린 친구니까, 나는 …."
직면하는	관계적
교회 혹은 종교적 주제/경험	영적 주제와 경험
"하나님과 어떻게 지내십니까?"	"당신의 영적인 여정을 설명해 주세요."
예수	하나님
정보 제공	탐구적인 질문하기
바른 말 사용하기	바른 방법으로 살기
요 3:16; 롬 3:23	창 1:1; 렘 28:11
복음 사실	복음의 영향력과 간증

영적인 대화의 출발점이 바뀌고 있다. 대부분의 불신자는 하나님에 대한 유대-그리스도인들의 이해와 예수 그리스도와 성경에 대한 일반적인 그리스도인들의 이해에서 일할 준비가 돼있지 않다. 그러므로 전도 대화는 로마서보다 창세기에 더 가깝게 시작돼야 한다.

표 6. 영적 대화의 출발점

모더니티	포스트모더니티
기독교가 합리적인가? 하나님이 계시다는 걸 어떻게 알 수 있나? 기적이 가능한가? 과학과 성경이 충돌하는가? 기독교의 주장이 타당할까?	절 걱정하시나요? 내 삶의 목적은 무엇인가? 궁극적인 의미가 있는가? 어떻게 하나님을 경험할 수 있을까? 어떻게 하면 하나님이 될 수 있을까/하나님과 바른 관계를 가질 수 있을까?
하나님은 왜 고통과 악을 허락하시는가?* 복음의 본질은 무엇인가? 복음의 본질은 사실일까? 그리스도를 따르기 위한 희생이 가치가 있는가?	예수님만이 하나님께 가는 유일한 길인가? 그리스도인의 주장이 내 경험과 일치하는가? 복음의 본질은 실제하는가? (그것들은 차이를 만드는가) 청렴—그것이 작동하는가?
아무도 그들에게 예수에 대해 말해 주지 않았는가? 성경은 믿을만한가? 진화—(성경 대 과학) 복음의 사실 질문에 대한 불충분한 대답 하나님의 존재 하나님을 설명할 수 없음 세상에서 고난을 당함 성경 대 과학 다원주의	어느 신인가? 하나님이 나를 위해 무엇을 하실 수 있나? 어느 종교가 나에게 맞는가? 어느 성스러운 책이 옳은가? 아무도 그들에게 예수를 보여 주지 않았다. 교회에 대한 빈곤한 이미지 그리스도인들에 대한 신뢰의 부족 하나님의 신비의 부족** 인생, TV, 가상 현실이 이해됨 혼돈으로부터 질서/의미 부여 다원주의 속에서 그리스도의 배타성 용어/ 메시지 이해하기 소망을 찾기 성경 대 경험 하나님과 연결하기

* Paul E. Little, *Know Why You Believe* (Downers Grove, Ill.: Inter-Varsity Press, 1967).
** "오늘날 사람들은 신비를 아주 매력적으로 여기고 있다. 하지만 거기에는 이해할 수 있고, 필요한 것을 충족시키는 이벤트와 진입점이 있어야 한다." Rick Richardson, *Evangelism Outside the Box*, 23.

2) 불신자들에 대한 질문/이슈

불신자들의 질문과 이슈들이 바뀌었다. 나는 우리가 그 질문들을 듣고 있는지 더이상 확신할 수 없다. 우리가 소통하기 위한 노력에서 단지 더 목청을 높여서 우리의 대답을 외치고 있는 것이 가능한가?

나는 인생의 궁극적이고 심오한 문제는 변하지 않는다고 믿지만, 초기 질문들은 근본적으로 다르다. 시작점이 하나님에 대한 성경적 이해와 20세기에 더 멀리 떨어져 있기 때문이다. 처음 질문들이 다뤄진 후에야 불신자들은 그들의 더 깊은 질문에 대한 답을 고려하고 묻기 시작한다.

3) 탐험적인 질문들

표 7. 불신자에 대한 탐색 질문

모더니티	포스트모더니티
당신은 구원받으셨습니까? 당신은 거듭났습니까? *1에서 1백까지의 척도에서, 만약 당신이 죽는다면 당신은 천국에서 영원을 보낼 것이리고 얼마나 확신하십니까?	당신은 영적인 것들에 대해 많이 생각하십니까? 당신은 영적인 여정의 어디에 있습니까? 당신의 영적 여정은 당신의 가장 깊은 질문과 삶의 문제에 답을 주나요?
*영생을 가졌다는 것을 확실히 아는 영적 단계에 오셨습니까 아니면 아직도 그것을 위해 애쓰고 계십니까? *오늘 밤에 당신 죽어서 하나님 앞에 섰는데 그가 당신에게 "내가 너를 왜 나의 천국에 들여보내야만 하지?"라고 질문한다고 가정해 보세요. 그러면 뭐라고 하시겠습니까?	삶의 의미와 목적을 찾으셨나요? 당신의 영적 이야기를 말씀해 주세요.
당신은 그리스도인입니까? 당신은 예수를 사랑하고/아십니까? 당신은 천국에 가길 원하십니까? 당신은 지옥에 가고 싶지 않죠. 그렇죠? 당신은 어디에 있는 교회에 가시나요? 당신은 예수를 믿으시나요?	당신은 스스로를 종교적인 사람이라고 생각하십니까? 당신에게 예수님은 누구인가요? 당신은 하나님을 어떻게 이해하십니까? 당신은 어떤 종교적인 배경을 가지셨나요? 왜 우리가 여기 있죠? 우리가 죽으면 우리에게 어떤 일이 일어나요? (그들의 경전에서) 당신이 가장 좋아하는 부분은 무엇인가요? ~에 대해 좀 더 얘기해 주시겠어요? 세상에 무슨 문제가 있다고 생각하십니까? 당신은 어떤 형태로 세상을 보시나요? 절대적인 진리가 있다고 생각하세요? 나는 누구이고, (그리고) 내가 여기서 뭘 하고 있는 건가요?

나는 전도 폭발 진단 질문(다음 목록의 별표*가 있는 질문)과 다른 몇 가지 비슷한 질문을 하면서 믿음을 나누는 법을 배웠다. 이 질문들은 오늘날에도 여전히 사용될 수 있다. 하지만 나는 같은 목적에 도달할 더 효과적이면서 큰 수용성을 가진 다른 질문들이 있다고 믿는다.

우리가 그들에게 접근하는 방식 때문에 복음을 듣는 한 사람의 개방성을 차단하는 것은 가능하다. 우리가 영적 대화의 시작을 재고해 보도록 한 것에 대해 그들을 비난하지 않는다면, 우리는 불신자들에게 우리의 자비로운 노력을 수용하는 방법을 알려 줄 우리는 누구인가?

우리는 때때로 실패할 것이라는 것을 알지만 복음을 전할 수 있는 가장 좋은 기회를 얻을 수 있도록 의사소통을 모색해야 한다.

4) 진리를 어떻게 분별하는가

진리는 확실히 이전과는 다르게 결정된다. 많은 사람에게 진리는 개념조차도 상대적이다. 스물두 살의 한 여성은 절대적 진리에 대해 물었을 때 "나는 개인의 절대적 진리를 믿습니다"라고 대답했다. 그러나 대부분의 포스트모던 사람들에게 있어서 무엇이 **진짜**인가가 무엇인 **진실**인가 보다 더 중요하다. 사람들이 어떻게 진리를 분별하느냐의 변화는 우리의 복음전도에 중대한 도전을 가져왔다. 우리는 그들 앞에서 그 전도 메시지를 살아내지 않고서는 이 청중들에게 더이상 그리스도의 메시지를 신뢰와 믿음이 가도록 쉽게 제시할 수 없다.

과거에 그리스도인들은 "주님께서 말씀하셨습니다. 그것은 사실이므로 당신은 그것을 믿어야 합니다"라고 말할 수 있었다.

예수님께서 말씀하셨다.

너희가 서로 사랑하면 이로써 모든 사람이 너희가 내 제자인 줄 알리라 (요 13:35).

마찬가지로 우리가 서로 사랑하지 않는다면, 사람들은 우리가 그의 제자라는 것을 알기 위해 몸부림칠 것이고, 심지어 예수님이 진짜 하나님인지 아닌지 의문시할 것이다.

빌 이솜(Bill Easum)은 "북미의 초기 정착민들은 독일교육에 기초한 유럽 시스템을 확립했다. 이 독일교육은 모두 지능, 권위주의적 자세 그리고 평신도에 대한 불신을 바탕으로 한다"라고 말했다. 실제는 '**머리를 통해 심장에 전달**'됐다. 오늘날, 토착 사역에서는 교회 지도자들이 머리가 아닌 심장을 통해 불신자들에게 다가가고, 팀과 협업을 발전시키며, 자격 증명은 신성함 만큼 중요하지 않으며, 평신도를 동원할 것을 요구한다.

성공적인 지역교회 사역의 세 가지 주요 특성은 감성적이고, 즉각적이며, 신뢰를 가지게 한다. 현실은 오늘날 심장과 머리를 통해 더 많이 처리된다. 산업화된 세계에서 사람들에게 다가가는 가장 좋은 방법은 머리를 통해 심장으로 가는 것이었다. 오늘날 사람들에게 다가가는 가장 좋은 방법은 가슴을 통해 머리로 가는 것이다.[17]

표 8. 진리를 분별하는 방법

모더니티	포스트모더니티
사실 과학 직선적 사고 역사 고고학 무엇을 보는가 자연적 논리적 절대 진리 인간 진보 그것이 내 개인적인 목표를 달성하도록 돕는가?	관계 공동체 친구들 그것이 작동하는가? 경험 실용주의 초자연적 충돌하는 관점들 불분명한 관점들 어떤 면에서는 TV 선호 집단 사고 균열된 사고 패턴 가상 현실

---

[17] Bill Easum, 21st Century Strategies Inc. "Disciple Making Leaders," 1998, p. 15.

좋은 판단력으로 성경을 사용하는 것은 복음을 나누는 데 항상 도움이 된다. 성경과 그리스도의 이야기를 어느 정도 숙지하고 있는 현대인에게 있어서는 성경의 요한복음이나 로마서부터 시작하는 것이 적당했다. 이러한 구절을 교회의 영향력 밖에서 자란 사람들과 나누는 것은 잘못된 것이 아니지만, 우리는 어떤 종교적 용어나 성경 개념에 대해도 공통의 이해를 공유한다는 것을 분명히 할 필요가 있다. 성경 암송에 관해, 우리는 사람들이 하나님의 구원 계획에서 자신을 볼 수 있도록 하나님의 이야기를 전할 수 있는 구절의 수를 증가시킬 필요가 있다.

표 9. 전도에 유용한 핵심 구절들

모더니티	포스트모더니티
요 3:16 +	현대성에 사용된 것 +
롬 3:23	렘 29:11-13
롬 6:23	창 1:1-2:3
롬 5:8-10	창 2:3f
롬 10:9-10	신 29:29
엡 2:8-9	눅 19:10
요 10:10 2	고후 5:16-20
요일 5:11-13	눅 15장
요일 1:9	요 1:1
요 14:6	요 4장
	시편 139편
	행 17장
	성경 이야기 개요

4. 우리의 상황에서 선택 전략

조지 바나(George Barna)는 남침례교단에 대해 가장 대규모의 마케팅 연구 프로젝트를 수행했다. 그의 연구 결과는 그리스도인, 교회, 미국의 남침례교단이 공공의 이미지 문제로 고통받고 있다는 사실을 입증한다. 1980년대 중반에 비해 어느 카운티에서도 교회가 더 늘어난 경우가 없다는 사실이 이 사실을 뒷받침한다. 교회는 많은 사람이 볼 때 도덕적으로 잘못된 쪽에 있는 것으로 보인다. 이것은 교회들이 복음 전도의 세 가지 주요 범주 중 하나인 유인 전략(attraction strategies)을 사용할 수 있는 능력에 큰 영향을 미쳤다.

유인 전략에는 불신자들이 우리의 교회 건물로 와서 그리스도에 대해 듣게 하는 것이 포함된다. 일부 교회는 어느 정도 실효성을 가지고 이 전략을 사용하고 있지만, 대부분의 목사나 교회는 그들이 예배와 봉사로 제공하는 것을 통해 많은 사람을 끌어들이지 못하고 있다.

이것은 대부분의 교회들에게 복음 전도를 위한 두 가지 다른 선택권을 남겨 준다. 그들은 **미디어 전략**(media strategies)이나 **투사 전략**(projection strategies)을 사용할 수 있다. 대부분의 교회들은 재정적으로 넉넉하지 않거나 양질의 미디어 복음 전도를 할 수 있는 미디어 전문 지식을 가지고 있지 않다. 그래서 대부분의 교회는 그들에게 효과가 있는 투사 전략을 만들려고 애쓰게 됐다. 투사 접근법에는 잃어버린 불신자의 세계가 나타나기를 기다리는 대신 불신자들의 세계로 복음을 전달하기 위해 교회의 평신도들을 재원으로 활용하는 것이 포함된다. 교회는 불신자들의 세계를 관통하거나 교회의 벽 밖으로 메시지를 투사할 방법을 찾아야 한다.

미국의 그리스도인들과 교회는 공공의 이미지 문제로 고통받고 있다. 나는 미디어, 정부, 또는 공립학교와 같은 다른 기관들이 우리를 위해 이 문제를 해결해 줄 것이라는 희망을 가지고 있지 않다.

그렇다면 교회는 무엇을 해야 하는가?

모두 잃어버렸을까?

우리가 회복할 수 있을까 혹은 우리가 신경 써야만 할까?

팁 오닐은 전 민주당 하원의장이었다. 그는 오늘 교회를 위해 훌륭하게 적용되는 정치에 대해 말했다. 오닐은 "모든 정치는 지역적이다"라고 말했다. 공공의 이미지가 좋지 않거나 우리의 많은 봉사와 행사가 불신자들을 매력적이지 못할 때, 교회는 불신자들의 심장으로 곧장 갈 수 있다. 모든 그리스도인의 영향력은 지역적이고 개인적인 것일 수 있다.

5. 친구, 친척, 동료, 이방인들을 얻기

우리 중 몇몇에게는 우리를 가장 잘 아는 사람들과 예수를 나누는 것이 어렵다. 다른 사람들은 낯선 사람을 전도하는 것이 그들의 가장 큰 두려움 중 하나라는 것을 발견한다. 여기서는 이러한 두 가지 전도 환경 모두에 관련된 문제를 검토해 보자.

1) 당신을 가장 잘 아는 사람들과 나누기

(1) 가족과 가까운 친구들

"짧은 시간에는 일부 사람들을 속일 수 있지만, 모든 사람을 항상 속일 수는 없다"라는 말은 어느 정도 진리다. 가족이나 친한 친구를 속이는 것은 특히 어렵다. 사람들은 몇 가지 차원에서 신빙성을 결정한다. 그들은 메신저(메시지 전달자), 메시지, 사용된 방법을 조사한다. 만약 그리스도의 메신저가 그들의 불신자 가족과 친구들의 눈에 신뢰성이 없다면, 그들이 그리스도께 오는 것을 보기는 어려울 것이다.

① 개인 신뢰도

한 친구는 특히 교회에 충실한 어머니가 계신 가톨릭 가정에서 자랐다. 그러나 10대 후반에 그는 개인적으로 그리스도를 영접했다. 그의 어머니는 그가 가톨릭교회를 떠나는 것을 지켜보면서 마음이 멍들었고, 아들이 새로운 믿음에 흥분하는 것을 보면서 자신이 아들을 종교적으로 훈련시키는 면에서 실패한 것으로 해석했다. 어느 토요일 그는 침실에서 성경책을 읽고 있었는데, 그의 어머니가 들어와서 "만약 네가 그 책에 있는 것을 믿는다면, 너는 밖에서 네 아버지가 잔디를 깎는 것을 돕게 될 거야"라고 말했다.

② 깨진 관계

가족, 친구와 함께 전도하는 전제 조건은 관계적 신뢰성이다. 관계가 깨지고 껄끄러운 곳에서는, 우리가 먼저 관계 문제를 다루지 않는 한, 우리와 가장 가까운 사람들에게 다가갈 기회가 거의 없다. 우리는 깨진 관계에 대한 책임을 지고 용서를 구해 관계 문제를 다룰 수 있다. 깨진 관계에 책임을 지고 용서를 구하는 것은 우리가 잘못이 없더라도 할 수 있다. 왜냐하면, 잘못은 정말로 우선적인 문제가 아니기 때문이다. 깨진 관계는 우리가 화해로 나아가도록 만든다.

③ 장기간의 침묵

우리가 모든 관계에서 그리스도께 대해 침묵을 지키고 있다가 우리와 가까운 불신자를 걱정하게 됐을 때 우리는 어떻게 해야만 하는가?

이런 상황에서는 직접적이고 정직한 접근이 도움이 된다. 우리는 다음과 같은 말을 할 수 있다.

> 나는 너에게 용서를 구해야 한다. 우리는 오래 전부터 알고 지냈고, 나는 우리의 관계를 소중하게 여기지만, 나는 내 인생에서 가장 중요한 측면에 대해 침묵을 지켰다.

만약 당신이 시기가 적절하다고 느낀다면, 당신은 이렇게 덧붙일 수 있다.

"나는 예수 그리스도를 위해 나의 사랑과 삶을 바쳤으며, 이것은 내 삶에 근본적으로 영향을 줬다."

만약 성령께서 그 순간에 당신을 전하도록 인도하고 있지 않다면, "나는 가까운 장래에 그것에 대해 이야기하기 위해 당신과 약속 시간을 정하고 싶다"라고 말할 수 있다.

(2) 동료들

직장 동료나 고용주, 또는 종업원을 전도하기 위해서는 반드시 그들로부터 신뢰를 받아야 한다. 앞에서 논의된 항목은 여전히 중요하지만 신뢰성을 구축하기 위한 업무 관련 고려 사항이 있다. 직업적 성실성은 우리의 구두 증언과 일치해야 한다.

다른 사람들이 해야 할 일을 생각하고, 당신이 그들의 영적인 삶과 운명 같은 중요한 문제에 대해 그들의 말을 경청해야 한다. 이것은 중요한 문제다. 불신자들은 영적인 통찰력을 얻기 위해 누구에게 들을 것인가를 선택하는 데 현명한 판단이 필요하다.

직장에서 우리 주변 사람들은 다양한 각도에서 우리를 관찰한다. 그들은 우리가 어떻게 관계, 갈등, 스트레스, 성공을 다루는지 그리고 상사와 부하 직원들에게 어떻게 반응하는지를 지켜본다. 그들은 또한 우리가 업무에 있어서 우리의 책임을 어떻게 다하는지 살펴본다.

만약 우리가 늦거나, 일찍 퇴근하거나, 경비 보고서를 속이고, 충분한 노력을 기울이지 않거나, 형편없이 일을 한다면, 우리가 그리스도를 전하는 데 있어서 제한적인 신뢰를 얻게 될 것이다. 만약 우리가 종업원들에게 가혹하거나, 부당한 편견을 보이거나, 험담을 퍼뜨리는 역할을 한다면 그렇게 추한 모습으로 그들 앞에서 그리스도를 대표하는 격이 되기 때문에 복음을 전하는데 방해가 되는 장벽을 세우게 된다.

2) 당신을 잘 모르는 사람들에게 전하기

개인 전도에서 우리 노력의 대부분은 우리가 모르는 사람들을 목표로 하고 있다. 주요한 전략으로서 이것은 전도에 기꺼이 참여하려는 그리스도인들의 수를 극적으로 제한한다. 모르는 사람에게 전도하는 것을 일차적 전략으로 삼는 것은 제자 삼는 우리의 과제를 어렵게 만든다. 새로운 회심자는 교회와 관련 있는 사람들이나 심지어 그들을 그리스도께로 인도한 사람과의 관계망을 가지고 있지 않기 때문에, 낯선 사람을 회심시켜 제자 삼고 동화시키는 능력은 극적으로 감소된다.

그러나 그리스도를 필요로 하는 모든 사람과 장기적인 관계를 맺을 수는 없다. 성령이 이끄는 대로, 우리는 낯선 사람들과의 관계를 발전시키고, 적어도 그들 중 일부는 우리 안에 있는 소망을 전하기 위해 가벼운 지인들과의 상호 작용을 이용할 수 있다. 우리는 일반적인 경험에 대해 이야기해 관계를 맺을 수 있다. 앞 글자를 딴 신조어 FIST는 가족(family), 관심사(interests), 영적 경험(spiritual experience), 그리스도의 이야기 전하기(tell the story of Christ)를 기억하는 데 도움이 될 수 있다.

우리 이웃 중 많은 사람은 우연히 알게 된 사람들이다. 우리는 좋은 이웃이 되고, 작은 친절을 베풀고, 그들에 대한 관심과 우려를 나타내 의도적으로 관심을 표현할 수 있다. 친절은 매우 드물기 때문에 대개 눈에 띄고 매력적이다. 아마도 당신은 그리스도의 사랑으로 그들을 접촉하기 위해 이웃들의 세계로 들어갈 수 있는 몇 달간의 계획을 개발하려 할 것이다. 우리는 개별적으로, 가족으로서, 또는 다른 기독교 이웃들과 함께 그들에게 연락할 수 있다.[18]

---

[18] Linda Wakefield Kelley, "A Winning Team: How Four Couples Work Together to Reach Their Neighbors," *Discipleship Journal*, September–October 2000, 80–82.

사람들은 그리스도인들에 대해 주어진 상황에서 어떻게 행동해야 하는지에 대한 현실적이고 비현실적인 기대와 기대를 가지고 있다. 우리가 모든 사람의 기대, 특히 알려지지 않은 사람들의 기대에 부응하는 것은 불가능하다. 우리는 누가 우리를 지켜보고 있는지 결코 알지 못한다.

한 목사가 상점에 가서 물건을 샀다. 그는 차에 도착해서 구입한 물품들과 영수증을 확인했다. 그는 점원이 그 물건들 중 하나에 대해 그에게 요금을 부과하지 않았다는 것을 알아차렸다. 그는 물건 값을 지불하기 위해 안으로 돌아왔다. 상점으로 돌아오자 점원이 말했다.

지불하지 않은 물건이 있다는 것을 압니다. 나는 당신이 설교하는 것을 실천하는지 알고 싶어서 일부러 그랬습니다.

물론 목사는 영수증을 확인하지 않았을 수도 있고, 점원은 부당한 부정적인 평가를 내렸지만 개의치 않는 평가를 했을 것이다. 대부분의 사람은 낯선 사람이 그런 심각한 주제에 대해 프레젠테이션 형식으로 이야기하는 것을 듣고 싶어 하지 않는다.

하지만 우리가 만나는 사람들에게 관심을 보인다면, 그들은 예수의 변화시키는 능력을 포함해 우리의 이야기를 들을 수 있을 것이다. 만일 시간이 제한적이라면 당신의 간증을 나눌 기회를 얻지 못할 수도 있다. 이런 상황에서, 어떤 식으로든 그들을 섬길 수 있다면, 예수에 대해 긍정적인 말을 하거나 접촉점을 통과할 수 있는 적절한 기회를 찾아라.

만일 새로 만난 사람이 그리스도에게 항복한다면, 이 상황에서의 도전은 후속 돌봄의 영역에 있다. 그 사람이 그리스도에 대해 더 많은 대화를 하는 것에 열린 마음을 가지고 있다면 이것은 또한 사실이다. 전도자는 미래에 새로운 신자와 관계를 맺거나 그 사람이 자신의 지역에 있는 교회와 연결되도록 돕는 것에 대해 의도적이어야 할 것이다.

6. 결론

대학생들을 인터뷰했을 때, 캠퍼스 사역을 하는 한 학생은 다음과 같은 결론에 도달했다.

> **첫 번째 결론은** 사람들은 어떤 형태로든 모두 영적인 존재라는 것이다. 우리 안에는 우리 자신의 외부에서 비롯되는 해답을 찾도록 이끄는 영적인 탐구가 있다.
>
> **두 번째 결론은** 많은 사람이 하나님에 대한 가르침과 교회에 대한 불신 때문에 잘못된 장소에서 탐색하고 있다는 것이다. 헐리우드와 TV는 성경이나 다른 종교 문학의 가르침보다 하나님의 본성에 대한 대부분의 우리 학생들의 믿음을 형성해 왔다.
>
> **세 번째 결론은** 학생들이 그리스도의 본성에 대해 긍정적인 생각을 가지고 있다는 것이다. 그것은 그의 삶과 죽음의 진정한 의미에 대한 개인적 확신을 단순히 따라야 할 좋은 모범 이상으로 이끌어 내기 위해 사용돼야 한다. 이것을 이루기 위해서 우리는 학생들이 있는 곳에서 학생들을 만나야 하고, 그들과 관계를 시작해야 한다. 그것은 우리가 확신에 의해 예수에 대한 진정한 진리를 그들과 나눌 권리를 얻을 수 있는 것이다.
>
> **네 번째 결론은** 사람들이 영적인 문제에 대한 그들의 생각을 나누는 것을 꺼리지 않지만, 그들은 그들의 삶에서 이 매우 개인적인 영역에 대해 낯선 사람과 논쟁하는 것을 원하지 않는다는 것이다.[19]

기회와 도전은 미국의 교회 앞에 있다. 우리는 우리 앞에 놓인 기회를 기대하며 맞서야 한다. 제임스 햄튼(James Hampton)은 말했다.

---

[19] Conclusions of Eddie Gilley as reported in a paper, January 2002, 2–3.

포스트모던은 자신들의 삶에서 자기보다 더 큰 것을 원한다. 그들은 살아 계신 그리스도와 마주치기를 갈망하고 있다. 그리고 불교, 뉴에이지 운동 그리고 수많은 다른 믿음 체계를 시도한다. 그들이 알고 있는 자신들 안에 존재하는 영적 공백을 메우기 위한 전면적이고 부끄럽지 않은 노력이다.[20]

그리고 우리는 그들이 찾고 있는 것을 가지고 있다!

나는 미국의 교회들이 포스트모더니즘이 가져다준 충격에서 이득을 볼 수 있다고 생각한다. 잠재적인 신선함과 잃어버린 성경적 강조의 발견은 아마도 우리의 교회에 포스트모던 회심자들이 도착하면서 일어날 것이다. 포스트모던 사람들은 일반적으로 그들의 전임자들보다 그리스도로부터 멀리 떨어져 출발하기 때문에 보통 그들의 삶을 그리스도에게 항복하는 데 더 오래 걸릴 것이다.[21] 그래서 그리스도인들은 섬김과 사역 전도 프로젝트를 통해 관계를 발전시키고 씨앗을 심는 데 의도적인 노력을 기울여야 할 것이다. 나는 그들의 느린 과정이 그리스도를 믿고 제자가 될 때 더 사려 깊은 결정과 더 강한 약속으로 이어지기를 바란다. 복음 메시지는 그리스도의 인성과 유일성에 집중될 것이다.

세 가지 일차적인 전달 체계는 다음과 같다.

첫째, 서사, 비유, 간증이다.
둘째, 모든 감각에 호소하는 창조적 예배이다.
셋째, 서로와 하나님과의 관계 발견과 발전을 위한 의미 있는 형태의 진정한 공동체, 안전한 소그룹 경험, 지역 봉사 활동을 실시하는 것이다.[22]

얼마나 좋은 기회인가!

---

[20] James K. Hampton, "The Challenge of Postmodernism," *Youthworker*, January/February 1999, 19.

[21] *Evangelism Made Slightly Less Difficult*에서 조지 바나(George Barna), 톰 울프(Thom Wolf), 조지 헌터(George Hunter), 제임스 엥겔(James Engel), 닉 폴라드(Nick Pollard)는 모두 유대-기독교 전통에 덜 영향을 받은 포스트모던 사람에게 전환 과정이 일반적으로 더 오래 걸릴 것이라는 데 동의한다.

[22] Hampton, "The Challenge of Postmodernism," *Youthworker*, January/February 1999, 20–21, 24.

포스트모던 세계에서는 기독교가 테이블의 한 자리를 차지하고 있다. 영적 탐색이란 이 주어진 기회를 통해 무엇을 할지 결정하는 것은 교회의 몫이다.[23]

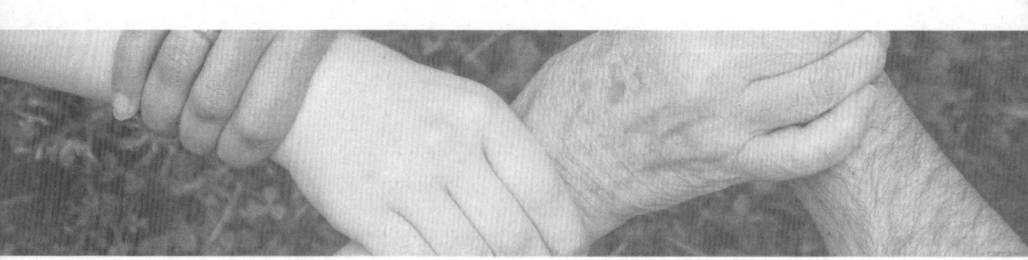

---

[23] 결론은 저자가 쓴 소논문의 일부로 다음과 같이 출판됐다. "The Evangelistic Conversation in an Increasingly Postmodern America," *American Society for Church Growth Journal*, Winter 2001, 81-94.

제6장

상황을 초월해 그리스도를 전하기

우리가 나누는 전도를 위한 대화가 모두 우리와 같은 현대적이거나 포스트모던 성인들을 대상으로 하는 것은 아니다. 또한, 전도는 유사한 삶의 단계, 철학적 관점, 혹은 문화적 배경을 공유하지 않는 사람들에게도 일어난다.

조지 바나의 보고에 따르면 우리가 14살까지 그리스도를 위해 어떤 사람에게 전도하지 못하면 그리스도를 위해 그 사람을 전도할 확률은 극적으로 감소한다고 한다. 십여 년 전만 해도 그들을 전도할 기회가 극적으로 줄어들기 전까지 나이는 열일곱 살이었지만, 우리는 이제 어른들 외에 청소년들을 전도하려고 고군분투하고 있다. 더욱 어린 나이의 사람들에게 전도해야 한다는 이러한 경향은 성인 전도를 중요하게 다루는 신약성경의 패턴에 비춰 보면 두려운 일이다.

우리는 젊은이들을 속이는 데만 이용될 수 있는 메시지를 가지고 있다는 비난을 받을 위험에 처해 있는 것일까?

하지만 어른들에게는 기독교의 메시지와 생활 방식이 통하지 않는 위험에 있는가?

10대들이 놀랄 만큼 빠른 속도로 교회를 떠나고 있다. 대부분의 교회에서는 젊은 성인을 거의 찾아볼 수 없다.

어린 학생들이 "웬일이니?"라고 말하는 것과 같다.

성인을 전도하는 데 효과적일 필요가 있음에도 불구하고, 우리의 아이들과 청소년은 그리스도를 필요로 하는 하나님이 창조한 보석이다. 하나님은 그들의 보살핌을 우리에게 맡기셨고, 우리는 어른으로서 그리스도를 그들과 효과적으로 전해 그 신뢰에 보답해야 한다. 또한, 우리 문화와 하위 문화 밖의 사람들은 그리스도를 필요로 한다. 이 장에서는 연령대 및 문화적 장벽을 넘어선 의사소통에 대해 간략히 설명하겠다.

1. 나이 차이를 뛰어넘는 소통

1) 아이들

목사로서 나는 아이들의 독특한 욕구를 능숙하게 다루는데 다소 미흡함을 느꼈는데, 부분적으로는 내가 관찰한 실수와 학대 때문이었다. 나는 아이들에게 과도한 압력을 가하는 것을 보아 왔다. 나는 그리스도를 영접했다고 주장하지만 자신들이 무엇을 하고 있는지 전혀 알지 못하는 아이들과 이야기를 나눴다. 이 지역의 또 다른 목사는 우리 교회의 백야드 성경 클럽(Backyard Bible Clubs)에 부정적인 영향을 끼쳤다. 그가 부모의 허락 없이 여름성경학교(VBS) 후 한 아이에게 세례를 줬기 때문이다.

세 어린 소녀의 아버지로서 나는 어린이들과 청소년들이 그리스도를 믿게 되는 것을 보고 싶은 간절한 소망을 가지고 있다. 어릴 때 그리스도를 알고 성장하게 되면 많은 이점이 있다. 아이들은 어른들보다 더 쉽게 다가가고 가르칠 수 있다. 아이들이 그리스도를 신뢰할 때, 그들의 영원한 운명이 바뀔 뿐만 아니라 지구상에서 그들의 삶의 거의 모든 면에 긍정적인 영향을 미칠 것이다.

(1) 아이들의 영적 상태

아이들을 제자로 삼는 데는 독특한 문제들이 있다. 그러나, 아이들도 어른들처럼 동일한 영적 상태에 있다. 아이들도 동일한 죄의 문제가 있고 구원을 필요로 한다. 아이들이 그리스도 없이 죽는다면 동일한 결과를 갖게 될 것이며, 그리스도를 믿고 죽는다면 동일한 상급을 받게 될 것이다. 아이들도 어른들처럼 성령님의 일하심과 은사를 통한 은혜로 온전히 구원받는다.

복음의 본질은 아이들에게도 똑같다. 그들은 어른처럼 그리스도를 영접하지만 그 차이는 복음이 그들에게 어떻게 전달되는가에 있다. 아이들은 우리가 그림을 그릴 필요가 있는데, 왜냐하면 그들이 무엇이 진실인지를 구별하고 받아들일 때 어른들과 다르게 처리하기 때문이다.

(2) 아이들 전도에 있어서의 선택적 고려 사항

어린이들과 그리스도에 대해 상담하는 것은 네 가지 잠재적인 문제들을 가져온다.

첫째, 아이들의 회심에 대한 정보가 성경에는 거의 없다.

둘째, 부모와 교회는 아이들이 자신을 드리는 헌신을 할 준비가 되기 전에 신앙고백을 하도록 압력을 가할 수 있다. 아이들은 어른들보다 더 쉽게 조종될 수 있기 때문에 복음을 나누기 위해서는 그들의 심리적 욕구를 어떻게 사용하는지 조심해야 한다.

셋째, 다른 부모들은 지나치게 자식을 과보호하며, 다른 사람들이 그들의 아이와 그리스도에 대해 논하는 것을 허락하지 않는다.

넷째, 일부 교파에서는 어린 나이의 아이들에게 세례를 주는 경향이 있다.[1]

---

[1] 이 주제에 관한 자료를 위해서는 다음을 참조하라. Drew J. Gunnells Jr., "Counseling

(3) 아동의 발달적 구성

각각의 아이들은 독특하고 배우는 속도가 다르지만, 아이들이 어떻게 처리하고 인지하는지에 있어서 일반적인 발달 요인들이 있다. 아이들은 그들의 사고 과정에 있어서 구체적이고, 문자적이고, 또 단순하다. 약 12세 전까지 아이는 구원과 같은 추상적인 개념을 다루기 어렵다. 그러므로 아이들은 우리가 단지 신학적인 개념에 대해 상세히 설명할 것이 아니라 볼 수 있도록 그림을 그려줄 필요가 있다. 아이들은 기본적인 심리적 욕구를 가지고 있는데, 그것은 어딘가에 속하고, 성취하고, 두려움으로부터의 자유, 사랑과 애정, 죄책감으로부터의 자유 그리고 공헌할 수 있는 능력이다.[2] 각각의 필요는 복음 전도의 효과적인 도구가 될 수 있지만, 전도자는 전도를 위한 만남에서 각각의 필요를 쉽게 남용할 수 있다.

각 아이는 한 개인이라는 것을 명심하라. 우리는 우리가 복음을 전하고 있는 아이의 특정한 발달 단계에 민감하게 반응해야 하며, 복음 메시지의 각각의 주요 측면에 대한 이해를 계속 확인해야 한다.

(4) 준비됨 평가하기

내 일곱 살짜리 딸 메이시(Macy)는 엄마와 나에게 세례에 대해 묻고 있다. 우리는 이것에 대한 그녀의 기대를 함께 나누지만, 그녀는 아직 그리스도에게 항복할 준비가 돼있지 않다. 아내와 나는 어린 딸의 준비 상태를 계속 지켜본다. 그러는 가운데 그녀에게 복음을 설명하려고 애쓰는 그녀의 두 언니의 말을 듣는 것은 흥미로운 일이다.

준비 상태를 평가할 수 있는 유일한 방법은 없지만, 당신이 물어볼 수 있는 몇 가지 좋은 질문과 당신의 자녀에게서 찾아야 할 몇 가지 징후가 있다. 아이들에게 '예/아니오' 질문이 아닌 '열린 질문'을 물어보라. 예를

Children about Conversion," *Southwestern Journal of Theology* 33 (1991): 35-41.
2 이 주제에 관한 추가적인 정보를 위해서는 다음을 참조하라. Daniel H. Smith, *How to Lead a Child to Christ* (Chicago: Moody Press, 1987), 55.

들어, "예수님께서 너의 죗값을 치르기 위해 죽으시고 다시 살아나신 것을 믿니?"라고 질문을 하기보다 "예수님이 누구니?" "왜 예수님이 죽어야만 했을까?" "예수님이 돌아가신 후에 무슨 일이 일어났을까?" "오늘 예수님이 너를 위해 무엇을 해 주시길 바라니?" 등의 질문을 물어보라.[3]

여기 당신이 도움이 될 만한 다른 질문들의 목록이 있다.

① 나와 무엇에 대해 얘기하고 싶으세요?
② 그리스도인이 된다는 것이 무엇을 의미한다고 생각하십니까?
③ 무엇 때문에 이 문제에 대해 생각하셨습니까?
　 언제 이런 생각을 하십니까?
　 언제부터 이런 생각을 하셨습니까?
④ 그리스도인이 된다는 것에 대해 알고 있는 다른 것은 무엇입니까?
⑤ 하나님을 어떻게 묘사하시겠습니까?
⑥ 하나님이 당신에 대해 어떻게 느낀다고 생각하십니까?
⑦ 당신은 하나님이 누구라고 생각하십니까?
⑧ 당신은 왜 사람들이 그리스도인이 돼야 한다고 생각하십니까?
⑨ 당신의 학교에서 친구가 당신에게 그리스도인이 되는 것이 무엇을 의미하는지 말해 달라고 부탁한다고 가정해 보십시오. 당신은 그에게 뭐라고 말하시겠습니까?
⑩ 또 다른 궁금한 점은 무엇입니까?[4]

---

3 Barth and Sally Middleton, "Am I Doing It Right?" *Evangelizing Today's Child* 27 (2000): 8–11.
4 Drs. Paula Stringer and Sharon Thompson, "Painting Pictures of Jesus" C-35 in Counselor Training. 스트링거 박사는 신학교 교수로서의 역할에 있어서 어린 시절의 교육 전문가다.

그리스도를 영접할 준비가 돼 가고 있음을 나타내는 몇 가지 징후가 있다.

① **기질의 변화**: 진지한 묵상, 냉정한 생각, 또는 걱정의 표현은 성령의 확신의 증거가 될 수 있다.
② **탐구심**: 교회 구성원의 자격, 세례, 용서, 예수의 부활, 또는 죽음에 관한 질문은 구원에 대한 관심을 나타내는 것일 수 있다. 그러한 질문은 단지 관심이 많아졌다는 것을 나타낼 뿐 지금 당장 준비가 됐다는 의미는 아닐 수 있다는 것을 기억하라.
③ **개념의 발달**: 하나님의 인성과 사역, 그리스도, 또는 성령에 대해 적절히 설명할 수 있는 능력이나 죄의 본성에 대한 명확한 이해는 준비 상태를 나타낼 수 있다.[5]

(5) 그들이 반드시 이해해야만 하는 것

많은 어린이가 어른을 기쁘게 하거나 형제나 친구의 행동을 모방하기 위해서 그리스도를 영접하는 데 열심이기 때문에, 어린이들은 그리스도에 대한 그들 자신의 개인적 필요를 분명히 이해해야 한다. 그들은 예수만이 구원의 유일한 길이라는 것을 이해해야 한다. 그들은 그리스도를 신뢰하는 것이 무엇을 의미하는지 알아야 한다.[6]

전도자는 아이에게 복음을 분명하게 설명해야 하며, 용어에 신중하고 융통성이 있어야 한다. 믿음과 신앙과 같은 개념들은 철저히 설명돼야 하는데 아마도 신뢰나 영접과 같은 용어들도 마찬가지다. 어린이 전도에 필요한 기본적인 논의의 내용에는 다음과 같은 것들이 포함된다.

---

5 Summarized from Dan Padgett, "Toward Understanding Children and Conversion," *Children's Leadership* 2 (January-March 1972): 18–19.
6 Barth and Sally Middleton, "Am I Doing It Right?" *Evangelizing Today's Child* 27 (2000): 8–11.

① 죄의 본질과 개인의 필요
② 그리스도의 인성과 사역
③ 구원을 위한 하나님의 요구
④ 결과(하나님이 구원을 통해 하시는 일)

(6) 어린이 전도를 위한 가이드라인

다음은 어린이들에게 그리스도를 전하기 위한 지침과 조언 목록이다.[7]

① 어떤 것도 가정하지 마십시오. 항상 처음부터 시작하십시오.
② 어린이가 이해할 수 있는 단어와 개념을 사용하십시오.
③ 아이들은 구체적으로, 문자 그대로 생각합니다(예를 들어, "예수를 네 마음에 초대하라").
④ 개방형 질문을 하고 아이들이 주는 답변과 주지 않은 답변에 귀를 기울이십시오.
⑤ 아이들이 그 말의 의미를 이해하지 못한다면, 교회의 지도자나 부모로부터 들은 것에 대해 대답하고 싶어 하지 않습니다.
⑥ 아이들은 표준적인 기독교 용어로 대답하지 않을 수 있지만, 사실 그리스도를 영접하는 것일 수도 있습니다.
⑦ 복음을 설명할 때 기본을 고수하라. 왜냐하면, 이해는 이전에 습득한 개념과 진리를 통해 얻어지기 때문입니다.
⑧ 아이들이 질문을 하고 성령이 역사하심에 따라 아이들을 돕되 강요하지는 마십시오.

---

7   아이들과 의사소통하는 방법에 대한 내용은 다음을 참조하라: Drew J. Gunnells Jr., "Counseling Children about Conversion," *Southwestern Journal of Theology* 33 (1991): 35–41. See also Stringer and Thompson, "Painting Pictures of Jesus."

폴라 스트링거(Paula Stringer)는 신호등이라는 시각적 도구를 사용해 우리에게 다음과 같이 권한다.

① **빨간불**: 어린이의 대답을 들어라.
② **노란불**: 아이가 말하고 있는 것과 말하지 않는 것에 대해 생각하라.
③ **파란불**: 어서 가서 대답하라, 하지만 대답할 때 아이의 어휘를 용하라.[8]

기독교 용어들을 더 이해하기 쉽게 만들라. 이해되지 않는 용어를 명확히 하기 위해 모든 노력을 기울여야 하지만 이상적으로는 메시지를 듣는 아이들이 납득할 수 있는 용어를 사용해야 한다. 아래는 아이들이 종종 이해하려고 애쓰는 몇 가지 용어들이다. 용어가 아닌 개념을 이해하려고 해 보라.

① **죄**: 죄란 네가 하나님의 방법 대신 네 방법을 선택할 때다. 죄란 자신이 무엇을 해야 하는지 알지만, 다른 것을 하기로 선택하는 것이다. 죄는 당신을 하나님으로부터 분리시킨다.
② **회개**: 회개란 자신의 방법 대신에 하나님의 방법대로 일을 하기로 결정하는 것을 의미한다. 당신은 당신의 잘못된 선택에 대해 사죄하는 마음이다.
③ **하나님께 순종**: 하나님께 순종한다는 것은 하나님의 방법대로 사는 것을 선택하는 것을 의미한다.
④ **그리스도인**: 만일 당신이 저지른 잘못된 선택에 대해 하나님께 용서를 구하고 당신 삶의 주인이 돼 주시길 간구한다면 당신은 그리스도인이다.

---

8   Stringer and Thompson, "Painting Pictures of Jesus," C-33.

⑤ **구세주**: 예수님은 내가 나 자신을 위해 할 수 없는 것을 해 주시기 때문에 나의 구세주이다. 예수님은 나의 죄 때문에 영원히 하나님으로부터 분리된 나를 구원하셨다.
⑥ **의**: 의는 언제나 하나님께서 하실 것처럼 행하고 하나님께서 말씀하실 것처럼 말하는 것이다.
⑦ **성령**: 하나님은 가장 높은 분이시고, 성령은 그 가장 높으신 분이 네가 무엇을 하기를 원하는지 말씀해 주시는 분이다.[9]

교회 배경이 없는 아이들과 불신자 어른들과 소통하는 데 있어서 재검토하고 싶을 다음과 같은 용어들이 있을 것이다.

> 길을 잃고, 구원을 받고, 예수의 보혈, 예수를 마음에 품고, 예수께 네 마음을 드리고, 세례, 성만찬.

* 해야 할 것들

상황은 각기 다르다. 우리는 어떤 상황에서는 아이와 지속적인 관계를 맺고 있고, 어떤 때는 한 번의 만남에서 아이와 상호 작용을 하기도 한다. 이러한 변수들과 다른 것들은 아이들을 전도하는 방법에 영향을 미칠 것이다.

① 아이들과 언제나 대화할 수 있고 그들에게 안전한 사람이 돼라.
② 부정확하거나 부적절한 이해를 명확히 하라.
③ 기본 이슈를 고수하라.
④ 아이의 지적 한계 안에서 성경(가능하면 어린이 성경)을 사용하라.
⑤ 부담 주지 말고 신앙의 필요성, 개념, 절박성을 가르쳐라.

---

[9] Stringer and Thompson, "Painting Pictures of Jesus," C-35.

⑥ 아이가 주 예수님과 소통하도록 격려하라.
⑦ 아이가 그리스도를 영접할 준비가 되지 않았더라도 세례와 성찬에 대한 소망을 구두로 확인하라.
⑧ 그리스도를 영접하는 것과 그 후의 세례와 교회 등록 성도가 되는 것을 구별하라.
⑨ 아이들이 준비된 것을 보면 아이들이 예수를 영접하도록 허용하라.
⑩ 아이가 그리스도를 영접할 때 그 아이가 무슨 일을 했고 무슨 말을 했는지 묻고 검토하라.
⑪ 가능한 한 빨리 아이의 부모와 소통하라.
⑫ 언제든 가능할 때 후속 돌봄(follow-up)을 시작하라.
⑬ 그리스도의 추종자인 새로운 아이들의 그리스도인 부모들에게 자원을 제공하라.
⑭ 아이의 불신자 부모와 복음을 나누라.

* 하지 말아야 할 것들
① 아이가 준비되지 않았을 때 결단하도록 이끌지 않는다.
② 단순히 암기된 복음 설명을 사용해서는 안 된다. 아이들은 독특하다.
③ 질문에 답을 내포하거나 암시한 상태에서 질문을 하지 마라.
④ 너무 많은 삽화, 성경 구절 또는 개념 사용으로 어린이를 혼동시키지 마라.
⑤ 아이로부터 성인 기독교 용어들을 기대하지 말라.
⑥ 아이가 구원받지 않았다고 가정하지 말라. 개인적인 구원 초청에 응하는 일부 아이들은 이미 구원을 받았고 확신을 찾고 있을 수도 있다.
⑦ 지옥의 공포와 위협을 지나치게 강조하지 말라.
⑧ 아이에게 성경이나 성화에 대해 알고 있는 모든 것을 말하지 말라.
⑨ 그 아이에게 지금 구원을 받으라고 강요하지마라.

⑩ 그 아이가 구원을 받았다고 말하지 마라. 하나님의 말씀과 성령이 때가 되면 그렇게 하시도록 하라.
⑪ 아이가 신앙고백(profession of faith)을 했다고 당신의 책임이 끝났다고 생각하지 말라.
⑫ 부모의 허락 없이 아이에게 세례를 주거나 아이가 교회에 등록하도록 하지 마라.

(7) 세례와 후속 돌봄 이슈

아이들에게 세례를 주고 후속 돌봄을 제공하는데 있어서 알아야 할 것들이 있다. 부모의 허락 없이 아이에게 세례를 주거나 아이가 교회에 참여하도록 해서는 안 된다. 내가 선호하는 것은 아이들이 적어도 9살이 될 때까지 세례를 기다리는 것이다. 이것은 구원의 문제는 아니지만 그 경험을 기억하는 아이의 능력을 향상시키는 데 도움이 된다.

세례의 역할과 절차를 명확히 설명하고, 세례 증명서를 제공하고, 세례 비디오를 찍고, 예수를 믿은 경험을 아이에게 인터뷰하고, 아이의 가족과 친구들을 초대하고(믿는 가족과 믿지 않는 가족 둘 다), 예배 후에 아이의 손님들을 위한 세례 파티를 계획하는 등의 일을 해 그 경험을 의미 있게 만들라. 그 책임은 세례로 끝나지 않는다. 아이들은 예수와 함께 행하는 방법에 대해 즉각적이고 지속적인 훈련이 필요하다.

2) 메시지의 전달자로서의 어린이

팡파레가 없이 아이들은 자연스럽게 부모로부터 가치를 배운다. 내 아이들이 태어난 때부터 아이들은 엄마인 아내와 나의 여러 가지 사역에 관여해 왔다. 새로운 이웃을 만나거나, 교회 식물에서 집집마다 조사를 하거나, 섬김 전도 사업을 하든, 우리 아이들은 우리와 동행했다. 아이들은 안전한 분위기를 조성하고, 사역 활동 중에 우리와 함께 있을 때 즉각적인 신뢰를 형성하는데 도움을 준다. 그들은 또한 불신자들의 가치를 깨닫는다.

우리는 아이들에게 그들의 믿음을 나누도록 강요해서는 안 되지만, 우리는 그들이 그리스도의 추종자로서 자연스럽게 마땅히 해야 할 일의 일부로 그것을 장려해야 한다. 나의 큰딸은 그녀가 겨우 열 살이었을 때 이웃 소년을 그리스도께로 인도했다. 내 아내는 그 사실을 알고 그리스도에 대한 헌신을 확증하는 것 외에는 거의 아무런 도움도 주지 않았다.

(1) 추가적인 연구를 위한 자료들

추가적인 자료들은 나의 인터넷 웹사이트 MEGnet.org를 참고하라. 또한, 다음의 자료들도 참고하라.

① Sara Covin Juengst, *Sharing Faith with Children: Rethinking the Children's Sermon,* Louisville, Ky.: John Knox Press, 1994.
② "Thank You Jesus," Billy Graham Evangelistic Association (Lots of words need to be explained.)
③ Kidsbible.com
④ New Century Translation, 초등학교 3학년 읽기 수준
⑤ New International Version, 중학교 2학년 읽기 수준
⑥ www.street.ns.ca/adventr1.html, 아이들을 지도하기 위한 이야기들과 강의 계획들(강의, 목표, 시작, 규범, 기도, 찬양, 게임, 성경 암송, 이야기, 리더의 결론, 해산)

3) 십 대들

우리 집에도 십 대 청소년이 생겼다. 나의 첫째는 열세 살이 됐다. 10대 소년들이 점점 더 내 감시망에 오르고 있는데, 앞으로 몇 년 더 소년들

이 내 딸의 관심 대상이 아니기를 바란다. 나는 내 딸의 미래의 남자친구와 남편이 될 가능성이 있는 십 대들이 자라고 있는 오늘날 세상의 유형에 대해 점점 더 생각하기 시작했다. 나는 우리의 십 대들을 생각하면 현재의 영적인 상황이 걱정된다.

그리스도를 위해 청소년들과 어른들을 전도하는 것에는 비슷한 점이 많은데, 특히 포스트모더니즘과 관련된 요인들이다. 이 섹션에서는 청소년들에게 개인 전도를 하는 것과 관련된 몇 가지 특정한 문제를 강조한다.

(1) 청소년의 발달적 구성

청소년들은 어린이와 어른 모두와 유사하다. 아이들처럼 청소년들도 여전히 정체성을 발전시키고 있지만 어른들처럼 보다 넓은 시각과 추상적인 표현으로 정보를 처리할 수 있는 능력은 점점 높아지고 있다. 다음은 십 대들의 몇 가지 발달 양상이다.

① 단지 가시적 사실보다는 개념을 처리할 수 있다.
② 자기성찰적이고, 자신의 사고 과정을 분석하고, 제3자의 관점으로 자신을 볼 수 있다.
③ 미리 생각하고 가상의 문제에 직면할 수 있다.
④ 자의식이 강하고, 자기 중심적, 자기 의존적인 경향을 보인다.
⑤ 환멸을 느끼고, 부정직하며, 기만할 수 있는 능력을 가지고 있다.
⑥ 미래가 아닌 현재에 초점을 맞춘다.
⑦ 비판적으로 개발된 가치 시스템에 기초해 도덕적 나침반이 부족하다.
⑧ 미디어에 정통하고 따라서 근거가 없는 것에 대해 회의적이다.
⑧ 부정적인 경험과 인식의 영향을 많이 받는다.

(2) 미국 십 대들의 초상

십 대들은 모두 비슷하지는 않지만, 우리가 그것들을 이해하려고 할 때 도움이 될 수 있는 몇 가지 중요한 일반적인 것들이 있다.

첫째, 십 대들은 일반적으로 영성에 대해 개방적이지만, 대부분은 지역 교회에서 답을 찾지 않는다.

바나 리서치 그룹에 따르면 십 대들 중 4%만이 복음주의적인 기준에 부합하지만 그들은 종종 많은 영적 출처와 정보의 충돌 속에서 영적 현실을 찾고 있다.[10] 잠시 멈춰서 우리 교회들에 대한 미래의 결과에 대해 생각해 보라!

둘째, 십 대들은 관계를 지향한다.

이것은 그들이 긍정적인 면과 부정적인 면에서 또래 압력에 취약하게 만든다. 이것은 삶의 단계적 진리지만, 깨진 가정의 수와 관계를 발전시킬 수 있는 경우의 수와 연관지어 볼 때 더욱 그렇다. 인터넷은 많은 십 대가 관계를 찾고 있는 곳이다.

십 대들은 채팅방에서 이메일과 인스턴트 메시지를 주고받으며 시간을 보내고 있다. 이러한 자료들은 방해와 비난 없이 청소년들이 자유롭게 말하고 흥미 있는 다양한 주제에 대해 들을 수 있도록 해 준다. 내 딸은 그녀에게 이메일을 보낼 많은 사람을 학교에서 봤음에도 학교에서 집으로 돌아오자마자 정기적으로 이메일을 확인한다. 그녀는 인스턴트 메시지 친구 목록에 긴 목록의 사람들 명단을 가지고 있다.

셋째, 십 대들은 포용적으로 생각한다.

그들 세상의 모든 것이 관용을 외치고 포용성의 가치를 높이 평가한다. 포스트모더니즘의 표시는 파편화(fragmentation)다. 이 파편화는 조각 다

---

10 Barna Research Group, "Teenagers Embrace Religion but Are Not Excited About Christianity," 10 January 2000, C:\Windows\Temporary Internet Files\OLKF216\Barna Research Online.htm.

시 모으고 모든 것을 포함시키고자 하는 더 큰 욕구를 만들어 냈다. 이것은 미국 십 대들의 포스트모던 세계다.

넷째, 십 대들은 경험의 필터를 통해 무엇이 진실이고 진짜인지를 검증한다.

현실은 그들이 정보를 듣고 그 정보를 그들의 경험의 그리드와 대조해 확인으로 결정된다. 만약 그것이 그들에게 진실하게 들리지 않는다면, 그것은 믿을 수 없는 것으로 버려진다. 이것은 영적이든 아니든 권위 있는 인물들로부터 듣는 것에 적용된다.

팀 맥러플린은 "만약 미국 청소년들이 권위를 받아들인다면, 궁극적인 진리라고 여기기 때문이 아니라, 권위가 그들의 경험과 연결되기 때문에 그렇게 하는 경향이 있다"라고 말했다.[11]

다섯째, 십 대들은 이야기에 수용적이다.

이 세대는 그들의 음악을 이야기 형식으로 보는 것에 익숙하다. 영화는 현실에 대한 그들의 관점을 형성하는 중요한 요소다. 포스트모더니즘의 표시는 "그들의" 개인적인 이야기를 위해 일반적인 이야기를 거부하는 것이다. 이것을 반거대서사(anti-metanarrative)라고 한다. 평범한 이야기의 결핍은 우리 십 대들 중 한 명에게 갈망을 불러일으킨다.

(3) 복음 전도의 함의

십 대들은 적절한 상황에서 심지어 그리스도를 포함한 영적인 것에 대해 이야기하는 데 개방적이다. 삶에 변화를 가져온 영적인 것을 발견한 십 대들은 영적으로 탐구하는 청소년들에게 매력적일 것이다. 오늘날의 청소년들은 미국 역사상 그 어느 때 보다도 영적인 가르침에 대한 선택권을 가

---

11 Tim McLaughlin, "Who Is the Next Generation?" *Moody* 101, no. 1 (2000): 17. 미국 십 대들의 다섯 가지 특징은 이 논문에서 가져왔다. 또한, 추가적인 정보를 위해서는 다음을 보라. Marv Penner, "Am I an Adult or Not?" *Youthworker* 17, no. 2 (November/December 2000): 24–30.

지고 있다. 그것은 더이상 교회도 아무것도 아니다.

　지역교회는 우리 십 대들의 관심을 얻기 위해 경쟁하는 다른 단체들과 심각한 경쟁을 벌이고 있다. 성인과 청소년 그리스도인들은 십 대들과 관계를 맺으면 그들과 하나님과 그들의 삶에 미치는 영향에 대해 이야기할 수 있다. 사람들은 그들이 관계를 가진 사람들과 영적인 문제에 대해 더 기꺼이 이야기하기 때문에, 인간관계가 맺어지지 않았다면 그리스도를 소통하는 것은 어려울 것이다. 비개인적인 방법은 십 대들에게 제한적일 것이다. 불신자 십 대들과 삶을 나누는 기독교 십 대들이 가장 효과적인 방법이 될 것이다.

　그리스도인들은 그리스도를 통해 모든 민족을 부르시는 부르심의 포용성에 초점을 맞춰야 한다. 한 인간으로서 예수님의 포용적인 생활 방식은 십 대들에게 매력적이다. 그리스도의 유일성, 부활 그리고 그의 포용적인 부르심 때문에 불신자 십 대들은 그리스도의 배타적인 요구와 씨름해야 할 것이다. 그러나 예수님은 그러한 요구를 하기에 흠잡을 데 없는 자격을 가지고 있다.

　영적인 경험은 청소년들에게 중요하다. 살아 있는 것은 십 대들에게 진짜다. 그들은 경험으로 뒷받침되지 않는 그리스도를 안다고 주장하는 사람들의 하나님에 대한 사실적인 정보에 관심이 없다. 그들 앞에 살고 있는 그리스도인들의 삶이 십 대들에겐 기록된 말씀보다 더 큰 영향을 미칠 것이다. 이것은 그리스도에 관한 구두 증언에 필요한 신빙성을 확립하는 데 도움이 될 것이다. 또한, 삶의 일반적인 경험에서 영적인 진리를 이끌어 내는 능력은 청소년을 그리스도께로 이끄는 데 도움이 될 수 있다.

　십 대들은 지역교회의 영향 아래서 자라지 않았기 때문에, 대부분의 십 대들은 성경적으로 문맹이다. 그들은 구약성경과 신약성경 모두에서 하나님의 활동과 하나님의 백성에 대한 성경 이야기에 익숙하지 않다. 그리스도와 그의 추종자들의 이야기를 나누는 것은 십 대들과의 강력한 의사소통 수단이다. 많은 청소년이 세상에서 자신의 자리를 찾으려고 노력하고 있기 때문에 그들의 경험과 개인적인 이야기를 하나님의 전체적인 이야기와 연결시키는 것은 도움이 된다. 마지막으로, 간증의 사용, 특히 동료 청소년들의 간증은 그들에게 하나님의 메시지를 전달하는 중요한 수단이 될 것이다. 팀 맥러플린(Tim McLaughlin)은 말했다.

> 성경의 진리처럼 타협하지 않으면서 오늘날 십 대들, 특히 믿음이 없는 불신자 십 대들이 반응할 부분들은 이야기들이다. 다행스럽게도, 창세기부터 계시록에 이르기까지, 성경의 많은 부분이 이야기의 연속이다. 가부장적 탈선, 왕실의 음모, 선지자들의 곤경 … 그리고 나서 바로 그 이야기 즉 좋은 소식인 복음이 있다. 지금까지 있었던 가장 놀라운 실화들에서, 모든 것이 거기에 있다. 인간의 몸을 가진 하나님, 무수한 기적들, 질투, 그의 추종자들 사이의 음모, 처형에 의한 무고한 죽음, 설명할 수 없는 부활 그리고 삶과 죽음에 있어서 그를 따르는 평범한 개종자들이 그것이다.[12]

(4) 청소년 전도를 위한 가이드라인

* 도움이 되는 해야 할 것들

① 그리스도를 전할 수 있도록 사랑의 행위와 시간의 토대를 마련하라 (예비 전도: preevangelism).
② 청소년들과 관계의 다리를 건설하라.
③ 청소년들에게 안전한 사람이 돼라.
④ 청소년들을 용납하고 접근 가능한 사람이 돼라.
⑤ 청소년들이 질문을 하고 기독교 신앙을 탐구할 수 있는 안전한 환경을 만들어 주라.
⑥ 그들이 이해할 수 있는 언어를 사용하라.

---

[12] Tim McLaughlin, "Who Is the Next Generation?" *Moody* 101, no. 1 (2000): 17.

⑦ 당신의 영적 간증을 나누라.
⑧ 다른 청소년들과 자신의 믿음을 나누도록 청소년들을 훈련시키라.
⑨ 그리스도를 따르는 데 치러야할 대가를 포함해 그리스도의 모든 메시지를 그들에게 전하라.
⑩ 개인적인 경험을 나눠 복음의 다양한 측면을 입증하라.
⑪ 비록 여러분의 대답이 "모르겠어"라고 할지라도, 그들의 질문에 정직하게 대답하라.
⑫ 도움을 제공하고, 적절한 타이밍에, 성령의 지도 아래 선택할 수 있도록 하라.
⑬ 영적 대화 및 회심에 대해 후속 돌봄(follow-up)을 제공하라.
⑭ 십 대들이 영적인 진실을 탐구하고 발견하도록 이끌어야 한다.
⑮ 가르칠 수 있는 순간이 있는지 민감하게 살피라.
⑯ 십 대들이 그리스도를 위해 스스로 결정을 내려야 한다는 사실을 알도록 명확히 하라.
⑰ 그리스도에 응답할 수 있는 적절한 배출구를 제공하라.
⑱ 가능한 한 빨리 새롭게 회심한 십 대들을 소그룹에 연결시켜 주라.

* **하지 말아야 할 것들**

① 정죄하지 마라.
② 복음을 강제로 십 대들의 목구멍에 쑤셔 넣지 말라.
③ 복잡한 문제에 대해 지나치게 단순한 답을 제공하지 말라.
④ 십 대들에게 그리스도를 따르는 대가를 무시하도록 그리스도를 따르는 유익과 편의성을 말하지 마라.
⑤ 십 대들 앞에서 부정직한 삶을 살면서 그리스도를 따른다고 주장하지 마라.
⑥ 부모가 청소년들에게 하나님이 허락하신 가장 기본적인 권위를 가진

존재이기 때문에 부모의 허락 없이는 청소년에게 세례를 주지 말라.

* 그룹을 조직하는 요령

① 그리스도인 가정을 청소년들을 위한 즐거운 모임 장소로 만들라.
② 탐구적인 성경공부 그룹을 제공하라.
③ 기독교 가정들은 이웃의 십 대들을 "입양"한다. 취미나 특별한 관심사를 통해 사랑과 관심을 표현한다.
④ 당신의 교회가 불신자들에게 호소하는 분위기를 가지고 있다면, 십 대들을 교회의 적절한 행사에 초대하라.

(5) 청소년 전도에 대한 결론

미국의 청소년들은 사랑받고, 믿음직한 사람들, 특히 다른 십 대들에게서 발견되는 삶, 즉 그리스도 안에서 발견되는 진정한 영적인 삶에 개방돼 있다. 그들은 방향을 찾고 있으며 올바른 방향으로 가고 있는 것처럼 보이는 사람이나 그룹을 따라갈 가능성이 더 높다. 어른들과 아이들과 마찬가지로 청소년들도 그들이 이해하는 만큼 그리스도께 항복하고 자신의 삶을 바칠 것이다. 그러므로 그리스도인들의 책임은 청소년들을 아는 것이다. 왜냐하면, 그래야 우리가 그들의 관점과 가치관의 안목에서 그리스도를 따른다는 것이 무엇인지 이해시킬 수 있기 때문이다.

어떤 사람들은 십 대들이 전혀 다른 집단이라고 말한다. 십 대들은 그리스도에 와서 그들 주변의 세계에 영향을 미치는 법을 배울 수 있다. 나는 그들이 그리스도에게 나아옴에 따라 변화되고, 그들 중 많은 이가 사심 없이 대담하게 그들 주위의 불신자들에게 선교사로 봉사할 것이라고 믿는다.

4) 고령자들

신체적 제약이 증가했음에도 불구하고, 우리는 하나님의 나라를 섬기는 것에서 은퇴하지 않는다. 미국의 노인 인구는 폭발적으로 증가하고 있다. 이것은 교회가 고령자들과 교회 지도자들에게 주목한다면, 다양한 사역의 기회가 있음을 보여 준다.

일부 고령자 그룹들은 사역에 대한 비전을 갖게 됐다. 그들은 도보기도(prayer walk)를 위해 여행을 가고, 소외된 아이들과 함께 일하고, 청소년들에게 다가간다. 그러나 우편으로 받는 많은 교회 안내 책자 중 하나를 검토한 후, 나는 얼마나 많은 고령자 그룹이 유람 여행을 위해서만 존재하는 것처럼 보이는지 상기하게 됐다.

노인들은 개인 전도에서 중요한 역할을 한다. 노인들은 다른 노인들을 전도하기 위해 관계를 맺는 데 가장 좋은 위치에 있다. 만약 고령자들이 그렇게 하지 않는다면, 누가 그러겠는가?

노인들과 10대들 그리고 20대들 사이에는 장벽이 거의 없다. 젊은 세대들은 노인들과의 관계를 갈망한다. 노인들은 또한 그들을 필요로 하는 상처받은 청년들을 위해 그들의 시간과 지혜를 투자할 수 있다.

노인들에게 복음을 전할 때 몇 가지 독특한 고려 사항이 있다. 불신자 노인들은 과거를 반성하고 있으며, 사후에도 그들에게 어떤 일이 일어날지를 생각하는 데 더 개방적인 삶의 단계에 있다. 만약 우리가 그들과 기존의 관계없이 그들의 집에서 대화를 한다면 그들은 안전에 대해 걱정할지도 모른다. 노인들은 또한 사기에 지나치게 민감해 낯선 사람들의 방문에 저항할 수 있다. 대부분은 그렇지 않겠지만, 일부 노인들은 청각 장애 때문에 반응하지 않을 수도 있다. 따라서 우리가 사용하는 전달 방법은 이러한 점과 노인들의 다른 관심사를 고려할 필요가 있다.

또한, 노인들을 개인 전도에 참여시키려 할 때 몇 가지 독특한 고려 사항이 있다. 노인들은 종종 많은 시간이 있고, 몇몇은 사역에 투자할 재정도 가지고 있다. 그들은 신체적인 한계가 있을지 모르지만, 대부분의 노인은 여전히 다른 사람들을 도와줘 그들의 삶을 헤아려 보고 싶어한다.

2. 타문화 간 소통하기

인터넷, 음성 전화, 비디오 전화, 적당한 가격의 국제 여행 그리고 세계 무역을 통해, 다른 문화들 간의 아이디어 교환이 이보다 더 빈번한 적은 없었다. 세계가 점점 세계화되고 다원화되면서 양질의 문화 간 의사소통에 대한 수요도 지금보다 더 높았던 적은 없었다. 타문화 간 의사소통은 전쟁과 평화, 번영과 빈곤에 영향을 미치고 있다. 국가, 가족, 친구 간의 관계는 물론 전도 효과까지 위험에 처해 있다.

타문화 간 의사소통은 더이상 단순히 외국 선교사의 임무가 아니다. 세계 모든 민족에게 복음을 전하려면 미국 내부에서도 타문화 간 소통 전도(cross-cultural communication evangelism)를 수반할 것이다. 과거에는 이런 유형의 의사소통 상황에 선교사들만 있었다. 이것은 더이상 사실이 아니다. 우리 대부분은 둘 이상의 문화 안에서 살거나 행동한다.

몇 가지 환경은 타문화 간 소통을 필요로 한다. 여러 면에서 현대와 포스트모던에 속한 사람들은 서로 의사소통할 때 타문화 간 소통의 기술을 사용하고 있다. 어른들이 아이들과 복음을 나눌 때, 그들은 문화 간 의사소통 원칙을 적용하고 있다. 부자들이 가난한 사람들과 함께 나누거나 교육을 받지 못한 사람들이 교육받은 사람들과 복음을 나눌 때 그들은 문화적 장벽을 넘고 있다.

1) 선교사의 시기

복음 메시지에 내재하는 것은 선교다. 교회 존재에 내재하는 것도 선교다. 보쉬는 우리에게 경고한다.

> 서양의 교회가 이것을 이해하기 시작하지 않는 한 그리고 우리가 단순히 선교에 관한 신학이 아닌 선교 신학을 발전시키지 않는 한, 우리는 교회를 여기저기 덧대 조잡하게 수리하는 것 이상을 성취하지는 못할 것이다.[13]

대부분의 미국인은 타문화 선교 지역에서 봉사하고 있다. 우리는 다문화 환경에서 살고 있고 더이상 미국에서 홈그라운드의 이점을 누리지 못한다. 게다가 교회는 하나의 하위 문화로서 그들만의 세계관, 언어, 의식 그리고 사회적 패턴을 가지고 있다. 우리가 다른 사람들을 전도하기 위해서는 우리의 편안한 하위 문화에서 벗어나 다른 집단의 문화 속으로 들어가야 한다. 우리는 불신자들의 세계로 가야지, 그들이 우리의 세계로 올 것을 기대하며 앉아서 기다리지 말아야 한다. 우리는 모두 우리 주변의 사람들에게 선교사들이다.

2) 선교사의 임무

그리스도 추종자들은 기독교 영역 밖에서 세계의 선교사로 활동하기 때문에 우리는 우리의 임무를 최소한 세 부분을 포함하는 것으로 볼 필요가 있다.

(1) 그들의 입장을 정확하게 이해할 필요가 있다.
(2) 우리의 메시지를 적절히 입력할 필요가 있다.

---

[13] David J. Bosch, *Believing in the Future*, 32.

(3) 그들의 관심에 대해 적절하게 말할 필요가 있다.

초기 선교사들은 자신들의 역할을 지역교회 밖으로 나가 단순히 메시지를 전달하는 것으로 이해했다. 헤셀그레이브(Hesselgrave)는 "초기 선교사들은 모든 민족으로 제자를 삼는 것을 그들의 사명으로 이해했다. 이것은 궁극적으로 소통에 있어서 기독교의 메시지를 행동으로 강화하거나 글이나 말로 메시지를 전할 뿐만 아니라, 남녀가 회심해 충성스럽고 열매가 풍성한 주님의 추종자가 되도록 설득하는 것으로 이해했다."[14]

우리의 임무는 그들을 우리처럼 만드는 것이 아니다. 우리가 원하는 것은 그들이 그들의 문화 속에서 예수처럼 되는 것이다.

3) 문화 이해하기

문화라는 단어는 긍정적이고 부정적인 다양한 감정과 함께 다양한 방식으로 사용된다. 헤셀그레이브에게 문화는 "사람들이 물질적 재화, 사상, 가치를 인식하고 조직하는 모든 방법을 포함한다. 그것은 사람들이 사회 속에서 상호 작용하는 방식 뿐만 아니라 하나님과 그의 계시를 대신하는 대용물"을 포함한다.[15] 루이스 J. 루즈베탁(Louis J. Luzbetak)은 말했다.

> 문화는 삶을 위한 디자인이다. 그것은 사회가 신체적, 사회적, 이념적 환경에 적응하는 것에 따른 계획이다.[16]

클라이드 클럭혼(Clyde Kluckhohn)은 말했다.

---

[14] Hesselgrave, *Communicating Christ Cross-Culturally*, 81.
[15] Hesselgrave, *Communicating Christ Cross-Culturally*, 188.
[16] Louis J. Luzbetak, *The Church and Cultures* (Techny, Ill.: Divine Word, 1963), 60–61; quoted in David J. Hesselgrave, *Communicating Christ Cross-Culturally*, 100.

문화는 사고, 느낌, 믿음의 한 방법이다. 그것은 미래에 사용하기 위해 저장된 그룹의 지식이다.[17]

효과적인 의사소통의 필수 요소는 불신자들의 문화를 이해하는 것이다.

4) 주요한 문화 간 차원

타문화 간 의사소통은 다음과 같이 다룰 수 있는 몇 부분으로 나뉜다. 헤셀그레이브는 타문화 간 의사소통의 일곱 가지 차원을 말했다.

(1) 세계관: 세계를 이해하는 방식.
(2) 인지 과정: 사고하는 방식.
(3) 언어적 형태: 생각을 표현하는 방식.
(4) 행동 패턴: 행동하는 방식.
(5) 사회 구조: 상호 작용하는 방식.
(6) 미디어 영향력: 메시지 전달의 방식
(7) 동기 부여적 자원: 결정의 방식.

이 모든 것들이 우리가 어떻게 개인 전도를 수행하느냐에 영향을 미친다.

---

17 Clyde Kluckhohn, *Mirror for Man* (New York: Whittlesey, 1949), 23; quoted in David J. Hesselgrave, *Communicating Christ Cross-Culturally*, 100.

표 10. 문화 간 의사소통의 차원들

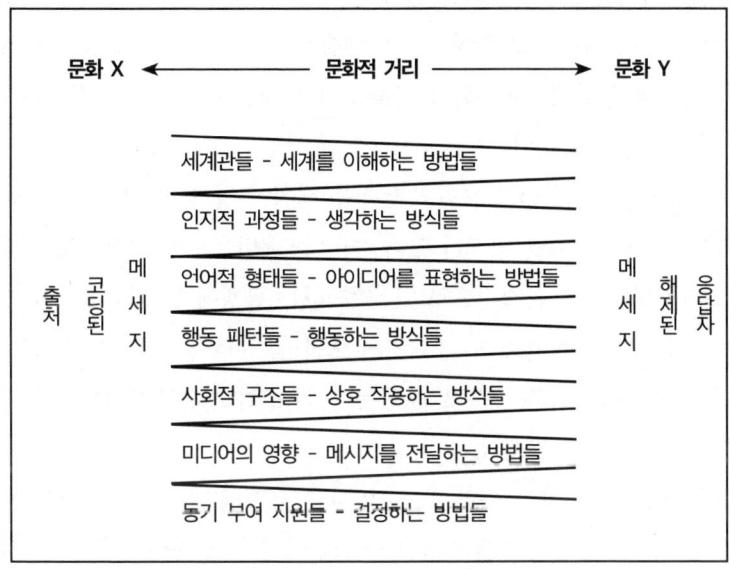

세계관과 관련해 선교사들은 몇 가지 선택권이 있다.

(1) 자신의 세계관을 제쳐두고, 일시적으로 기독교 세계관을 채택해 메시지를 이해하도록 비그리스도인을 초청할 수 있으며,
(2) 일시적으로 비그리스도인 응답자의 세계관을 채택하거나,
(3) 응답자와 우리가 중도에서 만나도록 초청할 수 있다.

복음이 전달되는 문화와 수단에 상관없이, 선교사와 그의 메시지의 내용 그리고 전달되는 스타일은 불신자들에게 의심으로 남는다.

의사소통은 사람들이 무엇을 생각하는가 보다는 사람들이 어떻게 생각하는가에 소비돼 왔다. 효과적인 선교적 소통은 사람들에게 하나님에 대한 정보를 쌓는 것으로 구성될 수 없다. 우리는 인지 과정에서 사람들이 어떻게 알게 되는지 배울 필요가 있다.

변화하고 있는 예로서 서양인에게 있어 사고 과정은 전형적으로 과학적이고 지적이며 공격적이었다. 동양인이나 부족 사람들에게 있어서 사고의 과정은 주로 신화적이고 감성적이며 예술적인 것으로서 감정을 불러일으킨다. 사람들이 실제(reality)와 진짜(true)가 무엇인지 어떻게 결정하는가는 전도에서 가장 중요하다.

그리스도인들은 수신자 문화의 언어를 배워야 할 뿐만 아니라, 그 문화의 행동 패턴을 이해할 필요가 있다. 이러한 패턴은 비언어적으로 소통한다. 그리스도인들은 본질적으로 있을 수 없는 관행에 특별히 주의를 기울여야 한다. 헤셀그레이브는 "선교자의 도덕적, 윤리적, 영적 삶이 그의 메시지를 믿을 수 있고 설득력 있게 만든다"라고 말한다.[18] 따라서 선교사는 행동 규범에 대한 책임이 있다.

그리스도의 추종자가 사회 구조, 미디어 소스 및 동기 부여 자원을 더 많이 이해할수록, 복음의 효과적인 소통의 기회가 더 좋아진다. 이 각각의 차원은 복음을 듣는 것과 의사 결정 과정에 영향을 미친다.

5) 문화에 있어서 신뢰도

신뢰는 복음에 대한 수용성을 높이는 주요 요인이다. 우리가 다양한 환경에서 어떻게 상호 작용하는지는 우리의 신뢰도를 높이거나 떨어뜨린다. 여러 문화가 교차하는 환경에서 활동할 때, 중요한 문화적 차이에 대한 이해와 민감성을 발전시키는 것이 메시지의 신뢰성을 확립하는 열쇠다. 불신자가 전도자와 전도 방법에서 메시지를 분리하는 것이 불가능하지 않을지는 몰라도 적어도 까다롭다.

우리의 습관과 복음 전도에 대한 접근이 문화적 규범을 위반한다면, 이것은 그리스도의 증인된 우리에 대한 신뢰를 가로막을 수 있다. 그렇다고

---

[18] Hesselgrave, *Communicating Christ Cross-Culturally*, 405.

해서 우리가 하나님의 명령을 어기고 문화적 규범을 채택해야 한다는 뜻은 아니지만, 대부분의 문화적 규범은 도덕적이지 않다. 우리의 책임은 가능한 한 복음으로 연결되는 많은 다리를 건설하고, 우리가 세우는 장벽의 수를 의도적으로 제한해 복음 자체를 구하는 것이다.[19]

한 목사 친구는 부족민들 사이에서 외국 선교사로 수십 년을 일했지만 보여 줄 열매가 거의 없었던 두 여성의 이야기를 들려줬다. 사역을 마무리하고 출국을 앞둔 시점에서야 자신들이 규칙적으로 마신 주스가 현지인들에게 임신 예방 주스로 생각된다는 사실을 알고 충격을 받았다.

그들이 살았던 부족의 구성원들은 두 여성 선교사들이 이웃 부족의 남자들과 성관계를 맺고 있다고 생각했다. 이것은 그 여성들이 그 주스를 마시는 습관 때문에 신뢰를 잃었다는 것을 의미했다. 공정하지 않지만 현실이 그랬다.

6) 효과적인 문화 간 의사소통

통신에는 정보 인코딩(함께 입력), 전송(통신 수단을 통해 전송), 디코딩(수신기에 의한 이해)이 포함된다. 그리스도의 추종자들이 타문화 간 의사소통에 효과적이기 위해서는 응답자의 문화에 몰입할 필요가 있다.

예수님께서 말씀하셨다.

> 너희는 온 천하에 다니며(막 16:15).

> 내가 세상에 있는 동안에는 세상의 빛이로라(요 9:5).

---

19 40년 이상 선교사와 현대 교회 성장 운동의 아버지에 의한 다음의 저서들을 참조하라. Donald McGavran, *Bridges to God* (New York: Friendship Press, 1955) and *Understanding Church Growth*.

이것은 주어진 문화의 불경스러운 측면의 영향을 제한하기 위한 노력으로 쉽게 간과된다. 언어를 배우는 것이 중요하지만 이것은 다른 문화에 대한 우리 이해의 일부일 뿐이다.

그리스도인들은 관찰 가능한 행동이나 제도와 같은 것들의 단순함에 대한 지식을 넘어 문화의 복잡한 문제로 옮겨 가야 한다. 여기에는 가치관, 이데올로기, 우주론, 세계관에 대해 배우는 동시에 우리 자신의 문화에서 벗어나는 것이 포함된다.

헤셀그레이브는 선교사들이 "사람들이 무엇을 생각하는지 뿐만 아니라 어떻게 생각하고 자신들의 생각을 공식화하는가에 있어서 어떤 문화에서든 암시적이고 명백한 수사학적인 과정을 연구해야 한다"라고 믿는다.[20]

유진 나이다(Eugene Nida)는 선교사들이 임무를 수행하는 데 도움을 주기 위해 세 가지 문화의 의사소통 모델을 개발했다.[21]

선교사들이 효과적으로 의사소통을 하기 위해서는 몇 가지 핵심적인 단계를 밟아야 한다.

헤셀그레이브는 말했다.

> 선교사는 가능한 한 자신의 문화에서 떨어져야 하고, 그것이 드러난 문화에 의해 복음이 번역돼야 하고, 목표로 하는 사람들의 문화에 의미 있는 방법으로 복음을 전달해야만 한다.[22]

---

20 Hesselgrave, *Communicating Christ Cross-Culturally*, 98.
21 Hesselgrave, *Communicating Christ Cross-Culturally*, 108.
22 Hesselgrave, *Communicating Christ Cross-Culturally*, 203.

그림 1. 선교적 의사소통의 세 가지 문화 모델

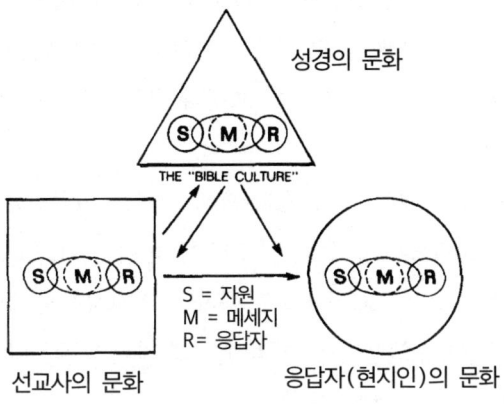

모든 사람은 하나님과 전도자로부터 어느 정도 떨어져 있다. 사람이 하나님으로부터 멀어질수록 일반적으로 그 사람이 그리스도에게로 오는 데 걸리는 시간이 길어진다. 거리는 관계적(모르는 사람)일 수도 있고 문화적일 수도 있다. 문화적 장벽의 수가 많을수록 복음을 효과적으로 전달해야 하는 과제는 더욱 어려워진다. 문화적 거리와 관련돼 있기 때문에 그 상관 관계도 사실이다.

7) 문화 간 가정: 작품

타문화 전도 상황에 직면했을 때, 당신은 거의 가정을 할 수 없다. 당신은 상황을 평가하기 위해 질문을 하고 주의깊게 들어야 할 것이다. 그러나 여러분은 세계의 대부분의 종교가 하나님에게 도달하려는 사람들의 노력에 기초하고 있다고 가정할 수 있다. 종교적인 사람들이 영원한 삶에 들어가기 위해 필요한 것에 대한 전형적인 반응은 그들의 구원을 위해 일하는 것이다.

어떤 종교는 신자들에게 기도를 암송하도록 가르친다. 다른 종교들은 일 년 내내 다양한 예배에 참석하는 것을 강조한다. 또 다른 종교들은 선행을 통해 다른 사람들에게 봉사할 것을 가르친다. 그리고 미국인들이 가장 좋아하는 것은 하나님을 달래 줄 수 있을 정도라고 느껴질 만큼 자신이 생각하기에 충분히 좋은 일을 하는 것이다. 그러나 행위로 구원을 얻을 수 있는 사람은 없다(엡 2:8-9).

2001년 9월 11일 테러리스트들의 파괴 여파로 미국인들은 이슬람교도들의 가르침에 노출됐다. 그들의 가르침 중 하나는 이교도들의 파괴를 위해 목숨을 바치는 성전(jihad 지하드)을 행하면 그 보상은 천국이라는 것이다. 반면 다른 이슬람교도들은 영생을 얻기 위해 자신의 재산의 절반을 바치는 것으로 알라에게 호의를 얻는다.[23]

이런 행위들은 구원을 위해 일하는 극단적인 행위지만, 세계의 대부분의 종교는 무엇이든 필요한 수단을 동원해 신을 달래려는 인간의 노력에 기반을 두고 있다.

8) 상황화의 위험들

복음을 다른 문화로 상황화하는 것이 위험이 없는 것은 아니지만, 우리가 상황화하지 않으면 훨씬 더 많은 위험이 생길 수 있다. 눈에 띄지 않는 사실이지만 극히 중요한 문제로서, 어떤 문화에서든 복음은 상황화 돼 있다. 본질적인 복음 메시지에서 빼거나 추가해 바꾸는 것은 위험이 있다. 우리가 상황화하는 또 다른 위험은 복음을 받아들이는 문화가 복음 메시

---

[23] 이슬람교도들이 천국으로 가는 길을 찾으려는 다른 방법들이 있다. 이슬람교도들은 알라에게 완전히 항복해야 하고, 나쁜 것보다 더 많은 선행을 하고, 이슬람의 다섯 기둥을 유지해야 한다: 매일 샤하다를 암송하고, 하루에 다섯 번 살라트(매일의 의식 기도)를 하고, 기부금을 내고, 라마단 기간 동안 금식을 하고, 적어도 한 번은 개인적으로나 대리로 메카를 순례한다. 그럼에도 이슬람에서의 구원은 은총이 아니라 행위를 통해서다.

지를 기존의 종교적 신념에 혼합하는 것이다. 그들은 예수를 현재의 예배 대상에 추가할 수도 있지만, 그들의 충성에 대한 그리스도의 요구의 배타성을 보지 못한다.

9) 문화 간 의사소통 모델

우리는 모두 학습 곡선이나 개발 과정을 단축하기 위해 사용할 모델을 찾는다. 뉴비긴은 문화적 장벽을 넘어 복음을 전달하는 데 관여하는 모델을 제공한다.

> **첫째**, 의사소통은 수신자 문화의 언어로 이뤄져야 한다.
> 그것은 적어도 그 언어에 내재된 사물을 이해하는 방법을 임시적으로 수용하는 그런 것이어야 한다. 만약 그렇게 하지 않는다면, 그것은 아무것도 바꿀 수 없는 무의미한 소리일 뿐이다.
> **둘째**, 그러나 그것이 진정으로 복음의 소통이라면, 그것은 그것이 사용하는 언어로 구현된 이해의 방식에 근본적으로 의문을 제기할 것이다.
> 그것이 진정으로 계시라면, 그것은 모순을 수반할 것이고, 그것은 급진적인 메타노이아(metanoia), 즉 마음의 유턴을 요구할 것이다.
> **셋째**, 이 급진적인 회심은 아무리 웅변적이더라도 결코 인간의 어떤 설득으로 성취될 수 없다.
> 그것은 오직 하나님의 일이 될 수 있다. 그러므로 진정한 회심은, 복음의 소통이 추구하는 적절한 목적이며, 자연적이 아니라 초자연적 기적의 일종인 하나님의 작품일 수밖에 없다.[24]

---

[24] Newbigin, *Foolishness to the Greeks*, 5–6.

3. 요약

이해를 구하기 전에 먼저 이해해야 한다"라는 격언은 당신의 상황 안팎에서 복음을 전할 때를 기억하는 데 도움이 된다. 당신이 하나님의 역할, 당신의 역할 그리고 복음 메시지를 반추할 때, 당신은 나이, 문화 또는 다른 요인에 의해 나뉘더라도, 예수님이 절실히 필요한 사람들과 복음을 소통하기 위해 타문화간 소통에 원칙과 기술을 적용할 수 있다.

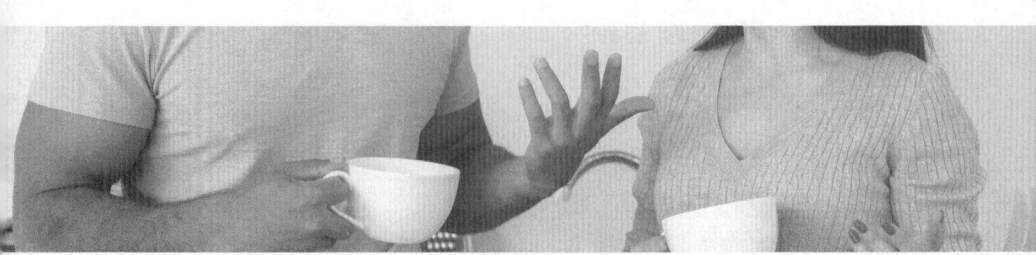

제3부
전도의 방법

제7장 대화를 위한 팁: 개인 전도에 있어서 대화의 보조 도구
제8장 장벽 제거하기
제9장 그 다음은? 남은 최선의 방법

변화하는 문화 속에서 예수 전하기
개인 전도의 기술

제7장

대화를 위한 팁:
개인 전도에 있어서 대화의 보조 도구

사람들이 찾고 있다. 1997년 USA 투데이 여론 조사에 따르면 미국 남성의 46%, 여성의 40%가 "삶의 의미와 목적을 찾고 있다"라고 답했지만, 그 탐색은 지역교회를 넘어선지 오래됐다. 자조서(Self-help books), 공동체 그룹, 거짓 종교가 성경, 기독교 소그룹, 하나님과 공동체를 발견하는 장소인 교회를 대체했다. 그리스도의 추종자들은 많은 미국인이 찾는 것에 대한 해답을 가지고 있다. 그리스도인들은 그리스도의 메시지를 영적 탐색자들의 나라로 전달하는 특권을 가지고 있다.

1. 전도에 대한 모던 대 포스트모던의 의미

1) 포스트모던 상황에서의 대화의 특징

포스트모던 상황에서의 복음 전도는 몇 가지 뚜렷한 특징을 가지고 있다. 영적이고 전도적인 대화의 특징을 조사하면 포스트모던 사상에 의해 점점 더 영향을 받는 사람들을 복음화하는 것에 통찰력을 얻을 수 있을 것이다. 다음 도표는 포스트모더니즘에 수반되는 변화에 대한 통찰력을 제공하기 위해 고안됐다. 이 목록은 철저하지는 않지만, 당신의 믿음을 다른 사람들과 나누는 데 대한 통찰력을 제공할 것이다.

표 11. 포스트모던 상황에서의 대화의 특징

포스트모던		모던
다수의 만남	적은	단일 만남
수신자 중심	적은	증인 중심
대화형	적은	독백형
복음 이야기	적은	복음 설명
이야기, 다음에 명제	아닌	명제, 다음에 이야기
좋은 질문을 물음	아닌	많은 정보를 제공
공동체에 스며듦	아닌	개인적 격리
부드러운	아닌	시끄러운
고려[1]	아닌	논쟁
가이드 투어	아닌	티켓 판매
더욱 초자연적인	적은	자연적
보다 세상적인 유익	적은	영원한 유익
더욱 관계적 검증	적은	증거에 의한 검증
더 높은 비율의 심는 시간	적은	수확 시간의 비율[2]

1 1997년 11월 플로리다주 올란도에서 "포스트모더니티와 도시교회 의제"(Postmodernity and the Urban Church Agenda)를 주제로 열린 미국교회 성장학회 연차총회에서 톰 울프(Thom Wolf)는 프리젠테이션을 통해 불신자에게 부활의 가능성을 고려하고, 그것이 진실이라면 부활이 그들의 삶에 어떤 의미를 가지는지 고려해 달라고 부탁한 사례를 제시했다. C. 노만 크라우스(C. Norman Kraus)는 그의 저서 *An Intrusive Gospel? Christian Mission in the Postmodern World* (Downers Grove, Ill.: IVP), 19쪽에서 다음과 같이 주장했다. "포스트모던의 전제는 함의에 의해 전통적인 복음 전도를 문화적 오만이라고 도전한다. 그들은 위장된 자기 봉사라고 봉사의 동기에 의심을 던진다. 따라서 우리가 이러한 포스트모던적 함의에 동의하든 동의하지 않든, 그들은 태도, 의사소통 방식, 증언(전도)과 봉사의 정의에 있어서 변화를 요구한다." 우리는 결신의 함의에 대해 포스트모던 사람들과 직접 의사소통할 수 있고 소통해야 하지만 처음에는 성령이 역사하도록 성령에 대한 고려와 허용이 강조될 것이다.
2 이 자료는 1999년 3월 26일 뉴올리언스에서 개최된 복음주의신학회(ETS) 지역 모임에서 "증가하는 포스트모던 미국에서의 복음 전도"(Evangelism in an Increasingly Postmod-

(1) 다수의 만남/더 적은 단일 만남

과거 세대의 개인 전도의 대부분은 단일 또는 일회성 만남을 중심으로 이뤄졌다. 예수 그리스도와 교회에 대한 지식과 수용 측면에서, 사람들이 하나님과 그리스도인들로부터 더 멀리 떨어져 있기 때문에, 복음 전도는 순간의 사건(event)이라기보다는 과정(process)이다. 그러므로 그리스도를 믿으려면 복음의 메시지와 두 번 이상 마주치게 된다. 마케팅 전문가들은 어떤 사람이 실제로 그 제품을 사기까지는 6-7번에 걸쳐 제품 정보를 접하는 것이 필요할 것으로 예상하고 있다. 복음 전도에서 대부분의 사람은 복음의 메시지와 그 의미를 자신의 삶에 적절하게 다루기 위한 과정을 거쳐야 할 것이다. 그러므로 전도자는 여러 번의 만남이 정상적인 것으로 예상할 수 있다.

낯선 사람을 상대할 때 주의할 점은 당신은 한 번밖에 마주치지 못할지 모르지만, 하나님이 그리스도의 사랑을 전달하기 위해 그의 삶에 보내신 네 번째나 열 번째 사람일 수도 있다는 사실이다. 당신이 한 번만 그 사람과 교류할 수 있기 때문에 그 사람이 그리스도에게 항복하지 않을 것이라고 가정해서는 안 된다.

(2) 수신자 중심/더 적은 전도자 중심

20세기 후반의 전도 훈련의 대부분은 전도자가 할 이야기를 준비하는 데 중점을 뒀다. 메시지를 명확히 하기 위해 전도자들은 그들이 하려는 말과 그들이 사용하는 단어에 초점을 맞추곤 했다. 과거의 전도를 위한 만남에 대한 평가는 아마도 전도자가 메시지를 얼마나 조직적이고 얼마나 잘 제시했는지에 초점을 맞출 것이다. 이것은 우리가 잃어버린 청취자(불신자)에게 얼마나 잘 반응하는지를 평가하는 것과는 대조적이다.

---

ern America)란 제목으로 처음 발표됐고, 후에 다음의 학술지에 실렸다. *ASCG Journal*, "The Evangelistic Conversation in an Increasingly Postmodern America."

오늘날 우리는 전도자에게 경청을 훈련시키는 데 더 많은 관심을 기울여야 한다.[3] 우리는 우리 자신에게 다음과 같이 자문해야 한다.
"복음을 듣는 사람이 메시지와 나에게 어떻게 반응하는가?
메시지를 듣는 사람이 메시지와 연결 돼 있는가?"
보디랭귀지를 보고 불신자에게 주의깊게 귀를 기울이는 것은 우리가 이 일을 하는 데 도움이 될 수 있다. 스페인어를 사용하는 사람을 그리스도에게 인도한 세 명의 학생들로 구성된 팀을 기억하라. 영어를 사용하는 여학생 팀 멤버는 스페인어를 한 마디도 하지 않았음에도 불구하고 복음이 제시되면서 복음을 듣던 사람의 보디랭귀지가 여러 차례 변하는 것을 목격하고, 그 안에 함축된 의미를 고려한 후, 결국 그 메시지를 듣던 사람이 그리스도에게 항복했다고 수업 시간에 보고했다.

(3) 대화적/덜 독백적

20세기 후반의 전도 훈련은 종종 전도자가 양질의 프레젠테이션을 할 수 있도록 준비하는 데 초점을 맞췄다. 그러나 포스트모던 척도를 통해 삶을 처리하는 사람들과의 대부분의 전도 대화는 그들이 가만히 앉아 전도자의 독백을 듣지 않을 것이다. 당신의 개인 전도는 본질적으로 더 대화적이어야 한다. 미국식 의사소통의 규범은 대화를 듣고 나서, 주고받는 방식으로 반응하라는 요청이나 기대를 받는다.

(4) 복음 이야기/적은 복음 설명

그리스도인들은 복음의 사실에 대해 말하는 것이 아니라 복음 이야기를 포스트모던 사람들에게 전달할 필요가 있다. 사람들이 유대-기독교 환경에서 자라지 않을 때, 그들은 기독교 이야기, 상징, 교리 또는 윤리를 알지

---

[3] 로날드 존슨은 경청의 중요성에 대해 이 책에서 다루고 있다. Ronald W. Johnson, *How Will They Hear If We Don't Listen* (Nashville: Broadman Holman, 1994).

못한다. 그들은 역사를 통해 하나님과 인간의 이야기를 들을 필요가 있다. 간증은 메시지의 진리를 전달하는 효과적인 방법이다. 포스트모던 사람들은 한 사람이 주로 이야기하는 프레젠테이션을 들을 가능성이 훨씬 적지만, 그들은 이야기를 듣고 토론하는 것에 개방적이다.

(5) 이야기/그 후에 명제

대부분의 설교와 우리의 믿음을 나누는 데 있어서, 명제적 진술은 대개 설명보다 앞섰다. 전도자는 영적인 사실을 전달한 다음 영적인 현실을 설명한다. 그러나 포스트모던 상황에서 전도자는 복음 이야기를 전달하고 나서 적절한 영적 진리를 도출해야 한다. 성경에서 말하는 하나님의 이야기를 모르거나 이해하지 못할 때, 이야기의 배경에서 개별적인 진리를 볼 수 있도록 그들은 그 이야기의 윤곽(framework)을 이해해야 한다.

예수님은 영적인 진리를 전달하기 위해 종종 자연적인 상황이나 일반적인 경험을 이용했다. 우물에 있던 여인과(요 4장) 예수님은 물 이야기를 시작했지만 물리적인 물 이야기에서 영적인 물에 대해 이야기하는 것으로 옮겨갔다. 현대적 상황에서 전도자는 일반적으로 영적 정화(spiritual cleansing)에 대해 이야기하기 시작한 다음 물의 사용에 대해 설명했을 것이다.

(6) 좋은 질문을 묻기/많은 정보를 주지 않기

근대성에서 사실적 증거의 무게는 정말 중요했다. 복음 전도는 많은 정보, 복음의 기초 그리고 정보에 대한 응답으로 피전도자가 가질 수 있는 질문에 대한 답변에 초점을 맞췄다. 포스트모던은 정보가 필요할 것이지만, 전도자가 질문을 하고 잘 경청하기 전까지는 전도자는 어떤 정보를 줄지 모를 것이다. 닉 폴라드(Nick Pollard)는 그의 책 『약간 덜 어렵게 만든 전도』(*Evangelism Made Slightly Less Difficult*)에서 "긍정적인 해체"(positive deconstruction)의 개념에 대해 다뤘다.

사람들이 진정한 복음에 대한 이해가 거의 없는 배경을 가지고 있고 자신들이 영적이라고 생각하는 상황에서, 중요한 핵심은 전도자가 일련의 좋은 질문을 하는 것이다. 이러한 질문들은 판단이 아니라 문의 형식으로 적절한 어조를 통해 제시될 필요가 있다. 그 목표는 성경적 우월성이 아니라 사고와 대화를 장려하려는 것이다. 질문은 또한 진정한 관심을 보여 준다.

(7) 공동체 통합/개별적 고립이 아닌

현대 세계관에서 개인의 가치는 극도로 높아진다. 이 규범은 전반적으로 전도 접근법에도 영향을 끼쳤다. 그리스도인은 상대방이 예수 그리스도에 항복하기를 희망하면서 그리스도의 메시지로 비그리스도인 개인에게 다가갈 것이다. 그 후 새로운 회심자는 기독교 하위 문화나 교회 가족의 일원이 되도록 초대될 것이다. 종종 우리의 복음 전도는 개인의 반응과 교회 가족으로의 통합에 초점을 맞춘 것으로 특징지어졌다.

포스트모던 상황에서 공동체의 가치는 재발견되고 더욱 높이 평가되고 있다. 포스트모던 사람들은 그들의 관계적 상황을 통해 진리를 처리한다. 복음 전도 노력은 종종 그리스도에게 자신의 삶을 항복하기 전에 불신자들이 그리스도인들의 관계망 안에 통합하는 것을 포함할 것이다. 비그리스도인들은 그리스도에게 항복하기 전에 그리스도를 안다고 주장하는 사람들의 삶을 지켜보면서 진리를 분별하고 기독교 신앙을 시험해 보고 싶어 할 것이다.

공동체 통합(공동체에 속하는 것)에 관한 몇 가지 함의가 있다. 그중 하나는 사람들이 그리스도에게 삶을 드리기 전에 동화(assimilation)가 종종 일어날 것이라는 것이다. 회심은 더 느릴 수 있지만 더 확실한 결정을 내리도록 하고 한꺼번에 다수의 회심이 일어나도록 해야 한다. 사람들이 관계의 맥락에서 진리를 결정함에 따라, 현명한 전도자는 한 개인에게 다가갈 뿐만 아니라 그 사람의 관계망에 다가가고 아마도 개입할 것이다.

포스트모던 사람들에게 다가가기 위해 다양한 사역을 이끌고 있는 여러 목회자들은 그들의 경험을 통해 이 점을 검증했다. 종종 어떤 그룹의 한 사람이 그리스도를 믿게 되고 그리고 나서 그 사람은 비슷한 사람들의 그룹에 다가가는데 촉매 역할을 한다.

(8) 부드러운/시끄럽지 않은

세 어린 소녀들의 아버지로서, 나는 조용하고 현명한 말보다 목소리가 큰 부모가 더 수월하다는 것을 깨닫게 된다. 그러나 아이들은 큰 목소리를 통해 배우지 않는다. 그들은 눈에 보이는 모델과 일관된 지도로부터 배운다. 열정은 전도에서 중요하며 우리의 신뢰성을 향상시킬 수 있다. 그러나 고도로 훈련된 회의론자들과 다원적 사고를 하는 사람들 사이에서 전도의 목소리를 낮출 필요가 있다. 부드럽고, 차분하고, 사려 깊은 단어들은 높은 데시벨의 시끄러운 소리보다 더 분명하게 울려 퍼질 것이다. 하나님을 차분히 신뢰하며 사는 삶은 얼굴이 붉게 상기돼 성경을 흔드는 낯선 사람이 외치는 말보다 눈에 띄기 쉽다.

(9) 고려/논증이 아닌

현대인에게는 이성이 최고다. 논쟁은 능숙한 전도의 열쇠다. 다원주의 사회에서의 복음 전도는 논쟁을 줄이고 더 많은 고찰을 사용할 것이다. 그리스도인들은 불신자들에게 우리의 믿음, 특히 부활의 함의와 예수님이 하나님이라는 주장을 고려하라고 요청하는 것이 현명하다.

관용은 사회적 가치로서 새로운 고지에까지 올랐다. 우리는 자신의 입장과 신념을 확고히 지키고 자신감을 가지고 마주칠 수 있지만, 전체를 잘 듣도록 하기 위해서는 다른 사람들에게 자신의 신념을 강요하려는 것으로 보여서는 안 된다. 그러나 우리는 다른 사람들에게 그들의 입장에 비춰 우리의 입장을 고려해 달라고 능숙하게 요청할 수 있다. 우리는 질문을 던지고, 신뢰할 수 있는 생활 방식과 하나님의 말씀에 비춰 우리의 믿음을 고려하도록 요청해 그들 믿음의 모순을 드러내려고 시도한다. 우리는 고고학적, 역사적 증거와 같은 변증적 지원으로 그들의 고려 사항을 알 수 있다.

다른 사람들에게 우리의 입장을 고려하라고 요구하는 것은 하나님에 대한 우리의 믿음을 시험으로 밀어 넣는다. 나는 엘리야와 바알의 거짓 선지자들의 이야기를 떠올리게 된다. 우리가 대답해야 할 질문은 다음과 같다.

우리의 하나님은 얼마나 큰가?

그는 자신을 알릴 수 있을까?

나는 그가 당신을 찾는 사람들에게 자신을 드러낼 수 있고 드러낸다고 믿는다.

린다 버그퀴스트(Linda Bergquist)는 샘 윌리엄스(Sam Williams) 목사의 신도들 중 한 명인 프레드 자페(Fred Jappe) 교수의 대학생이었다. 그녀는 많은 생각에서 포스트모던이었고 열정적인 무신론자였다. 샘은 수업 시간에 세 가지 다른 종교 예배에 참석하는 과제를 부여했다. 그 예배들 중 하나는 복음주의 교회여야만 했다. 수업이 끝난 후 그녀는 교수에게 참석해야 할 이 범주에 속하는 교회의 예배에 대한 정보가 없다고 말했다. 그래서 프레드는 자신이 출석하는 샌디에이고에 있는 교회의 이름을 그녀에게 알려 줬다. 린다는 교회에 참석한 후 샘 목사의 심방을 간절히 기다렸다. 그녀는 항상 목사에게 기독교의 입장이 얼마나 빈약하고 우스꽝스러운지를 보여 주기를 기대하며 목사를 심문하고 싶었다.

샘이 심방 전화를 걸었을 때, 그녀는 따뜻하지만 조심스러운 환대로 문 앞에서 인사하며 그를 맞이했다. 그들은 상대방의 신념을 바꾸는 데 진전을 보지 못한 채 서로의 견해만을 교환했다. 린다는 하나님이 없다는 입장을 취했다. 샘이 떠나면서 린다에게 두 가지를 해달라고 부탁했다. ① 하나님이 실제로 존재한다면 하나님 자신을 드러내달라고 기도하고 ② 매일 요한복음 한 장을 읽고 예수에 대해 각 장이 말하는 것의 의미를 생각해 보는 것이다. 린다는 망설였지만 자신의 입장에 대한 자신감을 증명하기 위해 동의했다. 며칠 후 그녀는 샘에게 전화를 걸어 간단히 말했다.

"저를 위해 기도해 주세요. 저는 싸움에서 지고 있는 것 같습니다."

그리고 몇 시간 뒤, 그녀는 다시 전화를 걸어 샘에게 예수 그리스도를 믿게 됐다고 말했다. 린다 같은 사람들은 우리의 하나님이 얼마나 큰지 우리를 시험한다.

(10) 가이드 투어/티켓 세일이 아님

개인 전도는 대개 과정을 수반하기 때문에 전도자는 그리스도의 주장을 제시하면서 그리스도인이 되는 것이 무엇을 의미하는지 안내할 필요가 있다. 그리스도인들은 적절하게 공격적일 수 있지만, 지식 없이 과도한 열정이 그들의 방법을 결정하도록 해서는 안 된다(롬 10:2). 정보를 가진 그리스도인이 그런 접근을 하지는 않겠지만, 나는 불신자의 인식을 언급하고 있다. 구도자들은 그리스도인들이 영적인 순례를 하는 것을 보고 싶어한다. 길을 잃은 사람들은 우리가 그들 옆을 걸어가서 여행 중에 질문에 대한 답을 제공하기를 원한다.

나는 거래 분석에 관한 책 『나는 괜찮다, 너도 괜찮다』(I'm OK, You're OK)의 내용이 많이 기억나지는 않는다. 그러나 나는 두 종류의 대화를 기억한다. 한 유형은 부모가 자식에게 하는 것이다. 이것은 사람들에게 얕잡아 말하는 것을 포함한다. 두 번째 유형은 어린이가 어린이에게 하는 것으로, 양 당사자가 서로 이야기할 때 같은 미숙하고 어린아이 같은 수준에 도달한다. 세 번째 그리고 더 긍정적인 유형은 성인에서 성인으로, 서로 존중하며 이야기하는 것이다. 그리스도인들은 우리가 우월하고 그들이 열등한 것처럼 영적으로 탐색하는 사람들에게 말하는 자세를 취할 여유가 없다. 포스트모던 상황의 전도자는 언어와 대화 스타일에 있어서 성인과 성인의 대화를 보여 주는 의사소통 방식을 사용해야 할 것이다. 우리는 사람들에게 대화할 필요가 있다. 특히 그들에게는 아이에게 말하듯 함부로 말하면 안 된다. 이렇게 하는 것은 문화적 규범을 위반하는 것이고 우리가 그리스

도를 위해 사람에게 다가갈 기회를 거의 주지 않는다.[4]

(11) 보다 초자연적인/소규모 세일

선교사들은 급진적인 이야기를 했지만 공개적인 발표는 아니었다. 그들은 공개적인 발표를 마친 후, 옆에서 사적인 대화를 나누면서 세계 외딴 곳에 복음을 전하러 갈 때 경험했던 초자연적인 것들에 대해 이야기하곤 했다. 그 이야기는 종종 다음과 같다.

> 우리는 마을에 도착했고, 사람들은 그들이 어떻게 하나님을 찾을 수 있는지 듣기를 기대하면서 우리를 맞이했습니다. 그들은 특정 그룹이나 특별한 옷을 입은 사람이 예수에 대한 소식을 전하기 위해 도착할 것이라는 꿈을 꿨습니다. 우리는 그들의 꿈속에 있는 사람들이었습니다.

하나님은 사람들을 자기 자신에게 이끌고 싶어 하신다. 복음 전도는 지옥의 문에 대한 정면 공격이다. 그러므로 우리는 하나님으로 부터든 사탄을 대표하든 영적 존재와 관련된 전투에 참여하리라는 것을 예상할 수 있다. 사람들은 전도자의 타고난 능력보다 하나님의 초자연적인 움직임에 더 많이 끌릴 것이다.

린다를 기억하라. 그녀의 회심 이야기는 개인 전도에서 몇 가지 핵심 원칙을 강조한다. 샘은 하나님이 린다에게 하나님 자신을 드러낼 수 있다는 믿음을 보여 줬다. 다른 방법이 믿지 않는 마음 때문에 통하지 않을 때, 전도자가 하나님을 드러내기 위해 하나님에 대한 강한 믿음을 보여 줄 필요가 있는 경우가 많다. 샘의 지혜에서 발견할 수 있는 또 다른 열쇠는 린다에게 그리스도의 주장에 대해 생각해 보라고 부탁하는 것이다. 그는 단순

---

[4] 단어 "도달하다"(*reach*)는 이 책에서 "복음화하다"(evangelize) 혹은 "회심시키다"(convert)의 의미로 사용된다.

히 논리를 사용해 논쟁하는 것이 아니라, 그녀 자신의 배경과 경험에 비춰 자신의 입장을 고려해 달라고 부탁했다. 그녀의 나머지 이야기에 계속 귀 기울여 보자.

동양 종교와 다른 가짜들의 영향이겠지만, 우리가 인지할 수 있는 영적인 만남의 수가 증가하는 것을 목격하지 않는다면 나는 놀랄 것이다. 초자연적인 모든 것이 하나님으로부터 오는 것은 아니기 때문에 그리스도인들은 영들과 관련된 것에 분별력을 개발할 필요가 있을 것이다. 사탄은 훌륭한 사기꾼이다. 요한은 우리에게 영들을 시험해 보라고 말한다. 나는 당신이 이 주제에 대한 추가적인 통찰력을 위해 요한일서를 읽을 것을 권장한다.

(12) 보다 더 세상적인 유익/더 적은 영원한 유익

오늘날의 문화에서 현명한 전도자는 세상적인 유익과 비용에 대해 논하는 데 더 많은 시간을 투자하는 한편, 소수의 전도자 집단은 하나님을 따르는 영원한 유익에 대해 논할 것이다. 그리스도를 따르는데서 오는 영원한 유익은 세상의 어떤 유익보다 비교할 수 없이 크다. 그러나 우리는 예수님이 삶의 모든 측면에 변화를 가져온다는 우리의 말을 우리의 삶으로 보여줄 필요가 있다.

나는 학생들에게 사람들이 그리스도에게 목숨을 바치려고 하는 25가지 이유 목록을 작성하도록 요구해 왔다. 학생들은 보통 처음 15개 정도를 생각해 내는 것을 괜찮지만, 그리스도가 그들의 삶에 어떤 영향을 미치는지 추려내기 위해 고군분투하기 시작한다. 내 주장은 만약 그리스도인들이 일상의 걱정과 삶의 문제에서 예수를 경험하지 못한다면, 우리는 그리스도가 우리 삶에 미치는 영향에 대해 이야기하기 위한 잠재적인 대화의 전환점의 대부분을 놓칠 것이라는 것이다. 마음속에 있는 것이 혀로 표현될 것이기 때문이다. 우리가 인생의 평범한 일상에서 그리스도를 경험하지 않는다면, 우리는 그리스도를 가슴에 품지 못한다. 사람들이 결혼이나 재정, 실망에 대해 이야기하는 것을 들을 때, 우리는 예수와의 관계가 어떻게 우리 삶의 그러한 영역에서 변화를 만들었는지에 대해 이야기할 수 있는 기회로 삼을 필요가 있다.

(13) 더 많은 관계 검증/더 적은 증거 검증

오늘날 사람들은 이전 세대와는 다르게 진리를 분별한다. 포스트모던 사람들은 증거를 통한 검증보다는 관계를 통한 검증에 더 큰 비중을 두고 있다. 증거는 중요하고 찾을 수는 있지만, 여전히 하나님에 대한 미스터리가 있다. 포스트모던 사람들은 친구들이 그리스도의 메시지에 대해 어떻게 반응하거나 느끼는지 파악하려고 할 가능성이 더 높다.

우리는 갈수록 그룹으로 결정을 내리는 사람들이 증가하는 것을 볼 수 있을 것이다. 이것은 성경에 전례가 없는 것은 아니다. 신약성경 전반에 걸쳐 우리는 그리스도를 온 가족이 믿는 예를 본다(요 4:53; 11:14; 16:15, 31; 18:8; 고전 1:16; 16:15). 이것은 각 개인이 그리스도께 반응할 필요가 없다는 것을 의미하지는 않지만, 진실과 실제를 검증하는데 있어 관계의 힘을 보여 준다. 예수님께서 말씀하셨다.

> 너희가 서로 사랑하면 이로써 모든 사람이 너희가 내 제자인 줄 알리라 (요 13:35).

(14) 씨를 심는 더 많은 시간/더 적은 수확 시간 비율

심은 것을 거두고, 심은 것보다 더 많이 거두고, 심은 것보다 늦게 거두는 등 수확의 법칙에서 많은 것을 배울 수 있다. 포스트모던 사람들에 있어서, 우리는 수확을 위해 씨앗을 뿌리는 데 상당한 시간과 자원을 투자할 필요가 있을 것이다. 씨앗을 뿌리지 않으면 수확하지 못할 것이다. 척 켈리(Chuck Kelley) 박사는 "남침례교인은 파종이 없는 세대에 사는 수확지향적인 교단"이라고 말했다. 이것은 우리가 더이상 수확할 수 없다는 것을 의미하지 않는다. 왜냐하면 수확의 목표가 없다면 심을 이유도 없기 때문이다. 그러나 우리는 단지 수확을 넘어서 전도의 용어와 방법을 생각해야 한다.

전도에 대한 대부분의 접근법과 심지어 일반적인 이해는 거의 전적으로 수확에만 기반을 두고 있다. 전도는 하나의 과정이므로 다양한 형태의 씨앗 심기를 통해 다른 사람들의 관심을 높일 필요가 있다. 우리 시간의 더 많은 비율은 수확할 준비가 돼있는 동안 심는 데 투자될 것이다.

2. 일반적인 팁

대부분의 대인 관계 원리는 믿음을 나누는데 적용 가능하다.

1) 불신자가 이해할 수 있는 종교적인 용어가 아닌 평범한 언어를 사용하라.
2) 논쟁적이 되는 것을 피하라.
3) 상대방이 말을 할 때 방해하지 말고 들어라.
4) 상대방이 모르는 것으로 상대를 부끄럽게 하려는 시도는 피하라.
5) 다른 사람의 시간과 일정을 존중하라.
6) 적어도 시간적인 면에서 "안 돼요"라고 말하면 말 그대로 "안 된다" 의미임을 인식하라.
7) 어떤 시점에서든 대화를 끝낼 수 있는 (복음을) 듣는 사람의 권리를 존중하라.
8) 새로운 개념을 설명할 때, 그 사람이 이해하는 것으로 시작해 새로운 생각이나 진리로 나아가라.
9) 미래에도 대화의 문을 열어두도록 선의를 유지하도록 노력하라.
10) 다른 종교 단체나 개인에 대해 깎아내리는 것을 피하라.

11) 사람들은 지적 한계를 가지고 있으므로, 너무 많은 성경 구절로 그들을 압도하지 말아야 한다는 점을 기억하라.
12) 불신자를 당황하게 하지 마라.
13) 사람들과 대화하는 것이지, 그들을 무시하고 가르치는 것이 아니다.
14) 승자와 패자를 만드는 것이 아니라 윈윈 접근법으로 마무리하도록 노력하라.
15) 공격받거나 심문을 받더라도 평정심을 유지하라.
16) 많은 사람이 열렬한 독자가 아니기 때문에 비디오, DVD, CD 등 다른 형태의 자료가 필요하다는 것을 기억하라.

3. 상식의 원리: 실제적인 포스트모던 강조점

1) 관계를 발전시켜라

일회적 만남 전도에서는 관계를 발전시키는 것은 불가능하지만 우리는 인간관계의 연결고리를 발전시킬 수 있다. 가족, 취미, 고향, 일, 성공, 영적 그리고 또는 종교적 배경에 대해 토론해 성인과 대화를 발전시킬 수 있다. 우리는 작은 친절을 통해 다른 사람들을 섬겨 관계를 발전시킬 기회를 만들 수 있다. 죽음, 실직, 신체적 질병과 같은 위기나 필요의 시기 또한 사람들을 다른 사람들과 연결되도록 만든다.

2) 개인적 관심을 보여 주라

내 수업 중 하나에서 덴버에 있는 패스웨이교회(Pathways Church)의 론 존슨(Ron Johnson) 목사와 인터뷰를 했다. 론은 학생들에게 혼재된 가치관을 가진 포스트모던 사람들에게 다가가기 위한 최고의 조언은 그들에게 관심을 보여 주는 것이라고 말했다. 사람들은 우리가 그들에게 지속적으로 관심을 보일 때 우리에게 반응하고 수용적이다.

관심을 보여 주는 것의 일부는 사람들에게 그들 자신에 대해 질문하는 것이다. 당신이 그들을 알게 되면, 그 질문들은 그들의 상처, 욕망, 꿈, 희망, 실패, 씨름하는 것에 더 개인적이고 구체적이 될 수 있다. 가장 현명한 사람들은 질문을 하는 사람들이다. 대부분의 사람은 자신들의 의견, 통찰력, 도움을 요청하는 사람들에게 긍정적으로 반응한다.

특히 미국 문화에서는 누군가 우리 삶의 여러 영역에 대해 질문을 하면 상대에게 비슷한 성격의 질문을 해서 보답해야 한다는 불문율이 있다. 이 규범을 위반하는 사람들은 부정적으로 간주된다. 그래서 우리가 질문을 하고 들을 때, 우리는 종종 그들에게 복음을 나눌 기회를 얻을 것이다.

3) 경청하라

톰 히긴보탐(Tom Higginbotham)이라는 학생은 불신자들을 인터뷰하는 경험을 반영하면서 다음과 같이 썼다.

> 종교적 설문 조사에 대한 정직한 답을 얻어내는 과목에서 강의 계획서에서 추천하는 접근 방식은 엄청난 도움이 됐습니다. 질문을 할 때면, 사람들은 단지 저를 기쁘게 하기 위해서가 아니라 정직하게 자신의 개인적인 대답을 숙고하는 것 같았습니다. 사람들은 이런 질문을 받아본 적이 없다는 것이 분명히 압도적인 사실이었습니다.[5]

---

5 익명의 사람에 대한 윌리엄 히긴보탐(William T. Higginbotham)의 인터뷰는 2002년 1월 제출한 페이퍼에 보고됐다.

이것은 듣는 것의 중요성을 강조한다. 그리스도인들은 더 많은 이야기하고 거의 듣지 않는다는 평가를 받고 있다. 우리는 아마도 그 고정 관념을 무너뜨릴 수 있고, 그리해 우리의 메시지에 관심을 갖도록 할 수 있다.

당신은 사람들과 이야기해 이해한다. 교수의 역할에 맞춰 과제를 제안해 보겠다. 서른다섯 살 이하의 성인 7-10명을 인터뷰하라. 부록에 있는 인터뷰 가이드를 사용하라. 설득이나 논쟁을 시도하기보다는 듣는 것에 집중하라. 사람들이 생각하고 느끼는 것을 이해하려고 애쓰는 사람의 자세를 취하라. 사람들이 영적인 문제에 대해 당신과 이야기하는 것에 얼마나 개방적인지 당신은 기분 좋게 놀랄지도 모른다.

박사과정 학생인 데일 펀더버그(Dale Funderburg)는 일부 성인 불신자들을 인터뷰하는 과제를 완료하면서 중요한 결론에 도달했다. 그는 요약 페이퍼에서 다음과 같이 썼다.

> 대부분의 사람이 영적인 문제에 대해 기꺼이 이야기할 의사가 있다는 것이 명백해졌다. 거절은 그 사람들이 자신들이 정죄받을 것이라고 생각할 때 온다. 대부분의 사람은 그리스도인을 남을 정죄하고 논쟁적인 사람으로 생각한다. 우리가 그들에게 진정한 관심을 보이고 그들의 생각을 소중히 여길 수 있다면, 아마 그들은 우리가 복음을 소개할 때 더 개방적일 것이다.[6]

4) 진실하게 나누라

미디어에 정통한 성인들은 자연스럽게 회의적인데, 특히 그리스도인들에 대해 그렇다. 전도할 기회를 얻기 위해서는, 우리가 사람들에게 진정한 관심이 있고 우리의 생활 방식과 접근 방식이 신뢰를 주는 사람으로 제시돼야 한다. 피터 버거(Peter Berger)는 오늘날 대부분의 사람들에게 통하지

---

6 익명의 사람에 대한 데일 펀델버그(Dale Funderburg)의 인터뷰는 2002년 1월 제출한 페이퍼에 보고됐다.

않는 전도자의 스타일을 포착했다.

"오만('내가 진리를 안다')과 자애('내가 당신을 구하고 싶다')의 독특한 혼합은 언제나 선교 활동의 주요 심리적 특징이었다."

"사람들은 1마일 떨어진 곳에서 오만과 자애의 이런 조합을 맡을 수 있다. 첫 번째 기침 때 그들은 몇 마일 밖으로 날아가 버릴 것이다."[7]

5) 상상력을 사로잡으라

전형적인 그리스도인은 뇌를 끄는 사람이다. 이것은 사실이 아닐 필요가 있다. 예수의 이야기는 매혹적이다. 우리의 역할 중 하나는 그것을 몇 번이고 다시 말하는 것이다. 릭 리처드슨(Rick Richardson)은 말했다.

> 진실을 소통하고 탐구하기 위해 미디어와 영화를 활용하는 일이 폭발적으로 증가했다. 우리의 복음 전도는 이 혁명을 진지하게 고려해야 한다. 이것이 오늘날 사람들의 질문에 대한 반응 방식에 어떤 영향을 미치는가? 우리는 언어적으로도 그리고 언론을 통해도 훌륭한 이야기꾼이 돼야 한다. 우리는 논리적으로 질문에 답할 뿐만 아니라 사람들의 영적, 도덕적 상상력을 포착하고 싶다.[8]

6) 긍정적 해체를 집행하라

대부분의 사람은 영적 신념이 잘 정립돼있지 않다. 우리는 불신자들이 그들의 개인적인 신념의 부족함을 발견하도록 발견하고 도울 수 있다. 나는 '신념 체계'(belief system)라는 용어를 사용하지만 대부분의 사람은 사려 깊게 정의된 체계를 가지고 있지 않다. 그들은 새로운 종교 사상을 검토하

---

[7] Richardson, *Evangelism Outside the Box*, 36.
[8] Richardson, *Evangelism Outside the Box*, 51.

는 유연한 신념을 가지고 있다.

대부분의 사람은 뒤죽박죽 뒤범벅된 신념을 가지고 있다. 영적 관점, 가치관, 신념을 꿰뚫어 보고 설명할 수 있는 질문을 던지면 사람들은 자신의 견해의 부족함을 발견하게 된다. 이것은 그들이 그들 자신의 종교적 신념을 해체할 수 있게 해 준다. 이런 식으로 기독교 전도자는 긍정적인 해체를 하고 있다. 안내된 성찰과 자기 발견을 하는 동안 사람들은 종종 기독교 세계관과 메시지에 더 수용적이 된다.[9]

4. 전도 상황을 평가하라

어떤 상황은 신호등의 파란불 같은 전도 기회를 제공하는 반면, 다른 상황은 노란불이나 심지어 빨간불이다. 우리의 역할의 일부는 성령의 지도 하에 좋은 판단을 사용해 상황을 평가하는 것이다. 찰스 크래프트(Charles Kraft)는 우리에게 특정한 가상의 혹은 실제적인 복음 전도 상황에 대해 스스로 질문할 다섯 가지 질문을 제공한다.

1) 그 상황에서 어떻게 주제를 소개할까?
2) 나, 나의 메시지 그리고 그 장소와 시간에 대한 메시지의 적절성에 관해 피전도자의 마음속에는 어떤 종류의 인식이 있을 것인가?
3) 어떤 어휘를 사용해야만 하는가?
4) 그 당시에 그 장소에 왔다는 사실을 감안할 때, 나는 피전도자에 대해 어떻게 가정할 수 있을까?
5) 이 메시지를 제시하는 데 있어 해당 상황의 장점과 단점은 무엇이며,

---

[9] 이 역할과 접근 방법에 대한 자세한 설명은 다음을 참조하라. Nick Pollard's *Evangelism Made Slightly Less Difficult* (Downers Grove: Ill., Inter-Varsity Press, 1997).

어떻게 활용되거나 극복될 수 있는가?[10]

5. 영적인 대화로 전환하기

지난 여름 우리 가족은 나와 함께 사적인 시간을 보내기 위해 애리조나로 여행을 떠났고, 뉴멕시코에서 회의를 이끌었다. 애리조나주 세도나의 아름다운 붉은 바위도시 바로 밖에는 자연적인 용수 수영 구멍이 있는 주립공원이 있었다. 반대편으로 헤엄쳐 건너간 후, 내 딸들과 나는 바위를 타고 약 20피트 높이로 올라갔다. 그때 열두 살이었던 블레이크니는 이미 도약을 한 여동생 해들리의 재촉하는 소리에도 불구하고 차가운 샘물 속으로 뛰어드는 것에 대해 약간 두려워했다.

블레이크니의 두려움을 진정시키기 위해 나는 말했다.
"처음만 어렵지, 그 다음엔 쉬워!"

많은 사람에게 개인 전도는 첫 번째 단계가 어렵지, 그 후에는 쉽다. 대화의 주제를 영적인 문제와 그리스도로 전환하는 것은 종종 우리의 믿음을 나누는 데 가장 두렵고 어려운 부분이다.

어떻게 하면 전도 대화를 시작할 수 있을까?

대화를 시작하지 않으면 대화를 끝낼 수 없다. 일단 냉랭한 긴장을 깨고 예수 그리스도를 주제로 삼게 되면 전투는 절반 이상 승리한다.

오늘날 미국에서 영적인 것에 대해 이야기하는 것이 흔한 경험이다. 텔레비전 쇼는 모든 영적 주제에 대해 토론한다. 오프라는 당신의 영을 발견하는 것에 대해 많은 것을 이야기한다.

---

[10] Charles H. Kraft, *Communication Theory for Christian Witness*, 129.

'일곱째 천국'(Seventh Heaven)은 목회자 가족의 삶을 부각시키는 쇼다. '천사의 터치'(Touched by an Angel)은 천사가 인간에게 삶과 믿음에 대한 교훈을 주는 또 다른 긍정적인 드라마다. 악, 사탄, 악마는 '술취한 뱀파이어 슬레이어'(Buffy the Vampire Slayer), 'X파일', '매력'(Charmed), '십 대 마녀 사브리나'(Sabrina the Teenage Witch)와 같은 프로그램 등 그들에게 할당된 방송시간이 없는 것은 아니다. 영화도 또한 '식스센스', '트루먼 쇼', '매트릭스', '스타워즈'처럼 영적인 주제를 채택했다.

1) 예수의 모범

성경에서 예수님께서 대화의 주제를 영적인 문제로 몇 번이고 전환하는 것을 발견할 수 있다. 그는 일상의 주제와 사건에서 영적인 가치로 대화를 전환하는 데 전문가였다.

(1) 우물에 있는 여자는 물을 찾았다. 예수님은 그녀에게 살리는 물을 제공했다.
(2) 맹인은 육체적인 시력을 원했다. 예수님은 영적인 시력을 제공했다.
(3) 나병을 앓고 있는 남자들은 그들의 아픈 것에 대한 신체적인 치유를 원했다. 예수님은 그들의 죄에 대한 영적인 치유를 제공했다.

2) 과도기적 이슈와 진술의 예

(1) 누군가 중요한 삶의 문제에 대해 중요한 진술을 할 때, 여러분은 이렇게 말할 수 있다. "당신은 어떻게 그런 결론을 내렸습니까?"
(2) 누가 당신의 삶에 가장 큰 영향을 미쳤습니까?
(3) 여기 이 땅에서 우리의 목적은 무엇이라고 생각하십니까?
(4) 당신은 영적인 것에 대해 많이 생각합니까?

(5) 당신의 영적인 여정이 당신이 가지고 있는 가장 심오한 질문에 답하는 데 도움이 되십니까?
(6) 당신에게 예수 그리스도는 누구입니까?
(7) 당신은 사람들이 죽으면 어떻게 된다고 생각하십니까?
(8) 자신에게 맞는 전환을 사용하되, 모든 방법을 동원해서 그것을 사용하라. 사람들은 영적인 것에 대해 이야기하고 싶어한다.

3) 전환에 사용할 삶의 25가지 영역

과거에는 교회가 사회의 대부분의 영역에서 영향력이 있었다. 이것은 더이상 그렇지 않다. 이 사실은 우리가 사람들과 공통된 경험을 나눌 기회를 감소시킨다. 그러므로 우리는 불신자의 지역교회 경험에 대한 대화에서 그리스도로의 전환에 의존할 수 없다. 그러나 예수님에 대해 이야기할 기회를 주는 많은 주제가 있다.

재정 스트레스	금융 활동	승진
실직	경제	스트레스
가족	일/직업	자녀
이혼	관계의 갈등	공인의 죽음
공적인 재앙이나 뉴스	질병	목적/의미를 찾는 것
교회	취미	종교적 배경
뉴스에 나오는 공인의 신념	희망	지옥
죽음	천국	

6. 반대 의견 다루기

반대 의견을 이해하는 것은 당신이 이에 적절하게 반응하는 법을 배우는 데 도움이 될 것이다.

1) 반대 의견의 형식들

반대 의견은 여러 가지 형태를 취한다. 그들은 보통 질문의 형태로 오지만, 가혹하거나 부정적인 진술의 형태로 올 수도 있다. 사람들은 또한 대화를 다른 주제나 희생양 혹은 이슈(연기 스크린 전술)로 돌리려고 할 것이다.

이의 제기는 언어적이든 비언어적이든 모두 가능하다. 우리는 귀와 눈으로 모두 들어야 한다. 때때로 사람들은 어떤 주제에 대해 이야기하는 것을 끝내고, 우리는 비언어적인 정지 신호를 바로 통과할 수 있다. 이런 일이 일어나면 우리는 무감각하다고 생각하게 되고, 동시에 하나님을 나쁘게 보이게 할 수도 있다. 우리는 사람들에게 그리스도를 대변하는 그리스도의 대사이다.

2) 반대의 일반적인 이유

(1) 당면한 영적 문제를 다루는 것의 편향

- 성령의 역사로 인한 영적 불편이나 저항
- 방어 메커니즘
- 과거의 나쁜 경험으로 인한 분노나 괴로움
- 처리 시간의 필요

(2) 복음의 함의에 대한 정당한 질문이나 우려

(3) 그들이 그 상황이나 그 시간에 그 주제를 다룰 준비가 돼있지 않다는 것을 전달하는 방법
(4) 대화에서 어느 정도 통제력을 유지하는 방법(질문을 묻는 방법은 항상 대화를 통제한다)
(5) 복음 이해의 부족
(6) 우리의 메시지와 그들의 종교적 가르침이나 신념의 격자 사이의 단절

3) 이의 제기 범주

(1) 메신저의 신뢰성
(2) 메시지 이해의 부족
(3) 메시지의 함의와 씨름하기
(4) 복음서 메시지 세부 사항

- 하나님
- 그들의 죄악된 상태
- 그리스도의 사역

(5) 타이밍 또는 상황
(6) 우리의 접근
(7) 기독교에 대한 오해
(8) 교회나 그리스도인과의 부정적인 경험

4) 반대 의견에 대응하기

사람들이 반대 의견을 제시할 때 우리는 몇 가지 실수를 할 수 있다.

첫째, 우리는 방어적이 될 수 있고, 우리의 하나님이나 그 질문에 대답할 수 있는 능력을 확신하지 못할 수 있다.
둘째, 제기된 질문/문제에 대해 직접 또는 부정적으로 대응하는 사람을 공격한다.
셋째, 우리는 반대를 피하거나 무시할 수 있다. 이 모든 반응은 불신자의 수용성을 강화시키지 못하고 오히려 해칠 가능성이 있다.

우리는 반대에 대해 긍정적인 태도로 받아들여야 한다. 우리는 질문과 반대가 정당하다는 것을 기억해야 한다. 반대는 중생을 위한 과정의 필요하고 환영받는 부분이다. 우리가 반대와 질문을 예상하고 환영한다면 긍정적인 반응을 보일 가능성이 더 높다. 우리는 하나님이 그들에게 부여하신 가치를 반영하는 방식으로 확신, 겸손, 온화함으로 사람들에게 대응해야 한다.

7. 준비 상태 평가하기

당신은 불신자가 적절한 때에 반응하도록 격려할 만큼 충분히 신경을 써야 한다. 하지만 언제가 적절한지 어떻게 알 수 있을까?
가장 쉬운 대답은 성령의 지도력을 따르는 것이다. 이런 일이 가능하기 위해서는 하나님의 음성을 듣기 위해 계속 주의를 기울여야 한다. 정기적으로 전도하는 데 따른 부수적 유익은 전도자가 앞으로 나아갈 때와 멈출 때를 아는 데 더 큰 민감성과 기술을 개발하게 된다는 것이다.
두 가지 다른 유형의 평가가 사용돼야 한다.

첫 번째 유형은 복음을 전할 때 대화가 다음 단계로 갈 수 있는 허가 받는 것을 포함한다. 이것은 간접적으로 이뤄질 수 있고 대화에서 여러 번 일어날 것이다. 우리는 질문, 이해, 감정, 장애물, 명확성, 헌신을 평가하고 있다.

두 번째 유형은 그리스도를 믿고 따르기로 결단하는 헌신(saving commitment)을 평가하는 것을 포함한다. 둘 다 개인 전도에서 중요하다.[11]

모든 불신자들이 같은 지점에 있는 것도 아니고, 그들이 우리에게서 똑같은 것이 필요한 것도 아니다.[12] 다음 도표는 사람들의 영적 발달 수준, 그들이 보여 주고 있는 특징 그리고 취해야 할 적절한 전도 전술을 묘사하고 있다.

표 12. 영적 수준별 특성과 전도 전술

영적 발달 수준	특성	전도 전술
무지	무지한	기도, 지시, 양육
무관심	무관심	나눔, 그리스도와 대면
적대감	씁쓸함, 분노	사랑, 경청, 예수를 전함, 인내
흥미	관심	복음을 설명, 서약을 촉구
확신	마음이 무거움	성령의 역사를 보여줌, 그리스도를 오는 단계들, 서약을 요구
회심	준비	회심을 통한 안내, 그리스도를 따르는 방법을 보여줌
성장	그리스도인	교제를 나눔, 전도하도록 격려, 불신자를 위해 기도하기
영적 쇠퇴	죄에 물듦	인내, 사랑, 경청, 격려, 벌어진 간격을 보여줌

---

[11] Bill Fay, *Share Jesus Without Fear* (Nashville: Broadman & Holman, 1999), 69. 이 책에서 빌 페이는 다음과 같은 헌신에 관한 질문 목록을 제시 한다: (1) 당신은 죄인입니까? (2) 당신은 죄의 용서를 원하십니까? (3) 당신은 예수 그리스도가 당신을 위해 십자가 위에서 죽고 다시 사셨다고 믿습니까? (4) 당신은 예수 그리스도에게 당신의 삶을 바칠 용의가 있습니까? (5) 당신은 예수 그리스도를 당신의 삶과 마음에 초대할 준비가 됐습니까?

[12] 부록의 준비 척도(Readiness Scale)를 참조하라.

1) 예수님의 평가

나처럼, 예수님께서 그리스도의 통치에 사람들이 자신들의 삶을 항복할 준비가 됐는지 어떻게 평가하셨는지 알게 되면 놀랄지도 모른다. 어떤 사람들은 그리스도를 따르는 것에 관심을 보이지만, 이에 관해 묻는 것과 통치에 항복하는 것 사이에는 큰 차이가 있다. 예수님은 부유한 젊은 율법사에게 예수를 따르기 전에 자신의 소유물을 팔아 가난한 사람들에게 나눠 주라고 부탁하셨다. 예수님은 여러 번 그를 따르는 데 대가를 지불해야 한다고 경고하셨다. 예수를 따르는 것은 많은 사람에게 고통, 십자가를 짊, 심지어 많은 사람을 위한 죽음까지 수반할 것이다.

2) 평가 고려 사항

불신자와 같은 단어를 사용하기 때문에 우리가 같은 것에 대해 이야기하고 있다고 생각하는 것은 가능하지만 사실 우리는 용어에 대해 다른 이해를 가지고 있을 수 있다. 과거에는 흔히 쓰던 단어들이 더이상 보편적인 사용법과 이해를 갖지 못한다. 전도자들은 그들이 듣고 있든 말하든 간에 그들이 분명하게 의사소통하고 있는지 확인하기 위해 분별력과 질문을 사용해야 한다.

사람들이 "**하나님**"(God)이라고 말할 때, 당신은 그들이 그 용어를 정확히 어떻게 사용하고 있는지 확인하기 위해 질문할 필요가 있다. 그들은 사실 우리보다 더 개인적이고, 우리보다 위에 그리고 함께 계시고, 전지전능하며, 무소부재하시고, 그가 원하는 것은 무엇이든 할 수 있는 유일하신 하나님을 언급하고 있는 것일 수도 있다.

그러나 그들은 정통 그리스도인들의 이해를 제외한 모든 것을 의미하기 위해 '**신**'(god)을 사용하고 있을지도 모른다. '그리스도인'이라는 용어조차도 특히 12단계[13] 사람들 사이에서 공통적이고 보편적인 의미로 사용된다고 볼 수는 없다.

또 다른 깊은 우려는 불신자들에게 그리스도를 따르는 잠재적인 유익을 말하고 그리스도를 따르는데 감수해야 할 요구에 대해는 의사소통을 소홀히 해 복음의 일부만을 전달하고 싶은 유혹을 받을 수 있다는 것이다. 나는 우리가 의도적이라고는 믿지 않지만, 실제로는 누군가가 예수에게 주로 고백하고 영접하는 것을 듣기 위해 너무 자주 그렇게 한다고 믿는다.

강단의 구원 초청(altar call)은 효과적인 복음 전달에 대한 잠재적인 도전을 제시한다. 남침례교인들은 예배가 끝날 때 종종 구원 초청를 하는데, 이는 빌리 그래함의 대규모전도집회(crusades)에서 행해지는 구원 초청과 본질적으로 비슷하다. 남침례교의 전형적인 구원 초청은 다음과 같다.

(1) 그리스도에게 삶을 재헌신할 것을 요청
(2) 서신이나 고백에 의해 교회에 가입을 요청
(3) 구원, 세례, 교인 자격을 구하는 요청

명료화나 정보를 위한 하나님의 영적 움직임에 대응해 사람들이 앞으로 나올 위험은 있지만, 그들이 그리스도를 위해 처음 결정을 내리는 것은 아닐 것이다. 그들은 혼란스러워할 수도 있고 도움이 필요할 수도 있다. 하지만 우리가 그들이 어떻게 반응할지에 대한 선택을 제한하거나 그리스도에게 그들의 삶을 드리고 싶은지 묻는다면, 그들은 우리가 무슨 말을 하는지도 전혀 모르면서 그것이 정답이라고 생각해서 "예스"라고 대답할 수도

---

[13] 12단계는 미국에서 Alcoholics Anonymous (익명의 알코올 중독자들)이란 이름으로 시작된 알코올 중독자 모임의 핵심 중독 회복 프로그램을 가리킨다. 12단계 중 3단계에서 참석자들은 "Made a decision to turn our will and our lives over to the care of God as we understood him."라고 고백하지만 여기서 "God"는 참석자의 종교적 배경과 신념에 따라 굳이 기독교의 하나님이 아닐 수 있다. <역자주>.

있다. 이것은 그들의 영적 여정에서 온갖 종류의 문제들을 야기하는데, 그들이 실제로는 구원받지 못했으면서 구원받았다고 생각할 가능성을 포함한다. 이러한 접근은 삶 속에 성령이 없이 신앙 생활을 하려고 노력하는 패배하고 중생하지 못한 교인들을 배출하는 비극을 가져올 수 있다.

나는 강단에서 행하는 구원 초청(altar call)에 반대하지는 않는다. 하지만 나는 우리가 예배를 빨리 끝내기 위해 사람들을 효율적으로 대해 사람들에게 해를 끼치고 있다고 믿는다. 오히려 교회가 훈련된 결신 상담사와의 대화를 통해 명확화를 위한 기회를 제공한다면 모든 사람에게 유익할 것이다. 그리스도를 따르라는 부르심의 심각성은 우리가 자신들의 삶 속의 하나님의 일하심에 반응하는 사람들과 시간을 가질 것을 요구한다.

3) 준비에 관한 질문의 예

나는 경찰쇼를 보면서 자랐다. 종종 심문 과정에서 한 경찰관은 범인과 친구처럼 되는 반면 다른 경찰관은 어렵고 강압적인 질문을 했다. 이 기술을 '좋은 경찰, 나쁜 경찰'이라고 불렀다.

대학 운동 선수 기숙사에 대한 나의 믿음을 영적 멘토와 나누는 법을 배울 때, 우리는 온건한 형태의 좋은 경찰과 나쁜 경찰 기술을 이용해 이해와 헌신을 확인하는 데 도움을 줬다. 그것은 옹호자의 한 형태이자 악마의 옹호자였다. 우리는 귀여워지거나 사람들을 속이기 위해서가 아니라 준비 상태를 평가하기 위해 이렇게 했다.

준비 상태를 평가하는 한 가지 가장 좋은 방법은 없다. 기술과 민감성은 이론에서만 아니라 실천적으로도 발전할 필요가 있다. 당신은 당신이 누구인지에 맞는 질문과 방법을 찾아야 할 것이고, 인간이라는 한계 내에서 준비 상태를 평가하는 것을 도와야 할 것이다.

몇몇 사람은 준비 상태를 평가하는데 사용하는 질문 목록을 개발했다. 빌 페예(Bill Faye)는 『두려움 없이 예수를 전하기』(*Share Jesus Without Fear*)에서 도움이 되는 목록을 포함시켰다.

이 질문들은 예스(yes)나 노(no)로 답하는 특성 때문에 제한적이지만 상황에 맞게 적응할 수 있다.[14]

- 당신은 어떤 종류든 영적인 믿음이 있으신가요?
- 당신에게 예수 그리스도는 누구입니까?
- 당신은 천국이나 지옥이 있다고 생각하십니까?
- 당신이 오늘 밤 죽는다면, 당신은 어디로 갈 것 같습니까?
- 만일 천국이라면, 왜 그렇습니까?
- 만약 당신이 믿고 있는 것이 사실이 아니라면, 당신은 그것을 알고 싶으십니까?

4) 나쁜 질문들

예/아니오 질문을 멀리하려고 노력하라. 그 대답들은 당신에게 많은 것을 말해 주지 않는다.

(1) 우리가 나눈 이야기가 납득이 되십니까?
(2) 이해하시겠습니까?

위의 질문은 그리스도를 영접할 준비가 됐는지를 판단하기 위해 사용할 수 있지만, 그 자체로는 사용할 수 없다. 준비에 대한 평가는 한 가지 질문이 아니라 대화 전반에 걸쳐 여러 가지 질문과 관찰을 통해 이뤄진다. 이해 여부와 명확성을 확인함에 따라, 우리는 다음 단계로 나아가기 위한 서약(commitment)도 확인하고 있다. 동의가 반드시 삶의 방향을 바꾸겠다는

---

[14] William Fay, *Share Jesus Without Fear*, 146.

서약과 같은 것은 아니다.

2) 더 나은 질문들

(1) 지금 듣고 있는 것을 얼마나 이해하십니까?
(2) 어떻게 진행하시겠습니까?
(3) 괜찮으시다면, 방금 말씀드린 내용의 함축적 의미를 말씀해 주시겠습니까?
(4) 무슨 생각을 하고 있으십니까?
(5) 기분이 어떠세요?
(6) 그리스도께 당신의 삶을 드릴 쥬비가 되셨나요?
(7) 당신은 당신의 삶에서 하나님께 용서와 인도하심을 요청할 준비가 됐습니까?

8. 구원 초청

1) 예수의 부르심의 확장

예수님께서는 그를 따르라는 부름을 확장하셨다. 다음은 예수님이 그를 따르라는 부름을 반영하는 몇 구절에 불과하다(마 4:19; 8:22; 9:9; 10:38; 16:24). 예수님을 따름으로 우리는 하나님과의 관계를 확립하고 그분으로부터 배운다.

2) 그리스도와 예수의 가족으로 초대하기

(1) 초청의 기도

사람들은 성령의 이끄심에 여러 가지 다른 방식으로 반응한다. 사람들이 당신이 예상했던 것과 다르게 반응하더라도 놀라지 마라. 전형적으로 감정적이 아닌 사람들은 큰 열정으로 반응할 것이고, 감정적인 사람들은 종종 침착하게 반응할 것이다. 어떤 사람들은 그들의 죄를 위해 그리스도께서 십자가에서 이루신 일에 전적으로 의존해 눈물로 압도될 것이다. 다른 사람들은 여전히 큰 기쁨으로 반응할 것이다.

사람들이 그리스도에게 자신의 삶을 바치고 싶은 욕망을 나타낼 때, 사람들을 이끄는 방법은 여러 가지가 있다. 당신은 그들에게 스스로 기도하거나, 당신을 따라 기도하거나, 혹은 당신이 그들을 위해 기도한 후에 기도하는 것 중에서 어떤 것을 선호하는지 물어볼 수 있다. 내가 선호하는 것은 그들과 함께 기도하는 것이다. 이것은 그들이 마음에서 우러나오는 말을 할 수 있게 해 주고 또한 내가 몇 가지 특정한 영역에서 그들을 이끌 수 있게 해 준다. 만약 당신이 그들을 이끌면, 그들에게 하나님의 용서를 구하고, 하나님의 인도하심을 구하며, 그리스도께서 하신 일에 감사를 표하도록 격려하라.

(2) 그들의 서약을 축하하라

모든 사람이 똑같이 반응하지는 않겠지만, 모든 사람은 죽음에서 생명으로 옮긴 축하할 이야기가 있을 것이다. 나는 그리스도의 새로운 추종자들에게 그들이 그리스도께 어떻게 반응했는지에 대해 들으면 기뻐할 것이라고 생각되는 몇몇 사람들에게 그것을 말하도록 격려한다. 이것은 새로운 회심자들의 삶에 지지적인 사람들을 참여시키고 그리스도인 가족의 가치를 보게 해 좋은 출발이 되도록 한다. 이것은 또한 그들이 자신들의 이야기를 신자들과 나누게 할 것이고, 이것은 또한 다른 불신자들과 더 쉽게 이 이야기를 나눌 수 있게 할 것이다.

제8장

장벽 제거하기

　장벽은 많은 목적을 돕는다. 장벽은 방해하고, 보호하고, 접근을 제한하고, 부상을 예방한다. 그것들은 물건이 들어오거나 나가는 것을 막는다. 어떤 장벽은 물리적인 반면, 다른 장벽은 감정적이거나 관계적이다. 장벽은 현실이거나 가상일 수 있으며, 어느 종류든 효과적일 수 있다.

　복음 전도에서 장벽은 복음의 확산을 방해하며 종종 제거하기가 쉽지 않다. 이 장에서 우리는 복음 전도에 대한 내적 장벽과 외적 장벽을 모두 검토할 것이다. 내적 장벽은 우리가 세운 장벽으로, 우리의 믿음을 나누는 것을 막거나 방해한다. 외적 장벽은 불신자들이 세운 것이다. 우리는 그리스도를 위해 그 장벽들 주변으로 불신자들에게 다가갈 방법을 찾아야 한다.

1. 전도에 있어 내적인 장애물 파악하기

　복음의 확산에 대한 가장 큰 저항은 우리의 마음과 영혼 안에 있다. 이 보이지 않는 장벽들은 현실적이고 강력하다. 그것들은 우리의 영적 발전을 무력화시키고, 하나님 나라를 확장하려는 우리의 노력을 쇠약하게 할 수 있다. 이것이 우리 마음속에 놓여 있는 장벽이다.

하나님의 메시지를 전하는 것에 대한 저항은 우리 시대에만 있는 것이 아니다. 우리는 모세가 입이 둔하고 혀가 뻣뻣하다고 언어 문제를 핑계 대는 것을 본다. 구약성경에서는 하나님의 말씀으로 그와 다른 사람들에게 가는 인간의 저항도 본다. 요나는 니느웨에 가고 싶지 않아서 다시스로 향해 하나님께 불복종했다. 그러나 하나님은 은혜로 요나의 관심을 바꾸시고 요나와 니느웨를 위해 그의 길을 다시 돌리셨다.

우리는 계속 성령의 인도를 받아야 한다. 바울은 이렇게 썼다.

> 하나님 아는 것을 대적하여 높아진 것을 다 무너뜨리고 모든 생각을 사로잡아 그리스도에게 복종하게 하니(고후 10:5).

왜냐하면 그것은 우리가 그리스도를 전할지 숨길지를 결정하는 마음, 감정, 의지에 대한 싸움이기 때문이다.

1) 두려움

나는 복음 전도에 관해 평신도들 및 목사들과 수백 번의 인터뷰를 하고 정리했다. 우리는 일반인에게 이런 일련의 질문을 한다.

(1) 평신도 전도 조사

① 당신은 전도라는 용어를 들으면 어떻게 생각하십니까?
② 여러분의 교회에서 복음 전도의 주요 장애물로 보는 것은 무엇입니까?
③ 교회의 전도 전략을 소통할 수 있습니까?
④ 불신자들에게 다가갈 수 있는 교회의 역량을 향상시키기 위해 무엇을 할 수 있다고 생각하십니까?

⑤ 교회에서 목사와 스텝들은 전도의 가치를 어떻게 증가/증진시킬 수 있습니까?
⑥ 당신은 교회의 시간 요구가 당신이 불신자들과의 관계를 발전시키는 능력을 방해한다고 생각하십니까?
⑦ 어떤 한두 가지가 당신이 믿음을 나누는 것을 방해하는 경향이 있습니까?
⑧ 제가 전도적인 추진력을 갖고 교회를 이끌도록 도움이 되는 충고를 해 주신다면 어떤 것이겠습니까?
⑨ 이 외에 더 추가하고 싶은 것이 있습니까?

나는 학생들과 설문 조사에서 그들이 받은 인상에 대해 대화하면서 그리고 그 조사 결과로부터 많은 것을 배웠다. 나는 두려움이 개인 전도의 가장 큰 장벽이라는 것을 발견했다. 두려움은 현실이고 상상적이며, 작고 거대하며, 장점이 있고 근거가 없다. 두려움은 대담하고 미묘한 여러 가지 색조로 나타난다.

(2) 두려움의 영역

모든 두려움이 같은 방식으로 표현되는 것은 아니다. 두려움의 징후는 여러 가지가 있다.

① 거절

아무도 거절의 아픔을 느끼고 싶어 하지 않는다. 그러나 전도에서는 우리의 감정에도 불구하고 우리가 거절의 초점이 아니다. 사람들은 주로 우리가 아니라 예수를 거절한다.

> 그러므로 저버리는 자는 사람을 저버림이 아니요 너희에게 그의 성령을 주신 하나님을 저버림이니라 (살전 4:8).

그러나 우리가 경험하는 거절의 정도까지 우리는 그리스도와 함께 이 일에 참여한다. 복음을 분명하게 제시하고 그 사람이 그리스도를 선택하지 못할 때, 우리는 그것을 개인적으로 받아들일 필요가 없다(롬 15:1-3).

② 실패

실패는 여러 가지 이유로 두렵다. 우리는 실패가 우리에게 어떻게 반영되는지 때문에 실패를 두려워할 수 있다. 또한, 우리는 메시지를 전하는 데 있어서 우리의 지식이나 기술 부족 때문에 어떤 사람을 하나님으로부터 더 멀리 몰아내고 싶지 않기 때문에 실패를 두려워한다. 성경적인 성공의 개념을 가지고 있으면 실패에 대한 두려움이 줄어들 것이다.[1]

③ 관계 상실

긴밀한 관계를 잃어버릴까 두려워하는 것은 우리의 믿음을 나누지 못하게 할 수 있다. 우리가 복음을 어떻게 전하는지에 대해 현명하고 민감해질 수 있도록 우리는 우리의 관계에 비춰 우리의 행동에 대해 생각해야 한다. 관계는 항상 어느 정도의 위험을 수반한다. 하지만 우리가 사람들을 사랑하기 때문에, 우리는 우리가 관계를 맺고 있는 사람들과 복음을 전하는 것 외에는 아무것도 할 수 없다.

성령에게 우리의 의지를 복종시킴에 따라, 문제는 '관계에 과도한 위험을 초래하지 않도록 내가 관계를 맺고 있는 사람들에게 어떻게 복음을 전할 수 있을까?' 하는 것이다. 내가 관계를 맺고 있는 사람들에게 복음을 전해야 하는가 하는 것이 문제가 아니다. 우리는 그들을 존중하고 주님께 영광을 돌리는 방식으로 사람들과 교류하는 것이 현명하다. 우리는 친절하고, 민감하고, 즐겁지만 복음을 적절하게 전할 수 있다.

---

1 5장의 성공에 대한 논의를 참조하라.

④ 지식의 부족

우리들 중 몇몇은 우리가 대답할 수 없는 질문을 받는 것을 두려워하기 때문에 우리의 믿음을 나누는 데 어려움을 겪는다. 우리는 신학이나 전도 방법을 충분히 알지 못한다고 말한다. 하지만 대부분의 불신자들은 우리가 기독교의 모든 측면이나 혹은 그들의 종교적 배경에 대한 전문가이길 기대하지 않는다. 정보와 관련된 우리의 두려움의 대부분은 결코 현실화되지 않는다.

이 두려움을 대응하는 한 가지 방법은 준비할 수 있을 만큼 충분히 훈련되는 것이다. 당혹감의 위협은 우리 안에 있는 소망을 방어하는 법을 배우도록 동기를 부여해야 한다. 그것은 우리가 믿음을 나누는 것을 막아서는 안 된다. 하나님은 기적적으로 가장 미약한 노력과 가장 작은 지식을 사용할 수 있지만, 우리가 그를 대신해 말하기를 꺼린다면 그는 어떤 식으로든 우리를 사용하실 수 없다.

(3) 두려움에 응답하기

가장 단순한 형태의 두려움은 일시적인 관점 상실이다. 누군가가 **나에게** 어떻게 반응할 지에 초점을 맞추기는 쉽다. 또한, 사람들이 주님을 얼마나 필요로 하는지 그리고 그리스도가 불신자들과의 관계를 얼마나 원하는지 잊기 쉽다.

우리는 우리 자신의 두려움에 어떻게 대응해야 할까?

첫째, 초자연적인 힘으로 살아가고자 하지만 두려움은 자연스럽다는 것을 인식할 수 있다.

내가 가장 좋아하는 인용문 중 하나는 "용기는 두려움이 없는 것이 아니라 당신이 두려워하는 바로 그 일을 하는 것이다"이다. 나는 대학 시절 동료들과 형제자매들 사이에서 믿음을 나누는 법을 배웠다. 때때로 두려움과 떨림으로 나는 그리스도를 전하고 내 친구들 중 몇 명이 그리스도에게 급진적으로 삶을 드리는 것을 볼 수 있는 특권을 누렸다.

둘째, 두려움은 하나님이 아니라 사탄의 도구라는 것을 인식할 수 있다. 우리는 믿음을 나눌 때 지옥의 세력과 싸운다. 두려움이 오면 그것을 인정하고 성령의 능력으로 그것에 대한 승리를 주장하라.

셋째, 사랑은 두려움을 분산시킬 것이다.

바울은 어린 디모데에게 이렇게 말했다.

> 하나님이 우리에게 주신 것은 두려워하는 마음이 아니요 오직 능력과 사랑과 절제하는 마음이니(딤후 1:7).

그리고 요한은 이렇게 썼다.

> 사랑 안에 두려움이 없고 온전한 사랑이 두려움을 내쫓나니 두려움에는 형벌이 있음이라 두려워하는 자는 사랑 안에서 온전히 이루지 못하였느니라(요일 4:18).

우리가 그리스도 없이 영원으로 향하는 불신자를 사랑할 때 두려움은 흩어진다.

넷째, 두려움은 우리를 하나님에 대한 더 큰 의존으로 몰아가야 한다. 전도는 우리를 사용하시기로 선택한 하나님에 관한 것이라는 것을 기억하라. 기도로 성령에 의존하는 것은 항상 유지해야 할 우리의 자세다. 우리는 우리가 할 수 없는 일에 대해 우리의 영이 하나님께 의존할 때보다 결코 더 강할 수 없다.

다섯째, 두려움은 그리스도를 전하는데 더 숙련된 사람이 되고자 하는 욕구를 높여야 한다.

내 큰딸은 완벽주의자다. 올바르게 하려는 그녀의 추진력은 지금의 그녀를 돕고 앞으로도 그녀를 도울 것이다. 하지만 그것은 그녀가 새로운 기술을 배울 때 좌절감을 유발한다. 그녀는 처음부터 완벽해지기를 원한다. 하지만 올해 배구와 소프트볼을 하면서 그녀는 연습의 중요성과 기술을 완성하기 위한 반복적인 훈련의 중요성을 배웠다. 두 시즌 초반에 새로운 기술을 완전히 터득하는 데 여러 번 어려움을 겪으면서, 그녀는 그만두고 싶다고 말했다.

그러나 고맙게도, 그녀는 자신에게 필요한 것은 인내심이고 그것들을 완성할 수 있는 기술은 반복적인 연습이라는 나의 충고에 귀를 기울였다. 그녀는 아직 다소 조급하지만 잘 할 수 있도록 광범위한 연습으로 자신을 훈련해 왔다. 두려움은 우리가 지금까지 알려진 것 중 가장 위대한 이야기를 나누는 민감성과 기술을 개발하도록 유도하는 데 사용될 수 있다.

2) 관계적 거리

복음을 전하지 않는 일반적인 이유는 그리스도인과 불신자 사이의 관계적 거리와 관련이 있다. 이런 경향은 이런 변명의 양쪽 측면에서 작용한다. 우리는 골디락스(Goldilocks)처럼 많이 행동한다. 그녀는 한 침대에서 잠을 자고 너무 딱딱하다고 말했다. 그녀는 다른 침대에서 잠을 잤고 그것이 너무 푹신하다고 말했다.

그녀는 세 번째 침대에서 잠을 잤고, 그것이 딱 맞다고 말했다. 우리의 믿음을 나눌 때, 우리의 경향은 어떤 사람이 인간관계 면에서 너무 가깝거나 너무 멀다고 말하는 것일 수 있다. 이것은 우리가 실제로 존재하지 않는 기독교 메시지를 전할 '딱 맞는' 사람을 찾는 것과 같다.

우리는 종종 가까운 관계에 있는 사람들에게 복음 전하기를 주저한다. 우리를 잘 아는 사람들을 전도하기 위해서는 우리의 생활 방식이 신뢰할 수 있어야 하고 해결되지 않은 문제에서 벗어나야 한다. 또한, 인간관계에 있어서는 우리와 가깝지 않지만, 그리스도를 필요로 하는 사람들도 있다. 이 사람들을 포함해서, 우리는 불신자와 우리 사이의 거리를 좁히기 위해 주도권을 잡을 필요가 있다. 그 일에는 어떤 작은 친절도 그 격차를 줄이는 데 도움이 된다.

3) 잘못된 고정 관념

고정 관념에 너무 많은 타당성을 부여하는 것은 우리가 복음 전도에 참여하는 것에 장벽을 세울 수 있다. 전도자들을 너무 높이 평가하거나 너무 낮게 생각하는 것이 가능하며, 이것이 전도자들에 대한 우리의 견해와 참여에 영향을 미친다.

(1) 너무 높음(전문가, 완벽하고 긍정적인 모델)

① 전문적이지 않음

우리가 전문가들과 복음을 나누는 것을 그만둘 것이라고 생각하는 것은 쉽다. 성경적으로, 복음 전도는 전문가들만을 위한 것이 아니다. 평신도들은 전문 목회자들이 접촉하지 못하는 사람들에게 접근할 수 있다. 가정, 직장, 이웃, 그 외 다른 곳에서 당신의 영향력 안에 있는 사람들에게 다가가지 않는다면, 누가 그러겠는가?

② 충분히 좋지 않음

우리가 우리의 행위나 접근에 있어서 충분히 잘할 때까지 기다린다면, 우리는 결코 그리스도를 전하지 못할 것이다. 불신자들은 우리가 완벽하기를 기대하지 않는다. 그들은 우리가 우리의 성공과 실패에 정직하기를 기대한다. 그들은 우리가 확실하고 믿을만하기를 원한다.

③ 전도 역할 모델의 긍정적인 특성을 파악하지 못함

그리스도를 전하기 위해 빌리 그래함의 특징과 은사를 소유할 필요는 없다. 당신이 경험한 하나님의 이야기를 전하기 위해 외향적인 사람이 될 필요도 없고, 낯선 사람을 잘 만나거나, 멋진 목소리를 가지거나, 모든 상황에서 용감하거나, 군중 앞에서 힘 있고 유창하게 말할 필요도 없다. 그리스도를 전하는 것은 주님의 군대에서 군복무를 위해 충실하게 보고하는 것을 포함한다.

하나님은 당신의 선, 악, 추악한 부분을 포함해 당신을 사용하길 원하신다. 나는 아직도 하나님이 마치 3학년과 4학년처럼 말주변이 없는 나를 사용하셔서 당신 자신에게 누군가를 이끄신다는 사실에 놀랐다.

(2) 너무 낮음(부정적인 모델들)

① 형편없는 모델들

우리가 조사한 많은 사람처럼, 복음 전도를 생각할 때, 당신은 결코 모방하고 싶지 않은 사람들의 부정적인 이미지를 가지고 있을 수 있다. 당신은 당신의 있는 모습 그대로 그리스도를 위해 사람들에게 다가갈 수 있다. 강압적이고, 오만하며, 불쾌하고, 고압적이거나, 일방적으로 설교하지 않고도 사람들을 예수님께 초청할 수 있다. 형편없는 롤 모델이나 전도 모델이 당신이 예수를 전하는데 방해하지 못하게 해야한다.

4) 고립

인간관계가 없으면, 일반적으로 영향력이 없다. 우리가 그리스도께 자신을 드리도록 전도하려고 하는 바로 그 사람들로부터의 고립은 복음 전도의 장벽이다.

> 우리는 다른 그리스도인들과 교제하는 경향이 있어서 비신자와는 그다지 중요한 관계가 없습니다. 우리는 하나님이 우리에게 영향을 주라고 부른 바로 그 사람들로부터 고립돼있기 때문에 복음 전도와 씨름하고 있습니다.[2]

---

2   George Barna, *Evangelism That Works*.

우리는 불신자들의 세계로 가야하고, 그들이 우리에게 오기를 기다리거나 기대하지 말아야 한다. 전도하기 위해 그들이 있는 곳으로 들어가는 주도권을 잡는 것은 우리의 책임이다.

그리스도인들은 몇 가지 이유로 고립돼있는데, 그중 어느 것도 받아들일 수 없다. 우리는 그리스도가 없는 사람들의 부정적인 영향으로부터 자신을 격리시키고 싶기 때문에 종종 자신을 고립시킨다. 그러나 예수님은 우리 세계로 들어오셨다.

또한, 우리는 우리 자신을 선의의 방치(benign neglect)로부터 격리시킨다. 우리는 교회 일을 하고, 교회 친교 모임에 참석하고, 교회 팀에서 스포츠를 한다. 그러나 우리는 그리스도가 절실히 필요한 사람들과 관계를 맺을 시간을 거의 남겨두지 않고 교회의 목적을 소홀히 한다.

함께 직면하자. 우리는 이기적이기 때문에 종종 고립된다. 그리스도인들 주변에 살면서 우리의 교회 언어를 말하지 않는 사람들의 지저분한 삶에 들어가지 않는 것이 더 쉽다. 그것은 감정적인 에너지와 시간이 필요하고, 심지어 시간 낭비로 보이기까지도 한다. 그것은 정신적인 에너지를 필요로 한다. 우리가 좋아하지도 않는 사람들 그리고 성경의 가르침을 위반하는 사람들과 함께 일하는 것이 필요하다. 우리는 하나님이 우리의 의도와 우리가 교회를 위해 행하는 모든 위대한 일들을 알고 계시기 때문에, 종종 하나님의 이해를 가정한다. 문제는 우리의 선의가 결코 한 불신자에게도 복음을 전하지 못한다는 것이다.

고립은 기독교 비즈니스, 학교, 교회 또는 신학교와 같은 기독교 환경에서 일하는 사람들에게 특히 위험하다. 내 학생 중 한 명은 불신자들을 인터뷰한 그의 경험을 반성했다.

이런 과정을 통해 주변 사람들에 대한 나 자신의 인식을 생각해 보게 됐습니다. 나는 신자들과 함께 엄청난 시간을 보내기 때문에, 때때로 우리 사회의 사람들이 얼마나 소외돼있는지 잊습니다. 나는 이웃들에게 하나님의 사랑을 보여 주고 이웃과 관계를 맺기 위해 훈련될 필요가 있다는 것을 배웠습니다. 나의 선교지는 내가 살고 있는 지역입니다. 내 이웃은 하나님의 자비와 은혜, 진리를 보고 듣고 이해할 필요가 있습니다. 이것은 삶을 변화시키는 경험이었습니다.[3]

기독교의 소명은 관계적인 관점에 위험하다. 목사, 교회 스텝, 신학교 직원 그리고 다양한 다른 기독교기관 사역자들을 포함한 대부분의 그리스도인들은 우리가 전도하려고 하는 바로 그 사람들과 단절돼 있다. 나는 16년 넘게 기독교 환경에서 일했다. 우리는 질문을 알지도 못할 위험에 처해 있지만, 우리는 답을 가지고 있다고 말한다. 하나님은 우리에게 자비를 베푸시고, 우리를 공동체에서 밀어내셔서, 생명의 메시지를 간절히 듣고 싶어 하는 사람들의 길로 들어가게 하신다.

5) 다른 내적 장벽들

여러 내적 장벽들이 우리의 노력을 가로막는다.

(1) 은사
어떤 사람들은 복음 전도의 은사가 없다는 핑계를 대고 싶어한다. 모든 사람은 좋은 소식을 전하는 특권이 있다.

(2) 시간
어떤 사람들은 시간이 없다고 말한다. 모든 사람은 하루에 24시간이 주어진다. 일정은 꽉 찼지만, 우리는 일정을 섬기기 위해 살지 않는다. 우리의 일정은 우리가 우선순위를 정하는 것을 돕기 위해 사용돼야 한다.

---

[3] 팀 패스모어(Tim Passmore)가 2002년 1월 30일 제출한 D.Min. 페이퍼, 5.

(3) 나이

나는 너무 늙었거나 너무 어리다. 모든 연령대의 소중한 사람들은 예수님이 그들의 삶에서 한 일을 효과적이고 신실하게 전하고 있다.

무관심과 불안이라는 두 가지 특별한 요인이 다른 내부 요인에 기여한다. 그리스도인의 정신적, 정서적 무관심은 위험한 상태다. 그것은 자신의 믿음을 나누지 않으려고 모든 종류의 내적 변명을 할 것이다. 불안 또한 다른 장벽을 강화시킨다. 성숙한 그리스도인들은 그리스도 안에서 자신들의 정체성을 바탕으로 긍정적인 자아상을 개발할 필요가 있다.

전도하는 데는 더 많은 장벽이 있다.[4] 그러나 의지가 있을 때는 항상 전도할 수 있는 방법이 있다. 개인 전도는 지성이나 감정만이 아니라 의지의 문제다. 감정적인 느낌과 지적인 이유들은 우리의 의지를 뒷받침해야 하지만 그것들은 우리의 복음 전도의 주된 힘이 아니다. 성령의 인도하심과 그 방향에 대한 적극적인 복종은 우리를 강요한다.

2. 전도에 있어서 내부 장벽 줄이기

1) 전도를 위해 적절한 동기 부여를 사용하기

전도에 대한 가장 높은 수준의 동기는 하나님에 대한 사랑이다. 우리는 우리의 무가치함에도 불구하고 우리에게 사랑을 확장시킨 자에 대한 깊은 사랑에서 지구와 지상의 모든 민족에게 그의 영광을 확대하기를 원해야 한다. 단기적으로는 기껏해야 "그보다 못한" 방법을 사용할 수 있다. 죄책감, 두려움, 수치심, 의무, 기타 형태의 조작은 대개 짧은 기간 동안 작동

---

4 델로스 마일스(Delos Miles)는 다음의 책 전체를 내적 장벽이란 주제를 다루는데 할애했다. Delos Miles, *Overcoming Barriers to Witnessing* (Nashville: Broadman, 1984).

하지만 평생 지속적인 전도자를 배출하지는 못한다.

초대교회의 복음 전도적인 동기로부터 배울 것이 많다. 마이클 그린 (Michael Green)은 초기 그리스도인들이 예수 그리스도에 대한 믿음을 나누도록 동기를 부여한 세 가지 주요 요인에 대해 논의했다.

(1) 전도의 주된 동기는 하나님에 대한 감사였다. 그린은 말했다.

> 이 사람들은 그들이 그렇게 하는 것이 바람직하기 때문에, 혹은 사회적으로 책임감 있는 일이기 때문에 메시지를 전파하지 않았다. 그들은 주로 인도주의적 또는 실용주의적 이유로 그것을 하지 않았다. 예수 그리스도를 통해 받은 하나님의 사랑으로 압도되는 경험 때문에 그렇게 했다.

(2) 초기 그리스도인들은 또한 책임감에서 우러나와 그들의 믿음을 나눴다.
(3) 불신자들에 대한 우려로 인해 예수님에 대해 나누는 것은 초기 그리스도인들에게 특권과 순종의 문제였다. 그들은 자신들의 믿음을 나누지 않으면 복음이 퍼지지 않을 것임을 알고 있었다.[5]

2) 현실적이고 지속가능한 시스템 사용하기

사람들은 장기간에 걸쳐 현실적이고 지속 가능한 시스템 안에서 전도를 해야 한다. 대부분의 주요 전도 캠페인이나 전략은 사람들의 삶의 다른 주요 영역을 돌보면서 전달할 수 있는 것보다 더 많은 사람을 필요로 한다. 이것은 어느 교파나 지역에서든 아니면 지역교회에서든, 세례와 같은 통

---

5 Michael Green, *Evangelism in the Early Church* (Grand Rapids: Eerdmans Publishing Company, 1970), chapter 9.

계가 급증하는 이유를 설명해 줄지도 모른다. 대부분의 복음 전도 시스템은 장기적으로 대부분의 교회 성도들에게 합리적으로 지속 가능하지 않다. 여기에는 부흥 운동, 대규모 군중 전도 집회(crusades), 주중 전화권유와 같은 접근법이 포함된다.[6]

용어를 반복해서 사용하면 시간이 지남에 따라 용어의 이해에 영향을 미친다. 나는 우리가 가는 장소라는 관점에서 교회를 보는 것이 두렵다. 이것은 교회라는 성경적 개념과는 거리가 멀다. 교회는 갈 곳이 아니라 그리스도인들이다. 우리는 교회다. 그러므로 우리가 가는 곳으로 교회는 간다.

우리가 정말로 불신자들과의 양질의 관계를 발전시켜 그리스도를 위해 그 사람들에게 다가간다면, 우리는 교회 조직의 일정을 재고해야 할 것이다. 교회 일정은 교회 건물에서 여러 차례 모임에 참석하는 시간을 투자해야 하기 때문에, 우리가 교회가 되는 것을 쉽게 막을 수 있다. 우리는 전도를 지지하지 않는 시스템을 너무 쉽게 만든다. 교회의 제도와 전략이 믿음을 나누려는 사람들을 지원하고 있는지, 아니면 그들이 전도할 시간이 없도록 지나치게 바쁘게 만드는지를 평가하라.

교회의 모든 활동에 충실하게 출석하는 것과 하나님에 대한 신실함을 동일시하는 것은 함정이다. 대부분의 교회 시스템은 가장 성숙하고 충실한 교회 구성원들이 교회 밖에서 사역하도록 하기보다는 교회 안에서 교회의 일을 하도록 한다. 교회는 전도자를 존중하고 그들의 노력을 지지해 사람들이 불신자들의 삶에서 하는 역할을 높이는 시스템이 필요하다. 어린이 야구팀을 지도하는 것은 그리스도인의 주간 활동에서 가장 영적인 활동일 수 있다. 학부모 모임에 참여하는 것은 어머니들의 주간 활동에서 하나님 나라를 위한 굉장한 섬김일 것이다.

론 허치크래프트(Ron Hutchcraft)는 "우리가 구조대 회의를 하고, 구조대

---

[6] "교회가 어떻게 돌아가는가 II" (How Church Works II)에서 해롤드 블록의 개념. 이러한 접근법은 전체적인 교회 전략의 일부가 될 수 있지만, 전략은 이러한 유형의 구성 요소에 국한될 수 없다.

노래를 부르고, 구조대 회의에 참석하는 동안 사람들이 물에 빠져 죽어가고 있다"라고 상기시켰다. 그가 우리에게 권하는 말은 "해변에서 물속으로 들어가면 해변에 있는 것보다 더 많은 것이 있다"는 것이다.[7]

3) 그리스도인에게 납득되는 전도 프로그램

교회가 개인적인 복음 전도를 장려하고 향상시키기 위해 하는 일의 대부분은 실상은 그들의 노력을 방해한다. 해롤드 블록(Harold Bullock)은 텍사스 주 포트워스에 있는 소망공동체교회 성도들에게 납득되는 개인 전도에 대한 교회 접근법을 묘사했다.

(1) 성령의 인도를 따르라.
(2) 모든 상황에서 진실하게 행동하라.
(3) 단기적으로 그리고 장기적으로 가족, 이웃, 동료들과의 긍정적인 관계를 유지하라.
(4) 복음과의 거리에 따라 사람들을 대하라.
(5) 비신자의 흥미를 자극하는 접근법을 사용하라.
(6) 사회적 상황에서 어색하고 부적절한 모습을 피하라.
(7) 다른 성도들과 팀을 이뤄 사회 활동 및 교회 활동에 비신자들을 참여시키고 포함시켜라.
(8) 교회 행사의 '위협 수준'을 감당할 수 있는 사람들을 그 교회 행사에 초대하라.[8]

---

[7] Ron Hutchcraft, "Communicating the Message to Our Culture," from video of North American Conference for Itinerant Evangelists, 1994.
[8] Harold Bullock, conference notebook "How Church Works II," 21.

4) 불신자들과 예수님을 향한 피상적인 사랑

한 학생이 아드리안 로저스(Adrian Rogers) 목사에게 복음 전도로 교회를 이끄는 방법에 대해 조언을 구했다.

> 당신의 열정은 당신의 확신보다 결코 크지 않습니다. 당신은 당신의 열정 혹은 교회에 대한 충성심 혹은 그들에게 죄책감을 주입해 다른 사람들을 응원할 수 있지만, 지속적인 효과를 가져올 수 있는 유일한 것은 주 예수 그리스도에 대한 그들의 사랑뿐입니다. 사람들을 보내는 것은 영혼에 대한 사랑도 아니고 바로 예수의 사랑입니다.[9]

우리의 믿음을 나누는 가장 높은 수준의 동기는 사랑이다. 우리는 믿음을 나누는데 있어서 죄책감을 느낄 필요가 없다. 우리는 다른 사람들에게 그리스도에 대해 말하도록 속거나 강요받을 필요가 없다. 우리는 심장 이식이 필요하다. 우리는 먼저 하나님에 대한 더 깊은 사랑을 발전시킨 다음, 심지어 사랑스럽지 않은 사람들까지도 사랑하기로 신택해야 한다. 왜냐하면 그리스도가 우리를 먼저 사랑했기 때문이다.

'**사랑**'은 동사다. 사랑은 우리가 하지 않을 많은 것을 **하도록** 만들었다. 그것은 우리가 배우고 싶지 않았던 것들을 배우게 한다. 사랑은 보통 우리가 움직이지 않는 상황에서 감정, 시간, 돈, 땀, 눈물을 주게 한다. 사랑은 우리가 이기심과 편안한 영역을 넘어 사랑하는 사람의 이익을 위해 행동하도록 동기를 부여한다. 사랑은 인내와 견딤과 열정을 제공한다. 사랑은 전도에서 가장 강력한 동기 부여이다.

우리가 더 깊은 사랑을 발전시킬 때 장벽은 제거된다. 그리스도의 선물을 다른 사람들과 나누는데 있어 우리를 가로막는 장애물 때문에 어려움

9　Adrian Rogers in an interview report by Ruben R. Raquel, 2 February 2002.

을 겪는다면, 하나님에게 하나님과 다른 사람들을 사랑할 수 있는 더 큰 능력을 주시도록 요청해야 할지도 모른다. 사랑, 영적인 열정 그리고 그리스도와의 활력 있고 역동적인 관계에서 순종하려는 의지가 흘러나온다. 기도, 성경 공부, 금식을 통한 하나님과의 개인적인 시간은 우리가 하나님 그리고 하나님의 마음에 있는 것, 즉 불신자들과 연결되도록 도와준다.

5) 영적 훈련

"당신이 습관적으로 하는 것이 당신입니다"라는 말은 진실이다. 삶의 패턴은 우리의 우선순위와 가치에 대해 말해 준다. 『그리스도인의 삶을 위한 영적 규율』(Spiritual Disciplines for the Christian Life)에서 도널드 휘트니(Donald Whitney)는 개인 전도를 영적 규율로 만드는 것의 중요성을 논한다. 내 딸들 중 한 명이 배구에서 배운 인용문을 나에게 말해줬다.

> 의식적으로 좋은 습관을 형성하지 않으면, 무의식적으로 나쁜 습관을 형성하게 된다.

습관적으로 전도와 불신자들을 포함시키는 방법을 찾아라. 당신과 삶을 나누는 상호책임 파트너(accountability partner)가 이 문제를 도울 수 있다.

6) 실제적으로 해야 할 것들

(1) 개인 전도에 있어서 사람들이 그들의 강점을 발견하도록 도우라

성경적인 복음 전도 스타일은 적어도 여섯 가지가 있다. 우리는 성숙할수록 우리가 상황에 맞게 사용할 수 있는 스타일의 수를 늘릴 것이라는 것을 인식하면서, 특히 초기 노력에서 우리가 선호하는 스타일을 잘 사용한다.

(2) 사람들이 믿음을 나누는 데 좋은 출발을 하도록 도우라

새로운 전도자들이 멘토와 접촉을 유지하도록 장려하라. 이것은 어려운 기간 동안의 지원, 어려운 질문과 문제에 대한 도움, 수확 기간 동안의 축하를 가능하게 할 것이다. 이것은 또한 새로운 전도자들이 성공과 투쟁이 발생함에 따라 그것들에 대한 관점을 얻는 데 도움이 될 것이다. 또한, 섬김 전도(servant-evangelism) 프로젝트와 같은 저위험 고보상(high-reward) 전도에 전도의 시작 혹은 전도를 꺼리는 것도 포함시킬 수 있다.[10]

(3) 교실에서의 준비와 현장 경험을 결합하라

이 두 가지는 그리스도인들이 그들의 믿음을 나누려는 의지를 높이는데 함께 작용한다. 전도는 근육 발달과 공통적인 요인을 가지고 있다; 그것을 많이 사용할수록, 그것은 더 강해지고 더 많이 사용하고 싶어진다.

(4) 몇 가지 실용적인 제안을 적용해 보라

첫째, 불신자들에게 다기기는 것을 포함하는 개인 및 가족 사명 선언문을 개발한다.
둘째, 자신과 불신자들을 위해 이름을 부르며 기도하라.
또한, 그리스도를 위해 당신이 위해서 기도하고 사랑할 3~6명의 불신자들의 목록을 개발하라. 예수께는 우리가 사람들을 사랑하고 그들을 위해 기도하는 것을 대신할 것은 없다.

---

[10] Steve Sjogren, *Conspiracy of Kindness* (Ann Arbor: Servant Publications, 1993)을 참조하라.

3. 내부적 장애물들의 요약

우리는 아무 말 없이 우리 삶과 하나님에 대한 그들 자신의 해석에 사람들을 맡길 수 없다. 그리스도에 대한 침묵은 사랑의 행위가 아니다. 성숙한 사랑은 우리의 한계, 결점, 오해에도 불구하고 그들이 진실을 들을 수 있도록 우리가 전하도록 강요한다. 복음을 전하거나 우리의 사생활을 나눌 수 있을 만큼 우리가 완벽에 가까워질 때까지 기다린다면, 우리는 결코 말을 하지 않을지도 모른다. 역사를 통틀어 성령은 불완전한 그릇을 사용해 그의 메시지를 전달했으며, 그는 오늘날에도 계속 그렇게 하신다.

전도에 대한 확신을 발전시키기 위해서는, 우리의 믿음을 나누라는 하나님의 명령에 따라 믿음을 나누고, 전도에 대한 우리의 믿음이 직면하고 신념으로 변모하는 상황에 의도적으로 자신을 둬 그 확신을 시험해야 한다. 경험 없이는 우리의 지적 믿음은 확신으로 발전할 수 없다. 우리는 우리가 정말로 믿는 것을 한다.

맥클로스키는 전도에 대한 내적 장벽을 극복하기 위한 일을 다음과 같이 요약했다.

> 불신자들에 대한 부담을 개발하고 싶다면, 나가서 불신자들에게 가서 그들이 얼마나 길을 잃었는지 알아보라. 만약 당신이 당신의 마음에 전도의 결정적인 본질을 새기고 싶다면, 나가서 그것을 하라. 그러면 당신은 그것이 얼마나 중요한지 확신할 것이다. 예수님이 정말로 삶을 변화시킨다는 확신을 키우고 싶다면, 인생을 바꾸는 예수의 메시지를 다른 사람들에게 전하고 이것이 사실이 아닌지 살펴보라.[11]

---

[11] McCloskey, *Tell It Often—Tell It Well*, 255.

4. 그리스도를 따르는데 있어서 외부적인 장애물

모든 장벽이 전도자에 의해 세워지는 것은 아니다. 불신자들도 장벽을 세운다. 이 섹션에서 우리는 그들의 공통적인 장벽과 장벽을 줄이는 방법을 다룰 것이다.

1) 반대와 장벽에 대한 예수님의 대응

예수님은 여러 번 악마적 존재의 장벽에 직면했다(마 8:28-34; 막 1:21-28; 눅 4:31-37, 41). 예수님은 악한 영을 직접 말씀으로 질책하셨고, 귀신들에게 그 사람의 몸에서 떠나라고 명령했을 때 그들은 그렇게 떠났다.

예수님은 사람들이 자신에게 제기한 질문에, 심지어 구두로 한 질문 외에도 생각으로 한 묻지 않는 질문에도 응답했다(막 2:1-12). 예수님은 그들의 질문을 예상하거나, 그들이 질문을 한 후에 그들에게 대답했다. 종종 그는 질문으로 그들의 질문에 응답했다(막 2:19, 25; 눅 5:33-39). 그는 그저 그들에게 말하지만 않고, 그들이 직접 답을 찾도록 이끌었다.

사람들은 여러 가지 상황에서 예수에게 왔다. 어떤 사람들은 예수를 따르고 싶었지만 치러야할 대가를 고려하지 않았다. 예수님은 그들이 맹목적으로 그를 따라오도록 내버려두지 않았다. 예수님은 그들에게 자신을 따르는 것은 다른 모든 충성과 관계보다 우선해야 한다고 말했다(마 8:18-22). 어떤 사람들은 육체적인 필요를 가지고 예수에게 왔지만 그들의 믿음 때문에 그들의 죄를 용서받고 떠났다(마 8:5-13).

예수님은 사회적 압력과 문화적 민감성의 장벽을 여러 가지 방법으로 다뤘다. 그는 불신자들이 환경을 통제하는 곳에서 불신자들과의 관계에 참여하셨다(막 2:14-17). 예수님이 어떤 질문에 직면했을 때, 그는 그의 청취자들에게 믿을 만한 출처를 인용해 응수했다(마 12:1-9). 예수님은 어떤 이의 제기에 대해는 유머로 반응했다(마 12:9-14; 23:24-26; 막 19:24). 다른 경우에는 예수님은 이야기나 비유로 반응했다 (눅 7:36-50; 막 3:19-30).

예수님은 사람들이 반대를 제기할 때 다른 접근법을 사용했다. 때때로 예수님은 사람들의 가치를 높이는 방식으로 종교 지도자들의 기대를 벗어나 행동했다. 특히 장애인, 여성, 세리 같은 경멸을 받거나 사회적으로 실망한 사람들에게. 예수님은 질문과 반대에 직접적이고 논리적인 대답으로 거의 응답하지 않았다. 그는 직접 답을 주는 대신에 보통 청취자들이 답을 판단하도록 돕는 방법을 사용했다.

예수님은 모든 질문에 대답하지 않았다. 그는 사람들에게 그를 따르라고 강요하지도 않았다. 그는 가장 낮은 공통 분모로 당신을 따르는 것을 허락하지 않았다(마 19:16-24). 그는 사람들에게 대가에 대해 설명하지 않고는 따르라고 요구하지 않았다. 그는 사람들이 그를 따라가는 것에서 비껴가도록 내려 뒀다. 예수님은 때때로 그의 정체성에 대해 많은 것을 드러냈지만, 다른 때는 그가 누구인지 거의 밝히지 않았다.

예수님은 질문자의 상황의 맥락에 맞게 적절하게 대응했다. 그는 단 하나의 접근법을 가지고 있지는 않았다. 그는 유머, 질문, 이야기, 비유, 인용문, 성경, 현명한 말을 포함한 다양한 접근법을 사용했다. 그는 종종 수용적인 사람들의 영적이지 않은 욕구(신체적, 감정적, 심리적)를 먼저 충족시킨 다음 그들의 영적 욕구를 충족시켰다.

2) 반대와 장벽

복음에 긍정적으로 반응하는 것에 대한 장벽과 반대는 다른 형태로 나타난다. 어떤 반대는 감정적이거나 지적인 것이거나 실용적인 것이다. 다른 유형의 장벽은 신학적, 경험적, 관계적이다. 어떤 반대는 보이지 않는 반면 어떤 반대는 보인다. 어떤 장벽은 자연스러운 고려 사항인 반면, 다른 장벽은 본질적으로 더 영적이다.

(1) 지적, 감정적, 실제적 장벽들

인식론은 지식과 사람들이 어떻게 알게 되는가와 관련된 연구 분야다. 우리는 모두 "나는 믿는다" 또는 "알아요"라고 말해왔다. 많은 요인이 우리가 무언가를 알고 있거나 믿는다고 말하게 만든다. 4장에서는 우리의 앎에 영향을 주는 얀달 우드핀의 세 가지 방식을 소개했는데, 이 방식은 직관적이고 실용적이며 합리적/반추적인 갈래와 반응이다.[12]

우드핀은 다음과 같이 세 가지 방식을 묘사한다.

> 직관적인 방식은 지식 주장에 수반되는 내적, 즉각적, 경험적 설득 또는 흥미진진함으로 특징지어진다. 실용적 반응은 명백히 구분된 활동 영역에서 진리의 기능적 효과에 대한 우려로 구별된다. 합리적/반추적 이해는 주어진 합리적인 정황 혹은 "논리적 집합(logical set)" 내에서 개념적 연관성과 일관성이 존재하고, 또한 주장이 경험이나 지식 분야의 다른 영역에서 진실과 호환적으로 일치하는 정도에 의해 인식된다. 이러한 세 방식들 사이에는 필요한 연대적 우선순위가 없다. 왜냐하면 어떤 주장이 어떤 순서나 조합으로 경험될 수 있기 때문이다. 게다가 모든 것이 필수적이기 때문에 상대적 가치에 대한 최종 평가는 없어야 한다. 책임 있는 통역사들은 적절한 인식론적 균형을 유지하기 위해 한 가지 강조에서 다른 강조로 계속해서 변화할 것이다.
>
> 게다가, 이 세 방식은 모든 합법적인 지식 조사에 불가피하게 관여하고 있다. 반응의 여러 측면은 때때로 다른 측면보다 더 의식적인 관심을 받을 수 있지만, 그럼에도 불구하고 전인(whole person)이 관련됐다.[13]

지식을 판단하는 세 가지 방식 모두 그리스도를 영접하는데 영향을 미친다. 각 방식은 불신자들이 그리스도에게 그들의 삶을 드리는데 장벽을

---

12 Yandall Woodfin, *With All Your Mind*, 22.
13 Yandall Woodfin, *With All Your Mind*, 22-23.

세우거나 장벽을 인식할 수 있는 기회를 나타낸다.

① 지적/이성적

1세기의 철학자들로부터 오늘날까지 불신자들은 그리스도를 따르는 데 지적인 장벽을 제기해왔다. 그들은 성경, 죄에 대한 성경적 가르침, 하나님의 존재 또는 정체성, 그리스도의 위치 또는 부활을 받아들이기 위해 고군분투할 수 있다. 이와 유사한 신학적 장벽은 반대의 지적 범주에 속한다.

② 정보

많은 사람이 실제로는 그리스도를 거부하지 않았다. 그들은 그리스도의 본질적인 주장을 분명히 제시받지 못했다. 미국에서 우리는 불신자들, 심지어 어떤 형태의 종교를 주장하는 사람들조차도 기본적인 기독교 메시지를 알지 못한다고 가정하는 것이 좋다. 앞에서도 언급했듯이, "많은 사람이 그리스도를 거부하지 않지만 우리가 사용하는 용어를 거부하며, 우리의 어휘를 거부하고, 우리가 무슨 말을 하는지 전혀 알지 못한다."[14] 이것은 대개 무시, 오해, 또는 불신자들이 이해하지 못하는 어휘를 사용했기 때문이다.

③ 변증-복음을 옹호하는 것

지적 장벽을 다루는 한 가지 방법은 논리와 합리적인 대응으로 그것들을 다루는 것이다. 이것은 변증이라고 불린다. 믿음을 나누는 경험이 쌓이면서 사람들이 제기하는 많은 질문과 반대를 배우기 시작할 것이다. 우리가 질문을 알게 되면서 우리는 자원, 사람, 자료를 찾아 사람들에게 정당

---

[14] Ron Hutchcraft, "Communicating the Message to Our Culture."

한 우려를 해소하고 그리스도에게 삶을 드리는 일을 도울 수 있다.[15]

변증은 기독교적 영향력이 거의 없는 고도로 교육받은 현대 사상가들에게 전도의 중요한 부분이었다. 점점 더 포스트모던 미국에서의 변증은 교육적으로 엘리트들뿐만 아니라 대중들에게도 훨씬 더 중요해질 것이다. 그러나 변증에는 질문과 접근 방식의 측면에서 상당한 변화가 있을 것이다.

질문은 다음과 같은 것을 포함할 수 있다.

> 어떤 하나님, 아니면 얼마나 많은 신?
> 아니, 하나님이 존재하는가?
> 아니면, 어떻게 예수님이 하나님에게 가는 유일한 길이 될 수 있을까?
> 예수님이 하나님의 아들이었나?[16]

전문가이든 평신도든 변증가의 접근 방식은 명제적 사실에서 좋은 질문을 던지고 나서 시기적절한 명제적 진실을 제공해 사람들이 진실을 발견하도록 유도하는 것으로 옮겨야 할 것이다. 그 접근 방식은 훨씬 더 교훈적이고 소크라테스적인 것이 될 것이다.[17] 암송된 성경의 사실보다는 기독교 이야기는 소통될 필요가 있을 것이다. 포스트모던 사람들에 대해 전도자와 설교자 모두 훨씬 낮은 수준의 성경 지식을 가정해야 할 것이다.[18]

---

15 기독교 신앙을 지키는 데 헌신하는 몇몇 뛰어난 개인과 사역들이 인터넷에 있을 수 있다. 프랭크 하버의 www.defendingthefaith.com이 그 예다.
16 McRaney, ASCG Paper, "Evangelism in an Increasingly Postmodern America."
17 For a discussion of Socratic evangelism, see George Barna's *Evangelism That Works* (Ventura, Calif.: Regal Books, 1995).
18 McRaney, ASCG Paper, "Evangelism in an Increasingly Postmodern America."

④ 감정적/직관적

많은 사람에게 장벽은 주로 정보가 아니라 감정과 더 관련돼있다. 릭 리처드슨에 따르면 "우리는 단순히 사고뿐만 아니라 오늘날 사람들이 함께 하고 흥미를 가질 수 있는 방식으로 느끼고, 상상하고, 헌신하는 문제들을 다룰 필요가 있다."[19] 이러한 정서적 장벽은 대개 상처받은 관계와 관련이 있다. 많은 사람이 교회와 그리스도인의 손길에 감정적인 고통을 느낀다. 다른 사람들은 사람들에게 마음을 닫는데, 이것이 복음이 그들에게 전달되는 것을 방해할 수 있다. 이것은 종종 닫힌 마음으로 이어진다.

언론은 복음에 대한 불신자들의 기본 반응의 변화를 촉진시켰다. 20세기 초, 언론은 일반적으로 교회와 그리스도인에 대해 긍정적이었다. 그러나 1970년 이후 기독교 지도자들과 언론이 연루된 세간의 이목을 끄는 스캔들로 인해 그리스도인들이 편협하고 무관용적이라는 견해가 높아지면서 일반 대중들이 그리스도, 교회, 그리스도인들에게 하는 기본적 반응은 부정적이다.

대부분의 사람들이 예수님을 사랑하게 될 것이지만, 예수님을 구세주로 확신하지는 못할 것이다. 우리는 관계적인 다리를 건설할 필요가 있다. 이것은 심지어 관계를 위해 전보를 치는 여성들에게도 더 진실하다. 낯선 사람들과 함께 하는 섬김 전도 프로젝트와 당신이 아는 사람들에게 친절한 행동을 하는 것은 사람들이 속으로 가지고 있을지 모르는 복음에 대한 감정적인 장벽을 제거하는 데 도움이 될 것이다.[20]

내가 가진 관계들을 통해, 나는 상대방이 감정적인 논쟁에 연루됐을 때 지적 논쟁이 잘 받아들여지지 않는다는 것을 발견했다. 일반적으로 논리적인 논점을 들을 수 있는 분위기를 만들기 위해서는 감정적인 문제를 먼저 다뤄야 한다. 이것은 복음 전도에서도 마찬가지다.

---

[19] Richardson, *Evangelism Outside the Box*, 23.
[20] 어떻게 섬김 전도를 하는지 자세히 알기 위해서는 다음을 참조하라. Steve Sojgren, *Conspiracy of Kindness*.

모더니티 환경에서 그리스도인들은 먼저 머리로 이해한 다음 가슴에 도달하려는 의도로 복음을 전했다. 지금 미국 사람들의 대부분은 이 순서대로 도달하지 못할 것이다. 우리는 먼저 가슴에 도달한 다음 복음을 머리에 전달할 필요가 있다.

⑤ 실용적

그리스도인으로서 우리는 우리의 삶을 통해 우리의 메시지의 진실성을 보여 준다. 변화를 일으키는 그리스도가 없이 살 때, 우리는 그리스도의 대사이기 때문에 복음에 실질적인 장벽을 세운다. 그 반대 또한 사실이다. 우리가 그리스도의 가치와 가르침을 적용할 때, 우리는 그리스도의 능력에 대해 증명한다. 우리는 하나님의 방식을 따르는 것이 이익이 된다는 것을 증명한다. 불신자들이 우리와 함께 하는 경험은 매우 중요하다.

예수를 따르는 것은 내 가족의 지도자이자 공급자로서 나에게 많은 압박을 준다. 나는 하나님이 그의 완벽한 의지로 우리를 돌보고 책임질 것이라는 것을 안다. 다른 사람들의 삶을 살피면서, 나는 내 삶이 비그리스도인 친구들에 비해 얼마나 복잡하지 않은지 본다. 이것은 내 삶이 투쟁이 없다는 것을 의미하지는 않지만, 하나님의 방식으로 걷는 것은 영원히 가장 현명한 삶의 방법이 될 것이다. 하나님이 어떻게 세상이 돌아가도록 창조하셨는지에 근거해서 따르도록 나를 가르치셨기 때문에, 나는 나를 위해 투쟁하지 않는 영역이 매우 많다.

다른 사람들 앞에서 잘 사는 것만으로는 충분하지 않을 뿐만 아니라, 실용적 장벽이 낮아지면서 우리 안에 있는 소망을 입으로 전해야 한다. 리처드슨은 말했다.

> 다른 사람들의 관심과 질문을 이끌어 내는 방식으로 우리의 삶을 사는 것이 옳다. 그러나 우리는 사람들이 질문을 할 때까지 수동적으로 기다리지 말아야 한다. 우리는 적극적으로 그들을 참여시키고, 우리 스스로 질문을 하고,

직장에서 우리의 삶과 하나님의 이야기를 나눌 수 있다. 내 친구 중 한 명은 이 연습을 "당당하게 사는 것"(living out loud)이라고 부른다. 결국, 공유할 배짱이 있는 사람을 보내지 않는 한 사람들은 어떻게 들을 것인가? (롬 10:14-15)[21]

불신자들의 생활 방식은 장벽을 보여 준다. 그들은 기독교 생활 방식이 자신 말고 다른 사람에게는 괜찮다고 생각할지 모르지만, 그들은 자신들의 삶은 자신들이 지금 살아가는 방식 그대로를 좋아한다. 그들은 스스로 설계한 도덕과 옳고 그름의 최종 결정자로 사는 것을 즐긴다. 이런 상황에서 그리스도인들은 중요한 변곡점이나 개방성의 변화를 기도하고 기다릴 수 있다.

어떤 사람들에게는 그리스도를 믿는 것이 가족과 친구들로부터 배척당하는 것을 포함한다. 그것은 생활 방식뿐만 아니라 평생 동안 구축된 관계의 변화를 의미한다.

(2) 장애물의 다른 모양들

① 신학적

그리스도를 믿는 것은 중요한 신학적 문제를 수반한다. 사람들이 그리스도를 영접하면, 그들은 하나님과 함께 다른 모든 신들에게 아니오(no)라고 말하고 있는 것이고, 곧게 펴진 다른 모든 방법들에게 싫다고 말하고 있는 것이다. 그들은 오직 유일하신 하나님이 있을 뿐이고, 그들 자신이 하나님이 아니라는 것을 인정하고 있다.

불신자들은 예수님이 영생으로 가는 유일한 길이라는 것에 대해 진정한 의문을 가지고 있다. 그들은 부활과 그리스도가 없는 사람들에게 무슨 일이 일어나는지 그리고 왜 좋은 사람들에게 나쁜 일이 일어나는지에 대해

---

[21] Richardson, *Evangelism Outside the Box*, 27-28.

의문을 가지고 있다. 그들은 다른 사람이 무엇이 옳고 그른지를 어떻게 결정할 수 있는지 알고 싶어한다. 대부분의 신학적 장벽은 본질적으로 지적인 것이지만, 두려움, 걱정, 불안, 불신으로 둘러싸여 있다.

사람들은 다른 신학적 질문과 문제들을 가지고 있다. 그들은 그리스도에 대한 잘못된 정보를 가지고 있다. 그들은 진정성으로 충분한지 궁금해하는데, 특히 그리스도인들은 하나님이 기대하는 것에 대해 같은 입장에 설 수조차 없는 것 같기 때문이다. 그들은 일을 바로잡기 위해 어떻게 하나님께 가는 그들의 길을 만들 수 있는지 알고 싶어한다. 그들은 지옥의 전체 개념과 사랑하는 하나님이 어떻게 누군가를 그곳에 보낼 수 있는지에 대해 의문을 제기한다. 많은 질문은 합법적이고 사려 깊다. 그들은 알고 싶어한다.

그 해답의 일부는 우리가 우리의 하나님을 얼마나 크게 보는가에 있다. 우리는 하나님이 그를 찾는 사람들에게 자신을 드러낼 수 있고 기꺼이 그렇게 하실 것인지에 대한 질문에 대답해야 한다. 하나님은 그 임무를 계획하신다! 당신의 불신자 친구들에게 당신이 예수와 예수의 길을 따르는 것처럼 예수를 따르는 것이 무엇을 의미하는지 질문하고, 찾고, 탐구하도록 격려하라. 그리스도를 따라가는 당신의 영적인 여정에 동참하라고 그들에게 부탁하라.

② 보이는 것 vs 보이지 않는 것

모든 장벽이 보이는 것은 아니다. 마음은 사악하고 자기기만적이며 동기를 숨기는 데 능숙하다. 우리가 불신자들과 교류할 때, 어떤 사람들은 때때로 그들이 그리스도를 따르지 못하게 하는 것을 드러내는 반면, 다른 사람들은 그들의 저항이나 자신들의 저항의 배후에 있는 요인을 알지 못한다.

장벽을 숨기는 데는 여러 가지 이유가 있다. 불신자들은 종종 그리스도인들이 어떻게 반응하는지 보기 위해 가짜 장벽을 제시할 것이다. 우리가 잘 반응한다면, 그들은 때가 되면 진짜 또는 더 깊은 장벽을 제시할 것이다. 또한, 그들은 그리스도를 영접하지 못하게 하는 진정한 두려움이나 상처를 감추고 보호하기 위해 잘못된 장벽을 제시할 수도 있다.

③ 자연적 vs 영적

어떤 장벽은 복음에 대한 자연스러운 인간의 반응인 것처럼 보이는 반면, 다른 장벽은 덜 명백하다. 바울은 교회에 진짜 적을 상기시켰다.

> 우리의 씨름은 혈과 육을 상대하는 것이 아니요 통치자들과 권세들과 이 어둠의 세상 주관자들과 하늘에 있는 악의 영들을 상대함이라 그러므로 하나님의 전신 갑주를 취하라 이는 악한 날에 너희가 능히 대적하고 모든 일을 행한 후에 서기 위함이라(엡 6:12.22).[22]

사탄과 그의 악마적인 존재들은 우리가 볼 수 없는 영향을 사용해 사람들이 그리스도에 반응하는 것을 방해한다. 사탄은 불신자들에게 영적으로 실명되도록 행동을 취한다. 사탄은 자신의 거점을 유지하려고 하는 반면, 불신자들은 무관심과 무지의 영향을 받을 수 있다. 다음 구절은 사탄의 활동과 관련이 있다.

> 길 가에 있다는 것은 말씀을 들은 자니 이에 마귀가 가서 그들이 믿어 구원을 얻지 못하게 하려고 말씀을 그 마음에서 빼앗는 것이요(눅 8:12).

> 그중에 이 세상의 신이 믿지 아니하는 자들의 마음을 혼미하게 하여 그리스도의 영광의 복음의 광채가 비치지 못하게 함이니 그리스도는 하나님의 형상이니라 (고후 4:4).

---

[22] 다른 연관된 구절은 다음과 같다. 요 8:44; 13:2; 마 13:38-39; 딤후 2:25-26.

> 우리가 육신으로 행하나 육신에 따라 싸우지 아니하노니 우리의 싸우는 무기는 육신에 속한 것이 아니요 오직 어떤 견고한 진도 무너뜨리는 하나님의 능력이라 모든 이론을 무너뜨리며 하나님 아는 것을 대적하여 높아진 것을 다 무너뜨리고 모든 생각을 사로잡아 그리스도에게 복종하게 하니 (고후 10:3-5).

5. 불신자들이 가진 질문들

불신자들이 가진 질문들의 수는 엄청나다. 전도에 있어서 사람들이 어떻게 반응할지 당신은 전혀 모른다. 그들은 온갖 종류의 질문을 한다. 다음 목록은 질문의 유형에 대해 생각하는 것을 자극하기 위해 고안됐다.

(1) 어떻게 예수님이 하나님을 향한 유일한 길이 될 수 있습니까?
(2) 그리스도인들이 다른 사람들처럼 산다면 기독교가 어떻게 진실일 수 있습니까?
(3) 예수님이 내 인생과 무슨 상관입니까?
(4) 어떻게 하면 하나님과 일직선으로 연결될 수 있습니까?
(5) 예수님은 누구였습니까/누구입니까?
(6) 하나님은 어떤 분입니까?
(7) 어떻게 나는 삶의 의미와 목적을 찾을 수 있습니까?
(8) 내가 죽으면 어떻게 되나요?
(9) 그리스도인들이 하는 말이 사실이라고 내가 어떻게 믿을 수 있습니까?
(10) 하나님이 사랑하신다면, 하나님에게 가는 길이 왜 하나밖에 없을까요?
(11) 성경의 예수님이 그가 말한 그 사람이라는 것을 어떻게 알 수 있을까요?

(12) 모든 종교는 기본적으로 같지 않은가요?

질문이 바뀌기 때문에 나는 당신이 몇 가지 조치를 취할 것을 권장한다.

(1) 반대에 대응하는 몇 가지 원칙을 배우는 데 시간을 투자하라.
(2) 반대의 첫 몇 순간을 헤쳐 나가는 데 도움이 되는 몇 가지 문구를 배워라.
(3) 당신이 계속해서 다뤄야 하는 몇 가지 문제에 대해 답변하는 법을 배워라.

9장에서는 다원주의 문화에 대응하기 위해 필수적인 훈련을 검토할 것이다.

1) 그리스도를 영접하는 데 장애물들

표 13. 그리스도 영접의 장애물

모던	포스트모던
엥겔의 척도를 보라(p. 87)	성경의 절대적 진리
그리스도의 타당성 증명	삶과 기독교에 대한 견해들의 혼합
정보의 부족	그리스도의 배타성 주장
하나님의 존재에 대한 의심	현존하는 관계를 유지하려는 갈망
진화	오늘날 교회의 이미지
부활	너무 많은 견해(충돌)
기적에 대한 의문	모더니티에 근거한 전도 접근법
성경의 불연속성	전도에 있어서 진실성의 부족(불일치)
믿어야 할 이유	다원주의 (다양한 종교에 광범위한 노출) 성경적 문맹 세계 종교의 혼합주의 하나님에 대한 보편적인 이해가 없음 따를 만한 긍정적인 그리스도인들이 거의 없음

당신이 특정한 반대에 대응할 수 있도록 서면 자료를 제공하려면, 빌 페이의 『두려움 없이 예수 전하기』(Share Jesus Without Fear)를 확보하는 것을 제안한다. 36가지 반대 의견 목록은 부록을 참조하라.

페이는 이러한 일반적인 반대에 대해 몇 가지 추천할 만한 응답을 제공했다. 또한, 도구 키트 『전염성 있는 그리스도인 되기』(Becoming a Contagious Christian)는 그리스도를 따르는데 가장 일반적인 반대 8가지에 대응하기 위한 아이디어가 담긴 서면 및 비디오 섹션을 가지고 있다.[23]

2) 장벽에 대응하는 방법

(1) 대부분의 사람들은 그들 앞에 단지 한 가지만이 아닌 여러 개의 장벽을 가지고 있다.
(2) 당신의 초기 태도는 반대에 대한 반응보다 더 중요하다.
(3) 반대 의견에 대한 답변보다 불신자과 계속 연결돼 있는 것이 더 중요하다.
(4) 질문/반대가 제기될 때 당신이 반드시 정답이나 최선의 답을 제시할 필요는 없다.
(5) 그리스도를 중심으로 영적인 대화를 시작하기 전에는, 사람이 어떤 반대를 제기할지 거의 알 수 없다.

---

[23] (1) 모든 종교는 기본적으로 같은 것을 가르치지만, 하나님에 대해 다른 이름을 사용하는 것이 아닌가? (2) 사람들이 진정으로 성실한 한, 그것이 그들이 믿는 것에 어떤 차이를 가져오는가? (3) 그리스도인들은 자신들이 옳고 다른 모든 사람이 틀렸다고 생각하는 것이 편협하지 않은가? (4) 기독교의 주장을 뒷받침하는 자격은 무엇인가? 그것들을 뒷받침할 좋은 증거가 있는가? (5) 성경이 사실이라고 확신하게 하는 것은 무엇인가? 이 책은 너무나 많은 작가와 번역본을 가지고 있고, 오랜 세월에 걸쳐 쓰여졌다. 거기에는 틀림없이 실수가 있을 것이다. (6) 하나님이 존재한다는 것을 어떻게 알 수 있는가? (7) 사랑스럽고 강력한 하나님이 정말로 존재한다면, 왜 그는 세상의 모든 악에 대해 뭔가를 하지 않으시는가? (8) 어린아이처럼 고통받는 무고한 사람들은 어떤가? 왜 하나님은 그들을 돕기 위해 뭔가를 하지 않는 걸까?

(6) 어떤 질문은 종종 답이 없다.
(7) 당신은 좋은 대답을 줄 수 있고, 그렇지만 그 사람은 여전히 예수에게 반응하지 않을 수도 있다.
(8) 계속 예수님께 초점을 맞추라.
(9) 적절한 경우 다른 그리스도인과 교회의 실패에 대한 책임을 받아들여라.
(10) 부활의 함축적 의미에 초점을 맞추라.
(11) 예수께 오라고 설득하는 것보다 당신은 예수 때문에 더 많은 사람을 사랑할 것이다.
(12) 장벽에 부딪히면 우회해 돌아가라.
(13) 성령의 인도에 민감하게 반응하라.
(14) 이니오(no)가 최종 답이 될 필요는 없다.
(15) 한 종류의 장벽에 직면했을 때, 복음의 다른 각도나 측면으로부터 그 사람에게 접근하기 위해 이동하라.

장벽에 직면할 때 다음 단계를 밟고 싶을 수 있다.

- 1단계: 기도하라.
- 2단계: 장벽의 유형을 확인하라.
- 3단계: 상대방의 반대 의견을 확인하라.
- 4단계: 장벽/질문/반대에 대해 응답할 것인지 아니면 나중에 응답할 것인지 결정하라.
- 5단계: 긍정적인 전망을 가지고 앞으로 나아가라.
- 6단계: 불신자와의 관계를 유지하라.

이 항목과 기타 일반적인 질문에 대한 답변은 내 웹 사이트 www.MEG-net.org.를 참조하라.

6. 수용성을 높이기 위한 실제적인 팁

어떤 사람들과 어떤 지리적 영역은 다른 지역이나 사람들보다 영적으로 더 수용적이다. 다양한 요인이 이것에 영향을 미치며, 그중 일부는 통제할 수 있고 일부는 그렇지 않다. 사탄과 그의 추종자들은 살아 있고 활동적이다. 그러나 그리스도 추종자들은 사탄의 어떤 영향보다도 강력한 그리스도 안에서 발견되는 힘에 접근할 수 있다.

그리스도의 추종자로서 우리는 사람들을 그리스도께 강요할 수는 없지만, 불신자들의 수용성을 향상시킬 수는 있다. 건강한 우정의 틀 안에서 우리는 수용성을 높일 수 있다. 어떤 사람들은 복음을 전하기 위해 우정을 쌓는 것에 반대할 것이지만, 관계가 없다면 영향력을 미칠 여지가 거의 없다. 리처드슨은 이렇게 썼다.

> 그리스도를 전한다는 목표를 가지고 우정을 쌓는 것은 교활한 일이 아니다. 우리의 호소에 그들이 반응하던 그렇지 않던, 우리가 친구에게 헌신적으로 행동하는 한, 그것은 사랑스럽다.[24]

1) 우리가 어떻게 수용성을 높일 수 있을까?

(1) 그리스도인의 삶을 모델로 삼는다.
(2) 이름을 부르며 불신자들을 위해 기도한다.
(3) 도시나 지역의 죄(과거와 현재)에 대한 하나님의 용서를 구한다.
(4) 교회들이 공통의 사명에 협력하도록 격려한다.
(5) 더 큰 공동체에 기여하는 그리스도인과 교회를 갖게 한다.
(6) 복음 메시지를 분명하게 제시하고 명확히 한다.

---

[24] Richardson, *Evangelism Outside the Box*, 27.

(7) 사람들이 큰 움직임에 반응하지 않으면 단계적으로 움직일 수 있게 한다.
(8) 메시지를 명확히 하는 좋은 질문을 하는 법을 배운다.
(9) 불신자들과 감정적으로 그리고 관계적으로 연결돼!

2) 수용적이지 않은 사람들을 수용적으로 만드는 방법

어떤 사람들은 복음에 매우 저항한다. 여러 가지 이유로 사람들은 그리스도인, 교회, 그리스도에게 마음이 닫힌다. 이런 상황들은 전도하기 어려운 상황들이다. 여기 수용성을 높이는 몇 가지 방법이 있다.

(1) 친절한 행동으로 그들을 사랑하라.
(2) 불신자들을 위해 수용적인 영을 달라고 기도하라.
(3) 하나님에게 영적으로 눈이 감긴 것을 고쳐주시고 영안을 달라고 기도하라.
(4) 그들의 가슴에 통찰력을 주시도록 하나님께 구하라.
(5) 인생의 변곡점 DDDIS(이혼, 죽음, 신성한 만남, 질병, 상태 변화: Divorce, Death, Divine Encounters, Illness, and Status change)를 기다리라.

3) 닫힌 마음/영을 열기

그리스도인들은 성령에 대한 민감함과 순종을 통해 복음 메시지에 대한 사람들의 마음이 열리도록 도울 수 있다. 궁극적으로는 오직 하나님께서 복음을 받을 수 있는 마음을 열고 준비시키시기 때문이다.[25] 그러나 우리

---

[25] "두아디라 시에 있는 자색 옷감 장사로서 하나님을 섬기는 루디아라 하는 한 여자가 말을 듣고 있을 때 주께서 그 마음을 열어 바울의 말을 따르게 하신지라"(행 16:14).

는 우리에게 마음을 열도록 도울 수 있고, 이것은 다시 하나님을 향한 그들의 마음을 열 수 있는 가능성을 높일 수 있다.

나는 게리 스몰리의 육아에 관한 비디오 시리즈인 "영예의 집"(*Homes of Honor*)[26]에서 귀중한 원리와 기술을 배웠다. 아이들의 마음을 여는 그의 접근법은 십 대든 배우자든 친구든 낯선 사람을 상대하든 효과가 있을 것이다. 그리고 그것은 인간관계뿐만 아니라 영적인 문제에도 적용된다.

해결되지 않은 공격으로 인해 마음이 닫히는 경우가 많다. 우리는 누군가를 공격할 수 있고, 만약 그것이 해결되지 않는다면, 그 사람은 빨리 또는 시간이 흐르면서 우리에게 마음을 닫을 것이다. 이러한 닫힌 영혼들은 뒤로 물러섬에서 분노 그리고 그 사이의 단계에 이르기까지 모든 종류의 부정적인 방식으로 나타난다.

사람들은 종종 하나님을 향해 마음을 닫는다. 그리고 그리스도의 메시지와 사랑이 그들의 마음을 관통하기 위해서는, 그들은 보통 우리에게 먼저 그리고 그리스도에게 마음을 열어야 할 것이다. 그들이 우리에게 마음을 열도록 우리가 하나님의 대사가 될 수 있고, 그리해 그들이 복음 메시지에 더 수용적이 되도록 만들 수 있다. 스몰리는 사람이 감정적으로 문을 닫으면 우리가 다섯 단계를 밟아야 한다고 말했다. 이러한 단계들은 사람의 닫힌 마음을 여는 데 도움이 된다.

첫째, 부드러운 마음이 되라.
둘째, 이해력을 높이라.
셋째, 공격적인 행동을 인정하라.
넷째, 접촉하려고 시도해 보라.
다섯째, 용서를 구하라.

---

[26] 이 기술은 게리 스몰리(Gary Smalley)의 책 *The Key to Your Child's Heart*의 첫 장에도 있다.

당신이나 그리스도를 향해 어떤 사람의 영을 여는 방법은 여러 가지가 있다. 기도와 온화함, 겸손함으로 그렇게 하려고 할 때, 우리는 사람들이 우리와 그리스도에 대해 더 수용적이 될 수 있도록 도울 수 있다.

7. 요약

나이키 광고에서 "그냥 해봐"(Just do it)라고 말하는 것처럼, 우리는 그 모든 것을 알거나 완전히 준비되지는 않을 것이다. 최고의 학습은 종종 현장 훈련이다. 예수님은 제자들에게 제자들이 시작하기에 충분할 만큼만 주면서 이것을 모델로 삼았다. 사람들과의 교류를 통해 몇 가지 장애물을 만난 후, 제자들은 훨씬 더 기꺼이 배우려고 하는 학습자가 됐다. 오늘날도 마찬가지다. 그냥 부딪혀 보라.

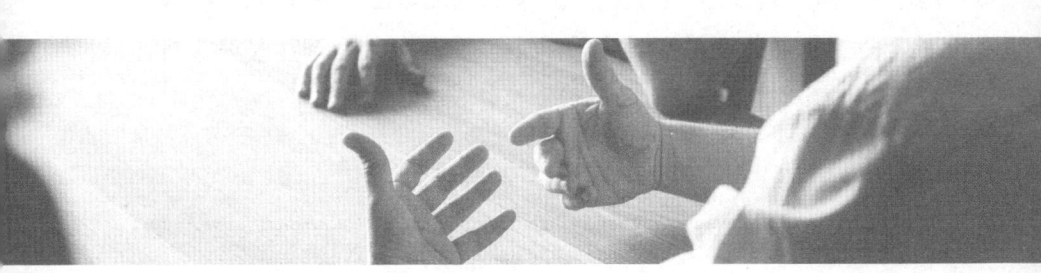

제9장

그 다음은?
남은 최선의 방법

1. 성별에 따른 핵심 사항

남녀는 다르다. 그들은 정보를 듣고, 처리하고, 결정을 내리고, 서로 다르게 관련시킨다. 남자들은 친구들과 함께 일을 **하고**(*do*) 싶어하고, 여자들은 친구들과 함께 **있는**(*being*) 즐거움을 찾는다.

남자들은 문제를 해결하려고 하는 반면, 여자들은 자신의 문제에 대해 이야기하면서 공감을 원한다. 남자들은 보고하기 위해 이야기하는 반면, 여성들은 그들의 말을 통해 관계를 발전시킨다. 남성은 과업에 치우치는 경향이 있는 반면, 여성은 양육과 관계를 위해 연결돼 있는 경향이 있다.

북미선교위원회에서 여성의 복음 전도 사역을 지휘하는 제이 마틴(Jaye Martin)에 따르면 "남성들은 생각하고 실행하는 경향이 있고, 여성들은 나누고 느끼는 경향이 있다."[1] 이것은 우리가 이 두 하위 문화에 개인적이고 교회적인 전도 방식에 영향을 미칠 것이다.

---

1 Quoted by Connie Cavanaugh, "Evangelism to Women," *On Mission,* July–August 2001, 33.

정신적, 감정적 그리고 관계적인 차이는 남녀를 하나님의 독특하고 다른 창조물로 만든다. 우리가 그들을 정확히 같은 것처럼 대한다면, 특히 그들이 그리스도에 어떻게 반응하는지에 있어서, 우리는 남녀 모두에게 해를 끼친다. 남녀의 다른 필요와 사고 과정을 배우면 배울수록, 우리는 복음 메시지를 그들의 삶에 연결시킬 수 있는 가능성이 더 높아진다.

1) 남성에게 다가가기

브라이언 피터슨(Brian Peterson)은 남자들을 괴롭히는 몇 가지 경향을 확인했다.

(1) 무한 경쟁에 갇혀 있다.
(2) 지루해 한다.
(3) 도전 받지 않는다.
(4) 남성성의 핵심을 잃어버렸다.
(5) 자신들의 전성기가 끝났다는 생각에 빠져 있다.
(6) 그들 자신이 아닌 다른 사람이 되려고 노력하고 있다.

이것들은 확실히 모든 남성을 특징짓지는 않지만, 이것들 중 일부는 그리스도를 영접하는 사람들을 돕기 위해 사용될 수도 있다.

남자들은 일반적으로 관계보다 생각과 원칙에 더 반응한다. 그들은 문제를 해결하고 손으로 일하기를 원한다. 그리고 그들은 봉사 프로젝트, 스포츠, 바비큐와 같은 활동에 관여하는 것을 좋아한다.

남성은 그리스도에게 그들의 의지를 바쳐야 하지만 개인 전도에 대한 우리의 접근은 그들이 통제하고 그들의 남성성을 확인할 수 있게 해야 한다. 우리는 그들이 궁지에 몰린 느낌이 드는 교회 건물이나 그리스도인의 집에 있는 소그룹처럼 자신들이 취약하다고 느끼는 곳에서가 아닌, 중립적인 곳이나 그들의 영역에서 가장 잘 전도할 수 있다. 남자들과 대화하고, 그들에게 하대하듯 특히 그들이 어린아이나 무지한 것처럼 이야기해서는 안 된다.

남성을 겨냥한 전도는 여성을 겨냥한 것과 다소 다를 것이다. 남자들은 그저 앉아서 이야기하는 것이 아니라, 어떤 활동에 참여할 때 더 심각한 주제에 대해 이야기하는 것을 선호한다. 그들은 놀림과 가벼운 대화를 즐기기 때문에, 장시간 동안 너무 진지하게 대화하지 않도록 하라.

남성에게 복음의 함축적 의미에 대해 생각하고 질문할 수 있는 시간과 공간을 허용하라. 과도한 압력은 회심을 방해한다. 사람들이 복음에 거절해도 존엄성을 유지하도록 허락하라. 성령이 확신을 주시도록 하고, 남성을 수치스럽게 하려고 하지 마라.

남성은 문제 해결사이기 때문에, 그들이 직면하고 있는 특정한 문제들 중 일부를 해결하는 유일한 사람으로서 그리스도를 전하라. 신체적 또는 정신적 이미지를 포함하는 복음에 관한 대화는 남성과 더 잘 연결될 것이다.

2) 여성에게 다가가기

종교와 영적 관심과 활동을 분류하는 거의 모든 방법에서 여성은 남성보다 높은 평가를 받는다.[2] 그러나 그렇다고 해서 여성들이 그리스도께 쉽게 또는 동일한 방식으로 오게 되는 것은 아니다.

여성의 필요는 연령, 삶의 단계, 배경, 교육, 재정 상황, 경험, 지리적 위치 및 건강에 따라 다르다. 코니 카바노(Connie Cavanaugh)는 여성 사역 지도자들과의 인터뷰 후 여성의 필요를 요약했다. 다음 9가지의 필요는 그

---

[2] Barna Research Online, March 2000; The Gallup Organization, October 2000; and Focus on the Family, 1998.

녀의 연구에서 나왔다.

(1) 여자들은 환영 받아야 한다.
(2) 여자들은 교제가 필요하다.
(3) 여자들은 소속돼 있어야 한다.
(4) 여성들은 다른 부모들의 지원과 양육 기술이 필요하다.
(5) 여성들은 그들의 결혼 생활을 개선하기 위해 도움이 필요하다.
(6) 여성들은 격려가 필요하다.
(7) 여성들은 정서적인 지지자가 필요하다.
(8) 여성들은 상호책임(accountability)이 필요하다.
(9) 여성은 목적과 성취가 필요하다.[3]

개인 전도에서 여성들은 더 쉽게 간격을 좁히고 다른 여성들과 네트워크를 구축한다. 불신자 여성들은 복음의 사실을 전하기 전에 다른 여성이나 관계를 위한 여성 그룹의 초대에 더 많이 반응할 가능성이 있다. 그들은 다른 여성들과 함께 필요 지향적인 행사에 참석하라는 초대에 응할 것 같다. 불신자 여성과 인생이 바뀐 간증을 나누는 것은 복음 전도를 위한 효과적인 접근이다.[4]

---

3   Quoted by Connie Cavanaugh, "Evangelism to Women," 33-35.
4   당신의 지역교회와 교회의 행사를 통해 여성들에게 다가가기 위한 팁을 위해서는 다음 자료를 참조하라. "Tips for Reaching Women" in "Evangelism to Women" *On Mission*, July-August 2001, 35.

2. 거절 후에 어떻게 기다릴 것인가

전도를 공부하는 사람들 중에는 일종의 논쟁이 있다. 어떤 사람들은 전도의 가장 어려운 부분은 대화를 시작하거나 예수를 중심에 두는 영적 대화로 전환을 시작하는 것이라고 믿는다. 다른 사람들은 가장 어려운 부분은 언제 전도 대화를 멈추거나 중단해야 하는지를 배우는 것이라고 믿는다. 후자는 어떤 형태로든 거절을 포함한다. 하나님은 일반적으로 인간과 상황의 그물을 사용해 사람들을 하나님 자신에게로 데려오므로, 당신은 그들의 언어적, 비언어적 거절에 당신이 어떻게 반응하는지에 의해 사람들이 마음이 닫히지 않도록 경계하고 싶을 것이다.

개인 전도에서 끈기는 필요한 자질이다. 끈기는 우리의 믿음을 나누는 데 의도성을 내포하고 있다. 격론이나 비꼬는 소리는 끈기가 아니다. 전도자로서, 우리는 지나친 부담은 아니지만 일관된 보살핌을 수반할 수 있는 불신자에 대한 진정한 관심을 보여 주고 싶다. 전도는 적대적이지 않고 직접적이거나 직면할 수 있다.

거절을 받은 후에 하지 말아야 할 일이 몇 가지 있다. 우리는 그 반응을 개인적으로 받아들이거나 분노, 경멸, 충격으로 반응해서는 안 된다. 우리는 불신자의 삶에서 상관없는 사람이 돼서는 안 된다. 사람들이 당신과 그리스도의 메시지에 가장 민감하게 반응하는 것은 오히려 거절 이후일 수 있다. 그들이 우리 클럽에 가입할 가능성이 있는 한 우리는 그들과 친구일 뿐이라는 메시지를 보낼 여유가 없다.

나는 낙관주의자다. 그리고 교회 개척자로서 개인적인 경험에 비춰 볼 때, 흔히 아니오(no)는 '지금은 말고'를 의미한다. 적절한 기회나 상황이 주어지면, 사람들은 그리스도를 따르기로 선택할 것이다. 그리스도를 따르는 것은 이치에 맞다. 그래서 거절을 받으면 인생의 변곡점인 이혼, 죽음, 신성한 만남, 질병, 상태 변화를 기다렸다가 메시지를 명확히 할 방법

을 찾고, 내 삶으로 메시지에 신뢰를 갖도록 한다.[5]

릭 워렌은 사람들이 과도기와 긴장의 시기에 더 수용적이라고 말했다. 그는 다음과 같이 말한다.

> 누군가가 긍정적이든 부정적이든 큰 변화를 경험할 때 영적 안정을 갈망하는 것 같다. 지금 당장은 사람들을 겁주고 불안정하게 만드는 우리 세계의 거대한 변화 때문에 영적인 문제에 엄청난 관심이 있다. 앨빈 토플러는 변화가 압도적으로 커지면 사람들이 '안정의 섬'을 찾는다고 말한다. 이 파도는 교회가 타야 할 파도다.[6]

긴장에 대해 워렌은 말했다.

> 하나님은 사람들의 관심을 끌기 위해 온갖 감정적인 고통을 사용한다. 이혼의 고통, 사랑하는 사람의 죽음, 실업, 재정 문제, 결혼과 가족의 어려움, 외로움, 원망, 죄책감 그리고 다른 스트레스. 두려움에 떨거나 불안해하는 사람들은 고통을 덜어주고 자신이 느끼는 공백을 메우기 위해 자기 자신보다 더 큰 무언가를 찾기 시작한다.[7]

우리는 기도하고 기대하며 마음이 열리는 것과 수용적인 시기를 기다려야 한다. 거절 후에, 우리는 거절당하기 전에 하던 일을 계속 해야 한다. 우리는 영적인 안목과 수용성을 위해 계속 기도해야 한다. 우리는 계속해서 질문에 답하고, 우리의 삶으로 메시지를 검증하며, 그들을 사랑을 할 수 있어야 한다. 끈기 있게, 계속 사랑하고, 그들을 위해 준비돼 있어야 한다. 그들은 당신을 더 열심히 지켜보고 있을지도 모른다.

---

[5] Divorce(이혼), Death(죽음), Divine Encounters(신성한 만남), Illness(질병), and Status Change(지위의 변화).
[6] Rick Warren, *The Purpose-Driven Church* (Grand Rapids: Zondervan, 1996), 182.
[7] Warren, *The Purpose-Driven Church,* 182.

우리는 거절의 배후에 있는 이유를 알아내기 위해 아니오란 말을 주의 깊게 들어야 한다. 정죄하지 않고 그리스도를 따르는 것에 대한 그들의 반대의 형태를 알아내야 한다. 그들의 말을 들을 뿐만 아니라 그들의 마음을 들어라. 우리가 그리스도를 위해 대부분의 어른들에게 마음으로 다가가려 하는 것은 처음이다.

블록은 호프에서 사용된 철학과 전략을 요약했다. 그들은 여러 단계를 사용해 회원들이 다양한 단계에서 무엇을 해야 하는지 알 수 있도록 돕는다.

그들의 주된 역할은 다음과 같다.

1) 친구와 호기심 형성자
2) 친구와 메시지를 명확히 하는 자
3) 친구와 설득자

우리가 거절을 받았을 때, 우리는 계속 친구로 남을 필요가 있다.

3. 후속 돌봄(follow-up)

나는 내 첫아이 블레이크니 린을 집으로 데려왔을 때의 세세한 사항들을 생생하게 기억할 수 있다. 호출 버튼이나 안내 매뉴얼 없이, 샌디와 나는 새로운 가족을 돌보면서 생동감을 느꼈다. 부모님과 처가 식구들로부터 받은 도움으로 우리는 무력하지만 사랑스러운 아이를 돌봤다. 블레이크니는 우리의 도움 없이는 살아남을 수 없었다. 새로운 신자들 또한 성장하고 열매 맺는 성숙으로 발전하기 위해 도움이 필요하다.

제자도와 후속 돌봄까지 유감스럽게도 근대성의 비성경적 강조, 즉 지나친 개인주의를 받아들였다. 마치 제자도가 개인의 스포츠인 것처럼, 그리스도인들은 영적으로 성장하기 위해 스스로 자신들을 끌어올려야 했다.

오늘날 복음 전도는 그리스도를 따르는 자들의 삶의 살아있는 모범에 점점 더 의존하고 있다. 그리스도인들의 좋지 않은 예가 전도를 더욱 어렵게 만든다.

아마도 회심 후 사람들을 지속적으로 관리하는 교회는 5~10%에 불과할 것이다. 많은 사람이 복음 전도와 제자도를 구분하는 실수를 저지른다. 이 두 가지는 성경적으로, 특히 포스트모던 문화에서 분리할 수 없게 연결돼있다.

새로운 그리스도인들이 후속 돌봄을 위해 작성해야 할 양식보다 필요한 것은 그들과 함께 새로운 영적 여정을 걸어갈 사람이다. 어떤 회심자도 정확히 동일한 질문이나 필요를 가지고 있지 않다. 기록된 메시지가 아닌 살아있는 사람은 새로운 회심자들이 가장 필요로 하는 것이다. 후속 돌봄을 제공할 수 있는 가장 좋은 사람은 그 사람을 그리스도께 인도한 사람이다.

다른 사람들과의 연결이 후속 돌봄의 열쇠다. 새로운 신자들이 다른 그리스도인들과 연결되지 않고 제자가 되면, 그들은 전형적으로 다음에 무엇을 해야 할지 혼란스럽게 되는 패턴에 빠질 것이다. 많은 사람은 그저 아무것도 하지 않을 것이다. 그들은 그리스도와의 관계에서 자라지 않을 것이며, 다른 사람들이 그리스도를 따르도록 격려하지도 않을 것이다.

1) 후속 돌봄에 대한 사회적 통념과 원리들

표 14. 사회적 통념과 원리

사회적 통념	원리
1. 후속 돌봄은 하나의 이벤트다. 2. 후속 돌봄은 즉각적이다. 3. 후속 돌봄은 오직 교회 건물 안에서만 가능하다. 4. 모든 새로운 회심자들은 같은 방식으로 배운다. 5. 후속 돌봄은 오직 성경 내용만 필요하다.	1. 후속 돌봄은 과정이다. 2. 후속 돌봄은 전략이 필요하다. 3. 후속 돌봄은 일상 생활, 특히 가족이라는 맥락에서 이뤄져야 한다. 4. 사람들은 개별적인 배움의 필요를 가지고 있다. 5. 성경 지식과 함께 의미 있는 관계가 필요하다.

2) 즉각적 후속 돌봄

당신 앞에 있는 사람들이 방금 그리스도를 영접했다.
당신은 어떻게 해야 합니까?
한 가지 대답만 있는 것은 아니지만, 당신은 다음 중 일부를 해야 한다.

(1) 그들의 서약(commitment)을 축하해 주라.
(2) 그들이 최선의 결정을 내렸다고 확신 시켜라.
(3) 그들의 새로운 서약을 지지할 수 있는 그들이 알고 있는 누군가와 간증을 나누고, 소통하도록 격려하라.
(4) 그들에게 하루 종일 하나님과 대화하는 특권과 필요를 설명하라 (기도).
(5) 그들과 함께 다음 후속 돌봄 방문 일정을 잡으라.
(6) 첫 주 안에 그들에게 전화를 걸거나 쪽지를 써라.
(7) 그들이 기대할 수 있는 것에 대한 전반적인 그림을 제공하라.
(8) 그들에게 정보를 퍼붓지 마라.

당신은 지금 새로운 회심자와 다음 몇 번의 접촉을 하고 있다.
당신은 다음의 주제 중 일부를 다루고 싶을 것이다.

(1) 세례: 새로운 신자들과 함께 축하하는 방법을 찾는다. 세례를 축하하기 위해 파티를 열고, 친구들을 초대하고, 박수를 치거나, 세례를 비디오로 찍는다.
(2) 그들의 믿음을 일관되게 나누는 것이다.
(3) 성경 읽기와 이해의 기본(현대어 번역)이다.
(4) 교회 참여: 그들이 관계를 맺는 데 도움을 주는 것이다.

(5) 제자도 문제: 매일 그리고 평생 예수님과 함께 걷는 방법에 대한 영적 규율과 기본이다.
(6) 성령께서 사람이 그리스도 안에 있다는 것을 확인하듯이 구원의 확신을 조심스럽게 다룬다.
(7) 그들의 삶에서 계속되는 문제와 죄를 다루는 것이다.
(8) 그리스도 안에서 정체성을 찾도록 돕는 것이다.

(1) 후속 돌봄 자료들

새로운 신자들의 주요 문제는 그들을 신자들의 몸과 연결시키는 것이다. 대부분의 그리스도인들은 새로운 회심자들을 후속 돌봄을 제공하는데 도움이 필요하다.

남침례교의 북미선교위원회는 "첫걸음 내딛기: 새로운 신자들을 위한 7일 성장 가이드"(Beginning Steps: A Seven Day Growth Guide for New Believers)를 제작했다. CCC, 네비게이토, 윌로우 크릭과 같은 교육이 발달된 교회도 새로운 신자들을 위한 교재를 개발했다. 워크북 The Survival Kit과 The Arrival Kit은 회심자들을 돕기 위해 몇 년 동안 사용돼 왔다. 이 교재들은 이제 어린이와 청소년들에게 이용이 가능하다.

3) 어린이들과 후속 돌봄

나는 종종 후속 돌봄 분야에 대해 학생들에게 신속 간단한 조사를 실시한다.

"그리스도를 영접한 후, 여러분 중 몇 명이나 후속 돌봄의 손길을 경험했습니까?"

신학교 학생들 중 10~15%가 후속 돌봄을 받았다. 대부분의 그리스도인들은 어린 시절 그리스도를 따르기 때문에, 그리스도를 따라가기 위한 우리의 접근법을 고려하는 것이 중요하다.

후속 돌봄의 방법은 아이의 가족 상황에 따라 달라질 것이다. 바니 키나드(Barney Kinard)는 6가지 유형의 가족을 확인하고 후속 돌봄을 위한 접근법을 제안했다.

(1) 두 부모가 모두 그리스도인이다. 그들은 자신의 아이들에게 후속 돌봄을 제공하기 열망한다. 당신은 그들이 후속 돌봄을 제공할 수 있도록 자원을 제공할 수 있다.
(2) 한 부모가 그리스도를 안다. 당신은 그 부모가 그 아이를 후속 돌봄을 제공하는 것을 도울 수 있다. 자원과 격려를 제공하라.
(3) 부모들은 불충분하다고 느낀다. 그들은 자신의 아이에게 영적으로 영향을 미치기 위한 조치를 취하지 않을 것이며, 기꺼이 다른 사람에게 그것을 하도록 허락할 것이다. 그것을 어서 하라!
(4) 부모 모두 그리스도인이 아니다(또는 명목상 신앙인이다). 그들은 종종 교회에 대해 나쁜 경험을 했다. 그들은 영적인 것에 대한 모든 결정을 아이가 "자신의 마음을 정하라"고 내버려둔다. 수용성을 받아들이도록 노력하지만 아이가 교회에 있을 때는 일대일로 훈련을 하는 순간을 계획한다.
(5) 부모들은 다른 종교일 수도 있고 기독교에 단호히 반대할 수도 있다. 그들은 다른 나라나 문화에서 왔을 수도 있다. 이 경우 당신은 그들의 상황에 공감할 수 있는 사람을 집으로 보내고 싶을 것이다.
(6) 친부모가 아니다. 양부모나 친척이 그 아이를 키운다. 이 상황은 위의 어느 상황과도 비슷할 수 있지만, 추가적인 동정심이 필요하다.[8]

---

8 Barney Kinard, "Rethinking Follow-up of Child Converts," *Evangelizing Today's Child* 27 (2000): 11-13.

모든 아이는 그리스도의 방식으로 그들을 격려하고, 지지하고, 가르치도록 그리스도인 성인들을 필요로 한다. 가족의 맥락 안에서 후속 돌봄이 많이 제공될수록 더욱 좋다. 교회 생활과 학습을 통해 지지적인 역할을 해야 한다. 당신은 개발에 적합한 접근법을 사용하고 싶을 것이다.

4) 청소년과 성인들 후속 돌봄

청소년에 대한 후속 돌봄은 아동과 성인 모두에 대한 후속 돌봄과 유사하다. 그것은 관계의 맥락에서 항상 최고이다. 청소년들은 예수를 따르는 것이 무엇을 의미하는지 본보기로 삼을 친구가 필요하다.

모든 새로운 신자들은 그들의 영적 발전을 돕기 위해 어떤 종류의 그룹과 연결될 필요가 있다. 여성들은 더 쉽게 그룹에 가입하는데, 특히 여성 그룹에 그렇다. 남성들도 그룹이 필요하지만 테이블에 둘러앉아 이야기를 나누는 그룹이 아닐 수도 있다. 교회는 남성들의 영적 발전을 돕기 위해 남성들과 연결될 수 있는 창조적인 방법을 찾아야 할 것이다.

4. 포스트모던 상황에서의 전도 훈련

1) 서구 교육훈련 모델의 한계

학위와 교실 강의가 표준인 서구의 교육 모델이 미국을 지배해왔다. 이는 개인 전도 훈련을 포함한 다양한 사역훈련을 접근하고 수행하는 방법에 영향을 미쳤다. 현대의 공통된 질문에 답하려는 전도자를 위한 교실에서의 준비는 도움이 됐다. 그러나 매우 합리적이고 정신적인 강의방식 접

근은 21세기의 훈련으로는 상당한 한계를 가지고 있다.[9]

미국이 포스트모던 문화를 향해 나아가면서, 복음 전도 훈련은 1세기 모델을 향해 더 나아가야 할 것이다. 나는 하나님이 자신의 신앙을 나누는 구체적인 방법이나 훈련 방법을 규정하지 않았다고 확신한다. 그러나 우리 문화는 1950년대 문화보다 1세기와 더 비슷하기 때문에, 우리는 훈련을 그에 맞게 적응시켜야 한다.

의심스러울 때, 예수님이 한 일을 하라. 그는 사역과 대인 관계에 있어 모델이 되셨다. 그는 사람들과 진리를 나눴다. 그는 제자들을 모아서 그의 마음과 가치를 그들에게 심어주기 위해 일하셨다. 그리고 그는 그들을 두 명씩 보내셨다. 그들이 조금 고된 경험을 한 후에, 예수님은 제자들을 격려하고, 훈련시켜서 일반적으로 하드 녹스 학교(school of hard knocks)로 불리는 경험의 학교에서 배우도록 그들을 다시 보내기 위해 그들을 모이게 하셨다. 제자들은 서로의 성공과 투쟁을 통해 배웠다. 노출과 경험에는 차이가 있다.

2) 포스트모던 상황에서 개인 전도 훈련 가이드

개인 전도 훈련에 관련된 사람들에게 있어서 문제는 미국에서 점점 더 발견되는 포스트모던적인 상황에 맞서도록 사람들을 어떻게 훈련시킬 것인가 하는 것이다. 포스트모던 전통에 따라 쉬운 대답은 없다. 그 접근법은 총체적 접근을 위해 머리, 손, 가슴에 영향을 미칠 것이다.

미식축구 경기는 수비와 공격 선수들이 어디에 정렬할지를 그리고 다음 플레이가 펼쳐질 때 움직여야 하는지를 나타내는 X와 O로 설명된다. 코치는 공이 끊어지기 전에 어디에 줄을 서야 하고 플레이가 시작되면 어디

---

[9] 가장 인기 있는 개인 전도 훈련 자료 몇 가지를 검토하려면 내 웹사이트 www.MEGnet.org.를 참조하라. 자료는 비용, 강점, 한계, 재료 구입 방법 측면에서 검토될 것이다.

로 가야하는지 가르치는 데 상당한 시간을 투자한다. 하지만 미식축구의 많은 부분이 본능에 따라 진행된다. 경기가 진행될 때, 선수들은 마지막 목표지점에 도달하기 위해 도중에 계속해서 조정을 해야 한다.

미식축구에서 그들이 계획한 대로 정확히 실행되는 경기는 거의 없다. 선수들은 경기 내내 필요한 조정을 위해 연습을 통해 훈련돼야 한다. 선수들이 연습을 많이 할수록, 상대팀이 하는 것에 쉽게 적응한다. 개인 전도는 X와 O를 포함하지만 효과적으로 의사소통하려는 노력에 효과적이려면 훨씬 더 많은 것을 포함한다. 쉬운 훈련 방법을 찾지 마라. 그런 것들은 존재하지 않는다. 톰 스테펜(Tom Steffen)은 말했다.

> 기독교는 아무리 좋은 소리로 들리든지, 혹은 그것들을 홍보하는 성격이 얼마나 유명한지 상관없이 단 하나의 해결책을 위해 너무 복잡하다. 우리는 성령의 확신케하는 능력을 제도화하기 위해 그것들을 사용하지 않고도 (성경과 모순되지 않을 때) 새롭고 잃어버린 도구를 우리 사역의 도구 상자에 추가하는 법을 배워야 한다.[10]

지식, 동기, 기술 분야에 대한 통찰력은 다른 사람들이 그들의 믿음을 나누도록 훈련시킬 준비를 할 때 도움이 될 수 있다.

훈련은 머리, 손, 가슴을 포함한다. 우리는 믿음을 공유할 준비를 하면서 머리에 몇 가지 필수적인 정보를 넣을 필요가 있다. 다양한 유형의 전도 만남은 다양한 수준의 정보를 필요로 한다. 또한, 복음 전도는 우리가 개인 전도의 과제에 착수함에 따라서 기술의 발전을 요구한다. 그러나 개인 전도의 가장 중요한 부분은 우리가 알고 있는 것, 우리가 발전시키는 기술이 아니라 가슴을 포함한다.

---

10 Tom Steffen, "Flawed Evangelism and Church Planting," 434.

3) 머리: 알아야 할 정보[11]

다원주의적인 환경에서는 당신 메시지의 핵심을 알아야 할 것이다. 당신은 아마도 우리의 메시지를 당신이 찾는 다양한 개인의 다양한 배경에 연결하는 방법과 씨름하면서 내적인 씨름을 경험할 것이다. 대부분의 복음 전도 대화의 출발점은 이제 그리스도의 일 훨씬 전에 시작돼야 할 것이다. 또한, 그리스도인들에게 받는 질문들은 20세기의 마지막 3분의 1과는 다르기 때문에 우리의 오래된 대답만으로는 충분하지 않을 것이다. 결과적으로 기독교 전도자는 믿음을 나누기 위해 사용하는 정보의 양과 유형을 확대해야 한다. 과거의 복음 전도 훈련에서 사용된 정보의 상당 부분이 도움이 될 것이지만, 확대될 필요가 있다.

많은 불신자는 유대기독교 유산이 없기 때문에 기독교 메시지의 본질의 함축에 어려움을 겪을 것이다. 우리는 불신자들이 그들의 개인적인 이야기가 하나님의 전체 이야기에 어떻게 들어맞는지 볼 수 있도록 도와야 할 것이다. 그 메시지는 나눠야 할 정보 이상의 것이지만 우리가 도움을 주고자 하는 관계는 세워 나가는 중이다.

다음은 효과적인 정보 기반 개발에 필요한 몇 가지 핵심 영역을 나타낸다.

(1) 창세기부터 계시록까지 성경의 전반적인 이야기[12]
(2) 부활의 독특성
(3) 인간으로서의 예수에 대한 심층적 지식
(4) 좋은 질문의 레퍼토리
(5) 포스트모던의 가치, 사고 패턴, 의사소통 패턴

---

11 McRaney, ASCG Paper, "Evangelism in an Increasingly Postmodern America."
12 Pollard, *Evangelism Made Slightly Less Difficult*, 105-107 이 자료는 이것을 어떻게 할 것인지에 대한 압축된 버전을 제공한다

(6) 다양한 종교적 배경과 세계관에 대한 정보를 찾을 수 있는 곳
(7) 하나님의 화해의 메시지, 추가된 전통의 공허함 또는 개인의 문화적 선호에 대한 깊은 이해[13]
(8) 누군가가 그리스도를 주님과 구세주로 받아 대화의 시작거리로 삼고 싶어 하는 이유(지옥의 공포나 천국의 약속을 넘어서)[14]
(9) 기독교 하위 문화에서만 사용되는 언어의 용어 공백, 기독교 유산이 거의 없거나 전혀 없는 사람들에게 복음 메시지를 전달하는데 사용된 용어

4) 손: 발전시켜야 할 기술[15]

당신의 믿음을 전하기 위해서는 몇 가지 기술이 개발돼야 한다. 다음의 기술을 개발하는 것은 포스트모던 사람들을 복음화하는 데 도움이 될 것이다.

(1) 좋은 질문, 민감하고 개방적이고, 이야기를 제공하는 질문을 하는 것
(2) 이야기 형식으로 복음 메시지를 전달하라[16]
(3) 말뿐만 아니라 감정, 몸짓 언어, 두려움, 질문, 관심 사항에 귀를 기울이는 것

---

[13] 전도자들이 충분히 친숙하고 메시지가 편안할 때에만 그들은 함께 나누고 있는 사람에게 초점을 맞추고 성령의 음성을 들을 수 있다
[14] 우선, 내면의 평화, 희망, 기쁨, 수용, 또는 개인의 의존, 죄책감, 거부 또는 외로움의 제거에 대한 욕망을 고려하라 전도자는 살아 계신 하나님과의 관계를 원하는 정당한 이유가 무엇인지 고려해야 할 것이다
[15] McRaney, ASCG Paper, "Evangelism in an Increasingly Postmodern America."
[16] Pollard, *Evangelism Made Slightly Less Difficult,* 70 "포스트모더니즘의 두 가지 주요 특징은 복음 전도에서 우리에게 특히 중요하다 (1) 질문의 강조 (2) 이야기에 유리한 명제적 진리의 변천 우리가 이런 포스트모던 문화 안에서 효과적이려면, 우리의 전도는 질문과 이야기를 적절히 사용해야 한다." 또한, 스토리텔링에 통찰력 있는 도움을 얻기 위해 111-17페이지를 참조하라

(4) 정상적인 대화를 영적인 대화로 전환(많은 전환); 기회가 발생할 때 기회를 인식하고 기회 창출을 돕는다
(5) 영적인 대화를 우아하게 끝내지만, 예수에 대해 긍정적으로 생각하게 하는 여운을 그/그녀에게 남기는 것
(6) 언제 앞으로 나아가야 하는지, 언제 백업해야 하는지를 식별하는 것
(성령의 인도하심에 대한 부분적인 기술과 부분적인 민감성)
(7) 친절, 봉사 그리고 은혜스러움을 실천하는 것
(8) 그들이 이해하는 언어로 사람들과 연결(음악과 영화는 상당히 보편적인 언어) 즉 문화적 적합성 또는 적응성
(9) 복음 설명의 합리적이고 적절한 지점에서 피전도자가 깨달을 수 있는 것에 연결하는 것
(10) 피전도자의 삶에 양질의 간증을 연결시키는 것
(11) 필요를 파악하고, 충분한 믿음을 가지고 하나님께 그 사람들의 필요를 채워주심으로 그들에게 하나님 자신을 나타내 달라고 기도하는 것
(12) 긍정적인 해체를 실행 (Nick Pollard의 저서 『덜 어렵게 만든 복음 전도: 관심이 없는 사람들을 흥미롭게 하는 방법』 *Evangelism Made Slightly Less Difficult: How to Interest People Who Aren't Interested*[17]를 참조하라)
(13) 그리스도에게 삶을 항복하는 마지막 순간에 그 사람을 인도하는 것
(14) 사랑의 동기를 가지고 그리스도에 대해 소통하는 것

---

17 "이 과정은 '해체적'이다 왜냐하면 나는 사람들이 자신들의 믿음을 주의깊게 들여다 보고 분석하기 위해 믿는 것을 해체하도록 돕고 있기 때문이다 이 해체는 잘못된 믿음을 더 나은 것으로 대체하기 위해 긍정적인 방식으로 이뤄지기 때문에 그 과정은 '긍정적'이다 … 긍정적인 해체 과정은 개인이 이미 붙잡고 있는 진리의 요소를 인식하고 확인하지만 또한 그들이 받아들인 근본적인 세계관의 부족함을 스스로 발견하는 데 도움이 된다" Pollard, *Evangelism Made Slightly Less Difficult*, 44

5) 가슴: 전도자를 동기 부여 하는 감정과 태도[18]

전도 훈련은 머리와 손뿐만 아니라 가슴에도 영향을 미친다. 복음 전도 활동은 그리스도와의 활력 있고 열정적인 관계와 불신자들에 대한 깊은 관심과 열정에서 흘러나온다. 아래는 개인 복음 전도의 가슴 구성 요소를 개발하기 위한 몇 가지 팁이다.

(1) 하나님의 백성들에 대한 하나님의 위대한 사랑의 성경 이야기를 읽고 이야기하라.
(2) 하나님의 구원하시고 변화시키시는 능력에 대한 간증을 나누라.
(3) 전도 활동에서 가능한 한 많은 다른 경험을 제공하라.
(4) 세례식을 성대하게 만들라. 불신자 친척과 친구들을 초대하고 스토리텔링을 하는 등 축하 분위기를 조성한다.
(5) 불신자들을 인터뷰하라.
(6) 불신자 친구들의 삶에 있어서 중요한 필요를 기록하라.
(7) 세상의 상태에 대한 저녁 뉴스와 신문을 염두에 두고 경건의 시간을 가지라.
(8) 우정을 쌓을 불신자들의 목록을 개발하라.
(9) 이름을 부르며 불신자들을 위해 기도하라. 기도는 당신의 집을 돌아다닌다.

---

[18] McRaney, ASCG Paper, "Evangelism in an Increasingly Postmodern America."

6) 훈련의 함의: 방법

교회는 어떻게 사람들을 전도하도록 훈련시킬 것인가?
신학교들은 어떻게 학생들에게 전도를 훈련시킬 것인가?
여기 몇 가지 가능한 방법 또는 원리가 있다.

① 의심이 들 때, 예수님이 한 일을 하라. 전도의 가치를 전달하고, 모델을 보여 주며 약간의 정보를 주고, 실제 경험을 위해 파트너와 함께 훈련생을 보내고, 보고를 위해 다시 오도록 하며, 격려와 추가 교육을 제공하고, 그들을 다시 현장으로 돌려보내라.
② 섬김 전도 프로젝트를 사용해 더 높은 비율의 사람들을 동원하라. 이 안전한 경험은 자신감을 쌓고, 복음 전도의 가치를 깊이 새기고, 다른 참가자들로부터 격려를 제공하며, 종종 사람들이 그들의 개인적인 관계에 더 주도적으로 나서도록 이끌며, 그들이 더 직접적인 접근을 기꺼이 할 수 있도록 도울 것이다.
③ 광범위한 역할극을 사용하라.
④ 가능한 한 다양한 유형의 경험을 제공하라.
⑤ 비디오와 드라마 모델링을 포함한 시각적 훈련을 사용하라.
⑥ 복음에 대한 가장 일반적인 반대 의견과 함께 다양한 종교 전통이나 세계관에 대해 전도자들을 돕기 위한 공책, 오디오 테이프 또는 책을 제공하라.
⑦ 특정 종교나 문화에 대해 도움이 될 만한 자료를 제공하라.

(1) 훈련 방법에 있어서의 변화

표 15. 전도 훈련 방법

모더니티: 기독교 시대	포스트모더니티: 후기독교시대
강의실 기반의	현장의
전달된 정보	연구의 과정
연역적	귀납적
지식=경쟁력	지식+경험+코칭=경쟁력
한꺼번에	점진적으로
하향식 정보	중간에서 만나는 정보
일회 훈련	다중 레벨 훈련
일반적인	고도로 전문화된
대그룹	멘토링
프리젠테이션	대화
음향/일부 시각적인	다감각의
시간단위 세팅	리트릿 + 응용
제품 강조	가치, 과정 강조
개인 초점	그룹/협력적
성숙을 위해	모두를 위해, 심지어 새로운 신자까지
선생님의 권위	관계적 권위
설교	예를 보는
강의	역할극
추론	직관과 지각

(2) 효과적인 전도를 위한 열쇠: 동기, 기술, 머리 지식

표 16. 효과적인 전도 방법

모더니티	포스트모더니티
모든 만남에서 결신을 구함	그리스도와 명확화를 위해 장벽을 무너뜨림
신뢰를 가정	신뢰를 쌓음
천국, 지옥, 칭의의 교리	양자됨, 사랑, 의미의 경험
대형룸과 훌륭한 전도자	나눌 이야기와 사람들
기도와 지식	기도, 지혜, 열정
구원 계획을 말함	다양한 방법으로 하나님의 계획을 보여 줌
성경	성경과 현재의 사건들
올바른 답변	몇 가지 주요한 질문들
자아(아마도 파트너)	그룹, 팀, 혹은 가족
감정적 호소	관계적 간증

5. 결론

사람들은 주님을 필요로 한다. 그리고 많은 사람은 복음을 이해할 수 있는 방식으로 그리고 그리스도를 따르는 것이 납득이 가도록 들을 때 그를 받을 준비가 돼 있다. 보통 사람들은 그리스도에 대한 정확한 이해와는 거리가 멀다. 하지만 론 허치크래프트는 우리에게 상기시켰다.

> 사람들은 더 준비가 돼있습니다. 그들을 잃게 만든 것들이 그들을 준비시켰기 때문이다. 그들은 자신이 누구를 위해 준비됐는지는 모르지만, 그들은 무언가를 위해 준비가 돼 있습니다.[19]

미국이 집단적으로 마음을 그리스도께 돌리는 것을 보는 쉬운 해결책은 존재하지 않는다. 미국이 점점 더 포스트모던적인 상황에서 우리의 믿음을 효과적으로 나누는 쉬운 해결책은 없다. 예수와 잃어버린 영혼들을 열정적으로 사랑하고, 인류 역사상 가장 위대한 이야기를 효과적으로 전달하기 위해 필요한 모든 조치를 기꺼이 취하려는 남성, 여성, 아이들이 필요할 것이다. 예수처럼, 우리는 위험하고 삶을 변화시키는 메시지를 전하기 때문에, 불신자 구도자들을 위해 안전한 사람이 돼야 한다.

린다는 이 책에서 그리스도인, 특히 기독교 목사들에 대한 적대적인 태도를 가진 종교 과목을 수강한 대학생으로 시작했다. 사랑스럽고 온화한 목사는 하나님이 존재하지 않는다는 믿음을 공표할 수 있는 안전한 환경을 제공했다. 샘 윌리엄스는 하나님이 자신을 탐색하는 대학생에게 자신을 드러내신다고 믿었기 때문에 린다는 그리스도를 영접했다.

폴 하비는 '다른 이야기'의 주인이었다. 그리고 이제 나머지 이야기는 린다 버그퀴스트(Linda Bergquist)에 관한 것이다. 그녀는 주님 안에서 자랐

---

[19] Ron Hutchcraft, "Communicating the Message to Our Culture."

고, 샘은 그녀를 캘리포니아 샌디에고에 있는 자신의 교회인 델 세로 침례교회의 교회 직원으로 섬겨줄 것을 권했다. 그녀는 제안을 받아들이고 뛰어난 기독교 목사가 됐다. 사람들은 린다가 캘리포니아에서 가장 뛰어난 교회 개척 정신을 소유하고 있다고 한다.

그녀의 남편 에릭은 그래픽 디자이너이며, 함께 멕시코 시티의 샌디에고와 현재 샌프란시스코에 있는 다양한 교회 개척 사역을 통해 주님을 섬기고 있다. 닫힌 마음을 가진 한 사람과 한 충실한 그리스도인으로 시작된 일은 결국 그녀의 사역을 통해 수천 명에게 영향을 준 교회 개척 전략가로 발돋음하게 됐다.

하나님의 자비로운 손에서 너무 멀리 떨어져 있는 사람은 없다. 하나님을 신뢰하라. 전하기 위해 의도적이고 신실하라. 그리고 주님이 모든 사람을 그에게 이끄시는 것을 지켜보라.

예수님께서 말씀하셨다.

> 내가 땅에서 들리면 모든 사람을 내게로 이끌겠노라 하시니(요 12:32).
> 이로써 네 믿음의 교제가 우리 가운데 있는 선을 알게 하고 그리스도께 이르도록 역사하느니라(몬 1:6).

부록 1

간증 구성하기

개인 간증은 의욕에 넘치는 전도자가 이용할 수 있는 가장 강력한 도구일 수 있다. 간증은 모든 문화, 특히 교회가 현재 미국에서 직면하고 있는 포스트모던 문화에서 효과적이다. 당신의 인생 이야기는 종종 다른 사람들에게 흥미롭다. 심지어 보통 종교적인 문제에 대해 이야기하기를 꺼리는 사람들에게도 말이다.

이야기는 장벽을 무너뜨리는 방법이 있다. 사람들은 이야기를 들을 때 보통 비판적 사고를 멈추고 경계를 푼다.

1. 간증의 주요 3요소

1) 그리스도를 만나기 전의 삶(전반부)
2) 그리스도를 알고 믿게 됨(중간)
3) 그리스도를 믿은 후의 삶(마지막)

사도행전 22:3-15을 참조하라: 바울의 삶

2. 간증의 주요한 두 종류

구원: 그리스도를 어떻게 믿게 됐는지에 초점을 맞춘다.
상황(현재의 영향): 당신의 삶에 예수님이 어떤 영향을 미쳤는지 전형적인 인간의 요구, 문제, 이슈와 관련해 초점을 맞춘다.

3. 간증 작성시 할 일

1) 그리스도를 알게 되기 전에 당신의 삶이 어땠는지 쓰라.
2) 어떻게 당신이 길을 잃었다는 것을 알게 됐는지 그리고 어떻게 예수를 용서하시는 분(forgiver)이자 인생의 지도자로 보게 됐는지를 써라.
3) 그리스도가 당신의 삶에서 만들어 내는 주요한 한두 가지 긍정적인 차이점/변화를 적어라.
4) 이해할 수 있는 언어로 글을 쓰되, 이해할 수 없는 종교적 용어를 제거한다.
5) 주요한 하나의 주제를 중심으로 정보를 보충하면서 간증을 개발한다.
6) 대화 없이 나눌 경우 약 3분 안에 간증을 마무리할 수 있도록 준비해야 한다.
7) 사람들이 그리스도를 발견하는데 방해되는 너무 많은 세부 사항을 피하고, 당신의 간증이 초점을 잃지 않도록 하라.

4. 간증시 하지 말아야 할 것

1) 세세한 부분까지 꾸미거나 간증이 재미없다고 걱정하지 마라.
2) 성경을 너무 많이 사용하지 마라(아마도 1~3개 정도가 바람직할 것이다).

3) 상황이 지연되면 모든 간증을 한꺼번에 나눠야 한다고 생각하지 마라.
4) 가능한 한 다른 종교나 어떤 문제에도 부정적으로 대하지 마라.

5. 나눌 때 해야할 것

1) 사람들에게 자신에 대해 질문하는 법을 배워라. 그러면 보통 불신자가 당신 자신에 대해 묻는 것으로 이어질 것이다.
2) 서두, 중간, 후반 혹은 중간, 후반, 서두, 아니면 심지어 후반, 전반, 중간의 어느 시작점에서든 간증을 나누는 법을 배워라.
3) 당신의 이야기가 단지 당신의 이야기를 하는 것이 아니라 불신자와 어떻게 연결되는지에 초점을 맞춘다.
4) 당신이 아닌 누군가가 되지 말고, 자연스럽고 진실한 사람이 돼라.
5) 그리스도인 친구들과 간증을 나누는 연습을 하고, 피드백을 받고, 수정 하라.
6) 그들이 그 환경에서 그리스도를 영접하지 못하면, 그리스도에게서 멀리 떨어지지 말고, 그리스도를 향해 사람들을 인도할 수 있도록 가까이 가라.
7) 경험을 다시 회상하면서 그리스도에 대한 신뢰를 나누라.

부록 2

유용한 복음 제시 방법들

다음의 그림은 복음 메시지의 본질적인 요소를 기억하고 대화하는 데 도움이 된다. 당신과 당신의 메시지를 듣는 불신자의 마음속에 있는 시각적인 이미지는 이해를 돕는다.

1. 야구의 홈 베이스 주변

그림 2. 야구 홈 베이스

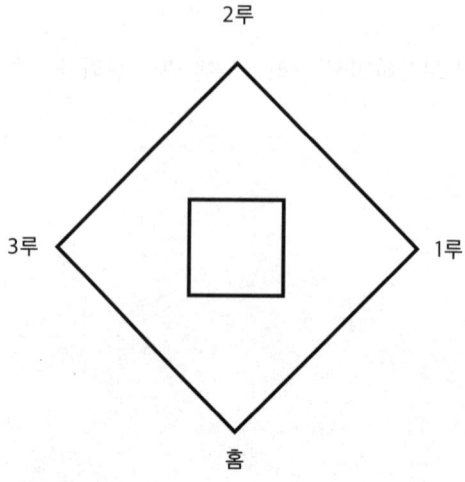

야구의 다이아몬드를 사용해 그리스도를 영접하는 네 가지 주요 측면을 설명하라.

첫째, 1루: 우리 삶을 위한 하나님의 계획을 이해하는 것.
둘째, 2루: 하나님과의 깨진 관계를 이해하는 것.
셋째, 3루: 십자가에서 그리스도께서 하신 일을 이해하는 것.
넷째, 홈 : 그리스도를 영접하고 집(본향)에 가는 방법 이해하는 것.

2. 파워밴드 팔찌

구슬이 달린 파워밴드 팔찌를 사용하라. 이 도구는 가죽 끈과 색 구슬을 포함한다. 검은 구슬은 죄를 의미하고, 붉은 구슬은 그리스도의 피를 의미하고, 흰 구슬은 용서와 함께 오는 순결을 의미하며, 푸른 구슬은 물세례를 나타내고, 녹색 구슬은 그리스도인의 성장을 나타내며, 매듭은 삶의 마지막을 나타내고, 금 구슬은 천국을 나타낸다.

- **매듭**: 인생의 시작(너는 태어난다).
- **검은색**: 죄는 당신의 세계인 세상의 일부다.
- **붉은색**: 그리스도는 그 죄를 없애기 위해 죽으셨다.
- **흰색**: 그리스도가 죄를 제거한 후 새로운 삶은 순수하다.
- **파란색**: 세례는 당신의 삶에 그리스도가 있다는 것을 세상에 보여 준다.
- **녹색**: 그리스도와의 사랑 관계에서 자라가라.
- **매듭**: 삶의 끝, 그대는 죽는다.
- **금색**: 당신은 죽고 나면 천국에 있을 것이다.

3. 다리

그림 3. 다리

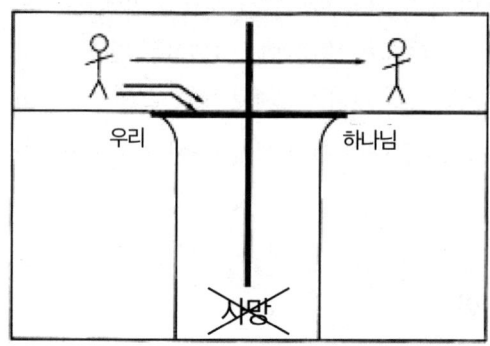

가장 인기 있는 설명 중 하나는 다리를 그리는 것이다. 복음이 설명되는 대로 도표를 그린다. 아래는 다 그려진 도표의 마지막 형태다.

하나님은 우리와 관계를 맺고 싶어 하시지만, 인류와 하나님은 죄로 인해 분리됐다. 우리의 모든 노력은 우리 사이의 간격을 메울 수 없다. 우리는 하나님과 분리돼 영원한 사망에 이르는 것이 마땅한 존재다. 그러나 그리스도는 우리의 죄를 위해 죽으심으로 그 간격을 메우기 위해 오셨다. 우리는 믿음과 회개, 의지를 내맡겨 그리스도를 영접하고 하나님의 편으로 나아가야 한다. 이것은 하나님과의 영원한 분리를 막고 우리에게 영원한 생명을 줄 것이다.

4. 믿음을 나누는 다른 방법들

우리(아래)를 하나님(위)과 분리시키는 죄의 장벽을 나타내도록 종이를 사용하되, "생명줄"(lifeline) 그림을 사용하라. 장벽을 뚫고 하나님께 접근할 수 있게 해 주는 그리스도의 생명줄을 나타내도록 종이에 구멍을 뚫어라.

"할 것"(Do)과 "한 것"(Done)을 사용해 차트를 만들라. 다른 모든 종교 집단은 하나님을 기쁘시게 하기 위해 인류가 얼마나 많이 "할 것"란을 채울 수 있는 가에 운영되지만, 그것은 결코 적당하지 않는 것을 설명하라. 반면에 기독교는 오직 예수님이 "한 것"에 기초할 뿐임을 설명하라. 그리스도는 우리가 결코 할 수 없는 일을 우리를 위해 해 주셨다.

우리의 믿음을 나누는데 있어서 표시된 신약성경은 항상 좋은 선택이다. 이 접근 방식에 대한 자세한 내용은 빌 페이의 『두려움 없이 예수를 전하라』(Share Jesus Without Fear)를 참조하라.

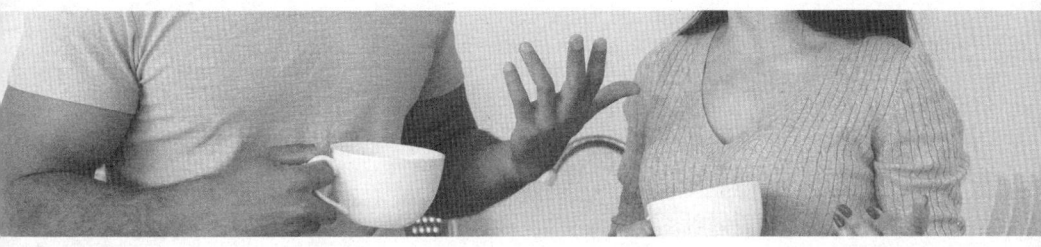

부록 3

일반적인 반대들

다음은 빌 페이(BILL FAY)의 일반적인 반대 목록이다. 그의 책에는 이러한 반대에 대해 가능한 답변을 다룬 내용이 있다.

1. 그리스도인이 나에게 상처를 줬다.
2. 사이비 종교가 답이다.
3. 하나님은 나를 용서할 수 없다.
4. 사랑이 넘치는 하나님이 어떻게 사람을 지옥으로 보낼 수 있을까?
5. 성경이 사실인지 내가 어떻게 알 수 있을까?
6. 내가 충분한 믿음을 가지고 있는지 어떻게 알 수 있을까?
7. 나는 그리스도인의 생활 방식대로 살 수 없다.
8. 나는 하나님을 믿지 않는다.
9. 부활이 실제 일어났다고 믿지 않는다.
10. 그것에 대해 생각해 보고 싶다.
11. 나는 좋은 사람이다.
12. 나는 다른 세계 종교의 일원이다.
13. 내가 하나님이다.
14. 나는 재미있는 것이 너무 많다.
15. 나는 유대인이다.

16. 나는 죄인이 아니다.
17. 나는 (구원받을 만큼) 충분히 좋은 사람이 아니다.
18. 난 준비가 안 됐다.
19. 나는 내가 구원받았는지 확실하지 않다.
20. 나는 항상 하나님을 믿어 왔다.
21. 나는 나쁜 짓을 너무 많이 저질렀다.
22. 내가 시도했는데, 잘 되지 않았다.
23. 내 신앙은 사적인 것이다.
24. 예수를 영접한다면 친구들은 내가 미쳤다고 생각할 것이다.
25. 논쟁이 멈추지 않는다.
26. 교회는 단지 내 돈만 원한다.
27. 하나님께로 가는 길은 많다.
28. 세상에는 많은 종교가 있다.
29. 성경의 번역본이 많다.
30. 성경에는 오류가 너무 많다.
31. 교회에는 위선자가 너무 많다.
32. 우리 가족은 어떤가?
33. 복음을 전혀 듣지 못하는 사람은 어떻게 되는가?
34. 하나님은 왜 나쁜 일이 일어나도록 내버려 두시는가?
35. 당신은 진리가 무엇인지 도저히 알 수 없다.
36. 당신은 당신이 나보다 낫다고 생각할 것임에 틀림없다.

부록 4

다음 단계의 성장 과제

1. 15명을 인터뷰해 그리스도와 교회에 대한 그들의 생각과 감정에 대한 정보와 통찰력을 얻으라.

1) 35세 미만 비그리스도인 인터뷰 5회
2) 5명의 교회를 떠난 사람들 인터뷰: 탄탄한 기독교 배경을 가지고 있지만, 최근 3년간은 활발하지 못한 경우
3) 당신과 많이 유사한 불신자와 인터뷰 5회

당신이 불신자들을 많이 인터뷰하면 할수록 더욱 좋다. 각각의 인터뷰가 끝난 후, 당신의 경험에 대해 깊이 생각해보고 깨달은 바를 쓰라.

거기에는 여러분이 중요하다고 생각하는 인용할 내용을 선택하고, 각 인터뷰를 한 단락으로 요약하라. 당신이 사람에 대해 배운 것 당신 자신에 대해 발견한 것, 또는 불신자들에 대해 당신이 배울 필요가 있는 것을 포함할 수도 있다.

당신은 단순히 사람들이 종교적인 것을 어떻게 보는지를 배우기 위해 사람들에게 인터뷰 시간을 요청해야 한다. 그 주된 목적은 그 사람을 회심시키거나 심지어 복음 메시지를 전하는 것이 아니다. 그 목적은 사람들이 종교적인 문제에 대해 어떻게 생각하는지를 배우는 것이다.

만약 그 사람이 복음을 수용하는 것처럼 보이고 당신이 생각하기에 상대방이 더 많은 이야기를 나누고 싶어 하는 것처럼 보인다면, 당신은 다음과 같이 말할 수 있다.

인터뷰를 마칠 수 있도록 시간을 내주셔서 감사합니다. 당신은 이 문제들에 대해 좀 더 자세히 논의하고 싶으신 것 같습니다. 더 얘기하고 싶으시면 저는 지금 시간이 가능하고, 아니면 나중에 약속을 잡을 수도 있습니다.

이렇게 물어보라.

제가 개인적인 연구 프로젝트(또는 여론 조사)를 하고 있는데, 당신의 도움이 필요합니다. 저는 사람들이 종교적인 것을 어떻게 보는지 배우려고 합니다. 몇 분만 시간을 내서 당신의 의견을 말씀해 주시고 저를 도와주시겠습니까?

당신은 아는 사람들, 이웃들, 사업 동료들, 쇼핑몰에 있는 사람들, 또는 불신자들이 주로 어울리는 곳에 있는 사람들을 인터뷰를 할 수 있다. 당신이 모르는 사람들은 만약 부드러운 태도로 접근한다면, 대개 당신에게 가장 솔직한 대답을 해줄 것이다.

세일즈맨이 아닌 배우는 자와 물어보는 자의 접근 방식을 취하라. 그들을 설득하거나 그들과 토론하려고 하지 말고, 단지 그들의 대답을 메모장에 기록하라.

만약 그들이 당신의 의견을 묻는다면, 당신은 그들의 대답에 영향을 주고 싶지 않다고 말하면서 우아하게 거절하라. 인터뷰가 끝난 후 그 사람이 당신에게 당신의 신앙을 말해 달라고 요청한다면, 성령께 귀를 기울이고, 그 목적을 위해 함께 만날 다른 시간을 정하거나, 아니면 미루지 말고 나누어라. 만약 그들이 당신이 복음을 전할 목적으로 그들을 속이고 있다고 느낀다면, 당신은 그들의 진실한 감정과 생각을 얻지 못할 것이다.

다음은 학생이 물어야 할 질문을 나타낸다.

1) 당신의 종교적 배경과 교회 참여에 대해 어떻게 설명하시겠습니까?
2) 당신에게 하나님은 어떤 분이십니까? 하나님을 묘사해보세요(만일 그들이 하나님을 믿지 않으면, 다음의 두 가지 질문을 하지 말고 대신 "당신에게 삶에서 중요한 것은 무엇인가요?"라고 물어보라).
3) 당신은 하나님에게 무엇이 중요하고 무엇이 중요하지 않다고 생각하십니까?
4) 하나님과의 관계를 바로 잡는 데 필요한 것은 무엇이라고 생각하십니까?
5) '예수 그리스도'가 당신에게 어떤 의미인지 설명해 주세요.
6) 당신의 관점에서 오늘날 교회의 주요 문제는 무엇입니까?

이 과제의 가치와 배운 내용에 대해 한 학생은 다음과 같이 말했다.

> 이런 인터뷰는 또한 저에게 사람들이 얼마나 하나님을 절실히 필요로 하는지 가르쳐 줬습니다. 이 인터뷰들은 저의 사고방식을 바꾸어 놓았습니다. 그들은 저에게 짐작한 관점이 아니라 나의 선교지에 대한 실제 관점을 줬습니다. 타인의 신앙을 듣는 것은 불신자들의 세계에 다가가기 위한 사역을 수행하는 데 도움이 될 것입니다.[1]

2. 5~10명의 불신자에 대한 영향력 리스트를 개발하라. 하나님에게 하나님과 불신자들에 대한 열정을 달라고 간구하라.

---

1 2002년 1월 30일 제출된 인터뷰 보고서.

3. 당신의 믿음을 나누는 것과 관련된 열다섯 개의 성경구절을 제5장의 목록에서 배우라.
4. 섬김전도 프로젝트를 완성하라(참고 문헌에서 스티브 소그렌[Steve Sjogren]의 『친절의 음모』[Conspiracy of Kindness]를 참조하라.)
5. 당신의 교회에 전도 파트너를 두라 (기도 파트너와 멘토). 그 혹은 그녀에게 적극적인 전도자가 되고 싶은 당신의 욕구와 격려와 기도 지원이 필요하다고 말하라.
6. 예수의 이야기를 2분 분량으로 써 보라.
7. 성경의 이야기를 4분 분량으로 써 보라.
8. 개인적인 간증을 쓰고, 그것을 여러 번 편집하고, 쉽게 말하는 법을 배운 다음, 그리스도인 친구와 그 간증을 나누는 연습을 한다.
9. 당신 교회와는 근본적으로 다른 교회의 한 두 예배에 참석해보되, 가급적이면 완전히 다른 문화나 비기독교 종교 중 하나에 참석하라. 갈 준비를 할 때부터 집으로 돌아올 때까지 당신이 느꼈던 감정들을 메모해 두라. 방문자들이 당신의 교회 예배에 참석할 때 어떻게 느낄지 생각해보라.
10. 다음 3개월 안에 당신이 누군가를 그리스도에 대한 믿음으로 인도할 수 있도록 하나님에게 개인적으로 도움을 요청하라. 이것을 위해 계속 기도하고, 그리스도를 계속 전하라.

참고 문헌

Aldrich, Joseph C. *Gentle Persuasion.* Portland, Ore.: Multnomah Press, 1988.

_____. *Life-Style Evangelism.* Portland, Ore.: Multnomah Press, 1981. Atkinson, Donald A., and Charles L. Roesel. *Meeting Needs, Sharing.*

Christ: Ministry Evangelism in Today's New Testament Church. Nashville: LifeWay, 1995.

Barna, George. *Evangelism That Works: How to Reach Changing Generations with the Unchanging Gospel.* Ventura, Calif.: Regal Books, 1995.

Beougher, Timothy K., and Alvin L. Reid. *Evangelism for a Changing World.* Wheaton: Harold Shaw Publishers, 1995.

Boursier, Helen. T. *Tell It with Style: Evangelism for Every Personality Type.* Downers Grove, Ill.: InterVarsity Press, 1995.

Bridger, Francis. *Children Finding Faith.* London: Scripture Union, 1988.

Celek, Tim, Dieter Zander, and Patrick Kampert. *Inside the Soul of the New Generation: Insight and Strategy for Reaching Busters.* Grand Rapids: Zondervan, 1996.

Clark, David K. *Dialogical Apologetics: A Person-Centered Approach to Christian Defense.* Grand Rapids: Baker Books, 1993.

Coleman, Robert E. *The Master's Way of Personal Evangelism.* Wheaton: Crossway Book, 1997.

_____. *The Master Plan of Evangelism.* Old Tappan, N.J.: Revell Company, 1989. 247

Dale, Robert D. *Evangelizing the Hard-to-Reach.* Nashville: Broadman, 1986.

Daniels, Danny. *Experiencing God's Evangelism: How to Go Verbal with Your Faith.* Purpose Paradigms, 1999.

Eisenman, Tom L. *Everyday Evangelism: Making the Most of Life's Common Moments.* Downers Grove, Ill.: InterVarsity Press, 1987.

Engel, James, and Wilbert Norton. *What's Gone Wrong with the Harvest?* Grand Rapids: Zondervan, 1975.

Fay, William. *Share Jesus Without Fear.* Nashville: Broadman & Holman, 1999.

Ford, Kevin Graham. *Jesus for a New Generation: Putting the Gospel in the Language of Xers.* Downers Grove, Ill.: InterVarsity Press, 1995.

Green, Michael. *Evangelism in the Early Church.* Grand Rapids: William B. Eerdmans Publishing Company, 1970.

Griffin, E. *The Mind Changers: The Art of Christian Persuasion.* Wheaton: Tyndale, 1976.

Hawthorne, Steve, and Graham Kendrick. *Prayer-Walking: Praying on Site with Insight.* Orlando: Creation House, 1993.

Henderson, David W. *Culture Shift: Communicating God's Truth to Our Changing World.* Grand Rapids: Baker Books, 1998.

Hewitt, Hugh. *The Embarrassed Believer: Reviving Christian Witness in an Age of Unbelief.* Nashville: Word Publishing, 1998.

Hunter, George. *How to Reach Secular People.* Nashville: Abingdon Press, 1992.

Hybels, Bill, and Mark Mittelberg. *Becoming a Contagious Christian.* Grand Rapids: Zondervan Publishing House, 1994.

Hybels, Bill. *Christians in the Marketplace.* Wheaton, Ill.: Victor Books, 1982.

Johnson, Ronald W. *How Will They Hear If We Don't Listen?* Nashville: Broadman & Holman, 1994.

Keefauver, Larry. *Friends and Faith: How to Use Friendship Evangelism in Youth Ministry.* Loveland, Colo.: Group Books, 1986.

Kelley, Charles S., Jr. *How Did They Do It?: The Story of Southern Baptist Evangelism.* San Francisco: Insight Press, 1993.

Kennedy, D. James. *Evangelism Explosion.* Wheaton: Tyndale House Publishers, 1983.

Kramp, John. *Out of Their Faces and into Their Shoes: How to Understand Spiritually Lost People and Give Them Directions to God.* Nashville: Broadman & Holman, 1995.

Leavell, Roland Q. *Evangelism: Christ's Imperative Commission.* Nashville: Broadman Press, 1979.

Little, Paul. *How to Give Away Your Faith.* 2d ed. Downers Grove, Ill.: InterVarsity Press, 1988.

Long, Jimmy. *Generating Hope: A Strategy for Reaching the Postmodern Generation.* Westmont, Ill.: InterVarsity Press, 1997.

McCloskey, Mark. *Tell It Often—Tell It Well.* Nashville: Thomas Nelson, 1992.

Metzger, Will. *Tell the Truth: The Whole Gospel to the Whole Person by Whole People.* Downers Grove, Ill.: InterVarsity Press, 1984.

Miles, Delos. *How Jesus Won Persons.* Nashville: Broadman, 1982.

_____. *Introduction to Evangelism.* Nashville: Broadman, 1983.

_____. *Overcoming Barriers to Witnessing.* Nashville: Broadman, 1984.

Packer, J. I. *Evangelism and the Sovereignty of God*. Downers Grove, Ill.: InterVarsity Press, 1961.

Petersen, Jim. *Living Proof: Sharing the Gospel Naturally*. Colorado Springs, Colo.: NavPress, 1989.

Phillips, Timothy R., and Dennis L. Okholm. *Christian Apologetics in the Postmodern World*. Downers Grove, Ill.: InterVarsity Press, 1995.

Pippert, Rebecca Manley. *Out of the Salt Shaker and into the World*. Downers Grove, Ill.: InterVarsity Press, 1979.

Pollard, Nick. *Evangelism Made Slightly Less Difficult*. Downers Grove, Ill.: InterVarsity Press, 1997.

Reid, Alvin. *Introduction to Evangelism*. Nashville: Broadman & Holman Publishers, 1998.

Robinson, Darrell W. *People Sharing Jesus*. Nashville: Thomas Nelson, 1995.

Smith, Glenn C. *What Christians Can Learn from One Another About Evangelizing Blacks*. Wheaton, Ill.: Tyndale House Publishers, 1988.

Sjogren, Steve. *Conspiracy of Kindness*. Ann Arbor: Servant Publications, 1993.

_____. *Servant Warfare: How Kindness Conquers Spiritual Darkness*. Ann Arbor: Vine Books, 1996.

Strobel, Lee. *Inside the Mind of Unchurched Harry and Mary*. GrandRapids: Zondervan, 1993.

Thompson, Oscar W. *Concentric Circles of Concern*. Nashville: Broadman, 1981.

Towns, Elmer L. *A Practical Encyclopedia: Evangelism and Church Growth*. Ventura: Regal Books, 1995.

Watson, David. *Called and Committed: World Changing Discipleship*. Wheaton, Ill.: Harold Shaw, 1982.

Wimber, John. *Power Evangelism*. New York: Harper and Row, 1985.

Wright, Tim. *Unfinished Evangelism: More Than Getting Them in the Door*. Minneapolis: Augsburg, 1995.

See www.MEGnet.org for a more extensive bibliography.

Video-Based Training Materials

Alpha Course
Becoming a Contagious Christian. Zondervan
Family to Family. NAMB (LifeWay)
Living Proof. NavPress
Ministry Evangelism. LifeWay
People Sharing Jesus. Thomas Nelson
Share Jesus Without Fear. LifeWay
Helpful Web Sites and Internet Evangelism
www.Web-evangelism.com
www.Gospel.com
www.thegoodnews.org
www.powertochange.com
www.thekristo.com
www.wuzupgod.com
www.billygraham.com
www.gospelcom.net
www.desiringgodministries.com

CLC 도서안내

소통하는 전도

조지 G. 헌터 III 지음 | 최동규 옮김 | 신국판 | 328면

세속화된 사회에서 현대인들에게 복음을 전하는 것은 결코 쉬운 일은 아니다. 교회와 그리스도인들이 복음을 전하는 데 있어서 낙담하고 좌절한다. 이러한 현실 앞에서 무기력한 교회로 남을 것인가, 아니면 사도적 교회가 될 것인가?에 대한 질문을 던지면서 이 책은 현대인들에게 복음을 전하는 방법과 전략들을 제시한다.